JESUS

Ort der Erfahrung Gottes

JESUS
Ort der Erfahrung Gottes

Mit Beiträgen von

Bernhard Casper
Ernesto de Guereñu
Klaus Hemmerle
Peter Hünermann
Karl Lehmann
Rudolf Pesch
Helmut Riedlinger
Theodor Schulz
Michael Theunissen

Herder
Freiburg · Basel · Wien

Imprimatur. – Freiburg im Breisgau, den 15. März 1976
Der Generalvikar: Dr. Schlund
Freiburger Graphische Betriebe 1976
ISBN 3-451-17602-5

BERNHARD WELTE
GEWIDMET

Die Autoren danken dem hochwürdigsten Herrn Erzbischof von Freiburg, Dr. Hermann Schäufele, für einen namhaften Druckkostenzuschuß, der es ermöglichte, dieses Werk erscheinen zu lassen.

Vorwort

Wenn es für das Denken der Gegenwart eine Frage gibt, die es wert ist, daß man sich immer wieder in sie vertieft, dann ist es ohne Zweifel die Frage, woher menschlichem Selbstverständnis und Handeln in dieser Zeit der Entscheidung *Orientierung* kommen könne. Fragt man sich, wie die Menschheit in dem Geschick der universalen technischen Beherrschbarkeit der Erde, die zugleich alle Möglichkeiten der Vernichtung in sich schließt, am Ende bestehen kann, so wird heute sehr rasch deutlich, daß dies an nichts anderem als an der Tat der Selbstbestimmung des Menschen hängt. Aber woran soll sich menschliche Selbstbestimmung orientieren? Kann sie sich überhaupt an nur Menschlichem orientieren? Aber gibt es die Erfahrung von mehr als Menschlichem in dieser Geschichte? Ist unsere Gegenwart mit ihren globalen Problemen, in denen es umfassender als je zuvor um Sein oder Nichtsein des Menschen geht, nicht gerade die Zeit des Säkularismus, die Zeit der Verfinsterung der Erfahrung dessen, was das nur Menschliche überschreitet?

Christliches Denken ist in dieser Situation an *den* gewiesen, von dem der Glaube seit jeher bekannte, daß er mehr sei als bloß ein Mensch. Christliches Denken ist deshalb freilich auch mehr und ernster als je zuvor aufgefordert im Nachsinnen darüber, was es mit Jesus von Nazareth auf sich habe, auszuweisen und darzulegen, was es bekennt, wenn es „diesen da" als den Sohn Gottes bekennt.

Die Autoren des vorliegenden Bandes haben sich deshalb entschlossen, zu der Frage, inwiefern Jesus der Ort der Erfahrung Gottes sei, einige Versuche vorzulegen, die diese Frage bewußt im Horizont des gegenwärtigen Denkens angehen.

Sie widmen diese Versuche *Bernhard Welte* zur Vollendung seines siebzigsten Lebensjahres am 31. März 1976. Denn sie saßen alle einmal in seinen Vorlesungen und Seminaren und empfingen von ihm die ersten und oft die entscheidenden Anstöße für ihr eigenes Denken. Daß sie später ganz verschiedene Wege gingen und heute an sehr verschiedenen Orten des philosophischen und theologischen Lehrens stehen, mag zeigen, wie fruchtbar das Denken und Lehren Bernhard Weltes geworden ist. Denn es geschah stets aus der vorbehaltlosen Liebe zu dem, was sich von sich selbst her zeigt und erfahren läßt. Gerade deshalb wirkte es aber in Freiburg an der Universität, an der Husserl und Heidegger gelehrt hatten, klärend und befruchtend. Bernhard Welte ist stets ein Anwalt des *Denkens* gewesen und *deshalb* ein Anwalt des Orientierenden und am Ende des *Christlichen.*

Der Kreis der Schüler und Freunde Bernhard Weltes ist wesentlich größer als der Kreis der Autoren, die zu diesem Buche beigetragen haben. Wenn die Autoren sich dennoch entschlossen, keine Festschrift im herkömmlichen Sinne des Wortes zu veranstalten, sondern – in Vertretung von vielen – dem Lehrer durch eine Reihe von aufeinander verweisenden Versuchen zu danken, so deshalb, weil dieser selbst in den letzten Jahren immer dringlicher auf die Notwendigkeit eines heute zureichenden Bedenkens des Geheimnisses Jesu hingewiesen hat[1].

Deshalb sind die vorliegenden Beiträge auch zunächst im Herbst 1974 auf einem Symposium im Pfarrhaus von Hinterzarten vorgetragen worden, an dem Bernhard Welte teilnahm. Sein Mitdenken, seine Anregungen, seine Kritik sind in die Endfassung der Beiträge eingegangen. Und ebenso die Gegenwart des Gastgebers und Freundes Eugen Weiler, der als Pfarrer von Hinterzarten den Beteiligten ins Gedächtnis rief, daß jeder, der über das Geheimnis Jesu nachdenkt, dies letztlich wie um der Wahrheit so auch um der Gemeinde willen tut.

Den Beteiligten sind nicht zuletzt deshalb *Zeit* und *Geschichte* in das Zentrum ihres Sich-Besinnens auf das Geheimnis Jesu getreten. Dies ist der rote Faden, der sich durch alle Beiträge zieht, von der philosophischen Reflexion auf die in der Verkündigung Jesu zu erfahrende Zeit über die Exegese des Geschehens in dem Gleichnis von dem Vater und den beiden Söhnen bis hin zu den Überlegungen, in welchen Kategorien und Sprachhandlungen eine verkündigende und zugleich bedachte Christologie heute bestehen könne.

---

[1] Vgl. *B. Welte,* Die Lehrformel von Nikaia und die abendländische Metaphysik, in: Zur Frühgeschichte der Christologie, hrsg. v. B. Welte (Freiburg i.Br. 1970) (Quaestiones disputatae 51) 100–117; *ders.* Die Krisis der dogmatischen Christusaussagen, in: Zeit und Geheimnis. Philosophische Abhandlungen zur Sache Gottes in der Zeit der Welt (Freiburg i.Br. 1975) 292–320.

Die Verfasser hoffen so, das Denken Bernhard Weltes – ihm zum Danke – aufzunehmen, jenes Denken, das darauf zielt, unter Bewährung der alten, doch neue, dem bedrängten Bewußtsein unserer Gegenwart erreichbare Zugänge zu der Mitte des christlichen Glaubens zu finden.

Augsburg, den 26. Februar 1976,
im Namen aller Autoren *Bernhard Casper*

Inhalt

I

Ὁ αἰτῶν λαμβάνει

Der Gebetsglaube Jesu und die Zeitlichkeit des Christseins

Michael Theunissen, Heidelberg

1. Über die Schwierigkeit, philosophisch von Jesus zu reden

> „Aber haben Sie nicht selbst zu mir gesagt, daß Sie sogar dann, wenn man Ihnen mathematisch bewiesen hätte, daß die Wahrheit außerhalb Christi liege, dennoch lieber mit Christus bleiben würden als bei der Wahrheit? Haben Sie mir das gesagt? Haben Sie das?"
> Dostoevskij, Die Dämonen, 2. Teil, 1. Kap., 7. Abschn.

Die Äußerung, auf die Šatov seinen Gesprächspartner Stavrogin festlegen möchte, stammt von Dostoevskij selbst. Schon 16 Jahre vor Beginn der Arbeit an den *Dämonen*, am 20. Februar 1854, schrieb Dostoevskij an Natal'ja D. Fonvizin: „... würde mir jemand beweisen, daß sich Christus außerhalb der Wahrheit befände, und wäre es *wirklich* so, daß die Wahrheit außerhalb Christi läge, ich würde lieber mit Christus bleiben als bei der Wahrheit."[1] Frage ich mich, was mir eigentlich erlaubt, als Nichttheologe Aussagen über Jesus zu machen, so muß ich mir eingestehen: lediglich dies, daß ich die Entscheidung Dostoevskijs verstehen kann. Dessen Entscheidung kommt, wie es in dem Brief an Frau Fonvizin heißt, aus „eifersüchtiger Liebe" zu einem Menschen, neben dem es nichts „Schöneres, Tieferes, Sympathischeres, Vernünftigeres, Mutigeres und Vollkommeneres" gibt. Sie ist mir verständlich, weil ich diese Liebe nachzufühlen vermag. Wenn die folgenden Überlegungen überhaupt einen Rechtfertigungsgrund haben, so den, daß ihr Verfasser vor aller Theologie des Gottessohns, als schlichter Bibelleser, die Göttlichkeit zu spüren glaubt, die der Mensch Jesus aus-

---

[1] *Dostoevskij*, Werke 12 (Leningrad 1975) 297. Den Nachweis dieser Stelle und der Stelle aus den „Dämonen" verdanke ich Herrn Kollegen Horst-Jürgen Gerigk. Von ihm stammt auch die Übersetzung.

strahlt, nicht nur durch sein zugleich gütiges und strenges Wesen, sondern auch und zumal durch seine Souveränität[2]. Auf den, der so vollkommen Mensch ist wie Jesus, trifft der Satz Pascals, daß der Mensch den Menschen unendlich übersteige (Pensées, Frg. 434), in einem einzigartigen, von Pascal nicht intendierten Sinne zu: Er ist göttlich eben in der Vollkommenheit seines Menschseins. Die hier mitgeteilten Gedanken sind aus dieser undogmatischen Erfahrung erwachsen. In Analogie zu Laienpredigten könnte man sie Laienmeditationen nennen. Als solche erheben sie auf Kompetenz keinerlei Anspruch. Das einzige, das sie beanspruchen, ist das Recht, sich in der Unbefangenheit zu artikulieren, die der ihnen zugrunde liegenden Erfahrung entspricht.

Wenn der Nichttheologe, der über Jesus sprechen will, ein Philosoph ist, dann hat er sein Vorhaben allerdings nicht nur vor der Theologie zu rechtfertigen, sondern auch vor seiner eigenen Wissenschaft. Muß er sich von der Theologie den Vorwurf gefallen lassen, daß er über Jesus nicht sprechen *kann*, so setzt er sich von seiten der Philosophie dem Einwand aus, daß er über Jesus nicht sprechen *darf*. Bezweifelt jene seine wissenschaftliche Qualifikation, so verweigert diese seinem Thema die Würde eines philosophischen Gegenstands. Ja, der Legitimationsdruck, den die Philosophie auf ihn ausübt, wird schier unerträglich, wenn er über Jesus nicht nur sprechen will, sondern obendrein noch erklärt, daß er die von Dostoevskij getroffene Wahl verständlich finde. Denn Philosophie fragt nach der Wahrheit; sie fragt nicht bloß, ob dieses oder jenes wahr sei, sie fragt, worin die Wahrheit des Wahren bestehe. Infolgedessen müßte sie sich, vor die von Dostoevskij ausgedachte Alternative gestellt, für die Wahrheit und gegen Christus entscheiden.

Nun ist diese fürchterliche Alternative, durch deren Abgründigkeit der Dialog zwischen Šatov und Stavrogin nach dessen Urteil einem „boshaften Examen“ gleicht, in Wirklichkeit natürlich nicht gegeben. Daß Jesus ein mögliches Thema vernünftiger Rede sei, bestreitet die

---

[2] Die Souveränität Jesu, die selbst in Randbemerkungen der Evangelisten zum Ausdruck kommt wie beispielsweise in dem lapidaren Satz: „Aber er ging mitten durch sie hinweg“ (Lk 4,30), arbeitet besonders eindrucksvoll *G. Bornkamm* in seinem Jesusbuch heraus (Jesus von Nazareth, Stuttgart, im folg. noch zitiert nach der 9. Auflage 1971). Dem Verfasser dieses Buches habe ich auch für die Freundlichkeit zu danken, mit der er mich bei der Ausarbeitung des vorliegenden Aufsatzes beraten und auf wichtige Literatur hingewiesen hat.

Philosophie denn auch keineswegs deswegen, weil für sie ausgemacht wäre, daß er „außerhalb der Wahrheit" steht. Sie bestreitet dies im Gegenteil darum, weil Jesus sich mit der Wahrheit identifiziert. Jesus verfällt ihrem Verdikt nicht so sehr aufgrund des Schweigens, das auf die Frage des Pilatus folgt und das die Synoptiker bewahren. Als philosophischen Gegenstand disqualifiziert ihn mehr noch die Antwort, mit der er die Wahrheitsfrage nach dem Johannesevangelium zum Verstummen bringt. Daß ein bestimmtes Individuum vor knapp 2000 Jahren in einem abgelegenen Winkel der damaligen Welt behauptet hat, er *sei* die Wahrheit, ist und bleibt für die Philosophie ein Skandal. Die Antwort des johanneischen Jesus ist dermaßen skandalös, daß die Philosophie, soweit sie nichts sein wollte als dies, stets dazu geneigt hat, sie gar nicht erst zu hören, d. h. sie nicht als Antwort auf die vernünftige Frage nach der Wahrheit gelten zu lassen.

Allein, so rechtfertigungsbedürftig eine philosophische Kommunikation mit Jesus auch sein mag, ihre Verweigerung ist gewiß nicht zu rechtfertigen, und zwar deshalb nicht, weil Jesus sie durchaus anbietet. Er selber schafft die Grundlage für ein Gespräch mit dem Philosophen. Gesprächsgrundlage ist sein Versprechen, daß die Wahrheit, die er ist, uns befreien werde (Joh 8, 32). Dieses Wort übersetzt das andere, das schlechthin antiphilosophische, durch das er sich ins Unausdenkliche entzieht, in eine Sprache zurück, die der Philosoph mit ihm sprechen kann. Der Philosoph kann mit ihm kommunizieren, sofern und soweit Philosophie auf *befreiende* Wahrheit abzielt, auf eine Wahrheit, die sich in der Freiheit des einzelnen und der Gesellschaft bewährt.

Die Rechtfertigung einer philosophischen Kommunikation mit Jesus vor dem Richterstuhl der Philosophie selber liegt eben in der Möglichkeit und damit auch in der Notwendigkeit, das von der „Vernunftwissenschaft" (Schelling) Versäumte nachzuholen. Sie impliziert also notwendig deren Kritik. Das Problem, zu dessen Erörterung der johanneische Jesus einlädt und das die Philosophie letztlich unaufgeklärt liegengelassen hat, ist so zu exponieren, daß zugleich die Vorurteile, die diese an seiner Bewältigung gehindert haben, als solche sichtbar werden. Das Problem lautet: Ist Freiheit tatsächlich an den Nachvollzug des Menschseins gebunden, das Jesus vorgelebt hat, oder schließt die Bindung an die Wahrheit, von der Jesus sagt, er sei sie, Freiheit nicht vielmehr aus? Welche Antwort man hierauf auch immer geben mag, sie hängt offensichtlich von dem Freiheitsbegriff ab, den man voraussetzt. Die neuzeitliche Philosophie betrachtet Freiheit in einer auf charakteristische Weise verkürzenden Perspektive. Zunächst einmal schattet sie die reale gesellschaftliche Freiheit weithin ab. Sodann engt sie die Freiheit des einzelnen in der Regel auf einen Aspekt ein, auf den sie sich auch dort beschränkt, wo sie auf die Freiheit *aller* einzelnen und in diesem Sinne auf gesellschaftliche bedacht ist. Sie begreift Freiheit fast ausschließlich als Freiheit des Menschen zu sich selbst, als Vermögen individueller Selbstverwirklichung. In der Moderne hat sich als Titel für diese Freiheit der Begriff des *Selbstseins* durchgesetzt. Gleichzeitig mit der Besonderung des Freiheitsgedankens hat auch das Entweder/Oder eine bestimmte Gestalt angenommen. Das angedeutete Problem stellt sich aus dem Blickwinkel neuzeitlichen Denkens als die Frage dar, ob Selbstsein allein als *autonomes* oder auch aus dem *Glauben*, allein aus dem Glauben oder auch als autonomes gelinge. Auf das Vorurteil, auf dem der neuzeitliche Freiheitsgedanke beruht, ist nicht nur zurückzuführen, daß das andere der Nachfolge Jesu als Autonomie erscheint. In ihm wurzelt auch die Reduktion des Menschseins, für das Jesus ein Beispiel gibt, auf den Glauben. Mit den Begriffen „Selbstsein", „Autonomie" und „Glaube" steckt die neuzeitliche Philosophie das Feld einer Auseinandersetzung mit Jesus so ab, daß sie sich damit zumeist auch vor den für sie gefährlichen Elementen christlicher Freiheit schützt. Eben deswegen ist die Auseinandersetzung auf diesem Feld zu suchen. Verantwortlich gegenüber der Philosophie und doch philosophiekritisch läßt sie sich nur unter der Bedingung führen, daß sie sich in die vom herrschenden Denken erarbeitete Begriffskonstellation hineinbegibt.

Wenn der, welcher philosophisch von Jesus reden will, der Meinung ist, sich vor der Philosophie rechtfertigen zu müssen, dann anerkennt er diese als Maßstab der Wahrheit seiner Rede. Besteht aber deren Rechtfertigung geradezu in der philosophischen Relevanz der notwendig in ihr enthaltenen Philosophiekritik, so ist Maßstab für die Wahrheit der Philosophie das, von woher sie kritisiert wird: das Evangelium. Das Evangelium seinerseits hat, wenn Jesus mit der Wahrheit schlechthin zusammenfällt, seinen Maßstab in sich selber. Die Frage ist nur, *ob* Jesus die Wahrheit, die zu sein er behauptet, tatsächlich ist. Niemand würde philosophisch von Jesus reden, wollte er sich dessen nicht vergewissern. Solange der Philosoph *als* Philosoph von Jesus redet, muß ihn das Interesse an der Vergewisserung der Wahrheit leiten; nicht seine Liebe zu der Person, in die er sich versenkt, darf ihn bestimmen, sondern allein diejenige Liebe, auf die ihn sein Name verpflichtet.

Die Vergewisserung der Wahrheit des Evangeliums bedarf aber wiederum eines Kriteriums. Da dieses weder die Philosophie sein kann noch auch in gewisser Weise das Evangelium selber, bleibt nur die Erfahrung übrig, die Erfahrung nicht im abstrakten Kantischen, sondern im konkreten Hegelschen Sinne, d.h. die, die der Mensch mit sich macht. Die Erfahrung des Menschen mit sich selbst – das ist stets die Lebenspraxis des einzelnen, aber als solche zugleich die Erfahrung, die der einzelne, für sich oder in Interaktionen, mit seiner geschichtlichen Welt macht. Schon dieser vage Hinweis auf die Bestimmtheit der als Kriterium dienenden Erfahrung verdeutlicht wohl zur Genüge, daß eine wirkliche Vergewisserung der Wahrheit des Evangeliums die vorliegende Studie überfordern würde. Setzt sie doch beides voraus: einerseits eine Diagnose dessen, was heute ist, eine vollständige Analyse des modernen Bewußtseins und der in ihm reflektierten Wirklichkeit, andererseits eine zureichende Beschreibung der auch in sich historisch eingefärbten Situation des Menschen, wie sie sich in der Innenperspektive des je eigenen Existenzvollzugs darstellt.

Indessen liegt eine derartige Aufgabe außerhalb der Reichweite dieser Untersuchung nur insofern, als sie in der Verlängerung ihrer Linie liegt. Die folgenden Überlegungen sollen die Erfüllung der beschriebenen Aufgabe durchaus vorbereiten. Aufgrund ihres propädeutischen Charakters haben sie zur Philosophie ein zwiefach dialektisches Verhältnis. Nach dem Gesagten wäre eine Theorie des Evangeliums erst dann im vollen Verstande philosophisch, wenn sie über die Philosophie hinausginge, eben in Richtung auf die konkrete Erfahrung, die der Mensch hic et nunc mit sich selbst macht. Denn erst dann würde sie ja die für die Philosophie allein relevante Wahrheitsfrage aufklären können. Die folgenden Überlegungen hingegen sind nicht eigentlich philosophisch, weil sie die Wahrheitsfrage noch nicht ausdrücklich stellen, sondern sich im wesentlichen darauf beschränken, die quaestio facti zu entfalten und auf die quaestio juris hinzuordnen. Doch bleiben sie gerade deswegen im Rahmen der Philosophie. Sie entfalten die quaestio facti, indem sie einen Beitrag zur Phänomenologie des von Jesus vorgelebten Menschseins leisten. Als phänomenologische unterwirft sich die mit ihnen an einem kleinen Stück versuchte Explikation des Evangeliums den von der Philosophie gesetzten Maßstäben. Die quaestio facti ordnen sie aber auf die quaestio juris hin, indem sie von einem bibelexegetischen Ansatz her Philosophiekritik treiben, Kritik der philosophischen Einengung des Freiheitsgedankens auf die Idee des Selbstseins. Die Kritik richtet sich einmal gegen diejenige Philosophie des Selbstseins, die ausgesprochen oder unausgesprochen voraussetzt, daß der Mensch einzig unter der Bedingung seiner Autonomie er selbst sein könne. Zu kritisieren ist zum andern aber auch der Versuch, im abstrakten Gegenzug dazu Selbstsein derart an den Glauben zu binden, daß eine Alternative zu seiner Glaubensverfassung undenkbar wird. Denn in der Konsequenz dieses Versuchs geht nicht nur das Selbstsein im Glauben auf, sondern auch umgekehrt der Glaube im Selbstsein, was bedeutet, daß seine Apologie, unter der Botmäßigkeit der Tendenz, gegen die sie opponiert, den verkürzten Freiheitsbegriff auch noch auf ihn ausdehnt. Solche Philosophiekritik könnte aber nicht sein, was sie ist, würde sie nicht die Wahrheit des Evangeliums vorwegnehmen. Sie läßt sich von einer Hypothese leiten, die an der konkreten Erfahrung des Menschen mit sich auszuweisen wäre, von der nämlich, daß Jesus die Wahrheit ist, weil die Freiheit, die dieser Wahrheit entspringt, die vollkommenste ist, weil wir nur dann wirklich Freie (ὄντως ἐλεύθεροι) sein werden, wenn der Sohn uns befreit (Joh 8,36).

2. *Der Gebetsglaube Jesu*

Es scheint der Sache angemessen zu sein, der Frage nach der Freiheit, welche die in Jesus Fleisch gewordene Wahrheit bewirkt, unter dem Gesichtspunkt der *Zeit* nachzugehen[3]. Auf Zeitlichkeit hebt die Philo-

[3] Zeit ist in der vorliegenden Untersuchung nur thematisch, soweit sie sich in ihre „Modi" auseinanderlegt, die, wie Augustin sagt, eine Art Dreiheit in der Seele (in anima tria quaedam) bilden (Confessiones XI, 20). Nicht thematisch ist also die objektive Zeit der Physik oder das, was *J. E. McTaggart* (The Nature of Existence [Cambridge 1927]) in der Abhebung gegen die „A series" der Abfolge von Zukunft, Gegenwart und Vergangenheit die „B series" nennt: die Reihe der nach den Relationen „früher als" und „später als" geordneten Ereignisse. Vgl. zu dieser Unterscheidung *P. Bieri*, Zeit und Zeiterfahrung (Frankfurt a.M. 1972). Die physikalische Zeit liegt natürlich außerhalb des biblischen Verstehenshorizontes. Zu ihrer lebensweltlichen Bedeutung für die Moderne neuerdings: *G. Picht*, Unter dem Diktat der physikalischen Zeit, in: Evangelische Kommentare (1975/2) 75–77. Picht ist auch dem Zusammenhang zwischen den Zeitmodi und den Modalitäten des Seins nachgegangen. Vgl. dazu von ihm: Die Zeit und die Modalitäten, in: Quanten und Felder (Festschrift für Werner Heisenberg) (Braunschweig 1971) 67–76.

sophie des Selbstseins von Kierkegaard bis Heidegger ab, und zeitlich strukturiert ist auch der ursprünglichste und umfassendste Inhalt der Verkündigung Jesu. Der „historische" Jesus verkündigt die Nähe des Reichs oder der Herrschaft Gottes, der βασιλεία τοῦ θεοῦ. Die Nähe hat insofern eine nur ihr eigene, ganz spezifische Temporalität, als in ihr Gegenwart und Zukunft einen Zusammenhang bilden, der den Horizont der gewöhnlichen Vorstellung vom Verhältnis der Zeitmodi übersteigt. Das Gottesreich naht und ist schon da; es ist, obwohl es erst naht, bereits „herbeigekommen" (Mk 1, 15). Es ist zukünftig und gegenwärtig zugleich. Diese Einheit müssen wir so denken, daß die Gegenwärtigkeit des Gottesreichs dessen Zukünftigkeit in keiner Weise relativiert. Das Reich Gottes ist zu erwarten und in keiner Weise antizipierbar. Verheißung und Erfüllung bleiben geschieden. Aber im Noch-Nicht der Erfüllung ist die Verheißung selber schon Erfüllung. Vermag auch der in der Gegenwart lebende Mensch das Kommen des Gottesreichs subjektiv nicht zu antizipieren, so ist doch die Gegenwart in sich seine Nähe und damit seine objektive Antizipation. Ich bezeichne diese, um sie gegen jeden subjektiven Entwurf abzugrenzen, mit einem Ausdruck, der aus der Rhetorik stammt, als *Prolepse.* Die Gegenwart, mit Jesus begriffen als Nähe des nahenden Reichs, besitzt eine proleptische Struktur, sofern das, was in ihr vorfällt, durch den Vorfall der Zukunft in sie bestimmt ist[4].

Ich möchte nun die These aufstellen, daß das Menschsein, für das Jesus ein Beispiel gibt, also das Christsein, sich durch dieselbe Art von Zeitlichkeit auszeichnet. Die universale heilsgeschichtliche Struktur kehrt in der Heilsdimension der Lebensgeschichte des einzelnen wieder. Eingehend auf die methodische Forderung, die vorgegebene Problemkonstellation aufzunehmen, versuche ich diese These zu verifizieren, indem ich mich zunächst dem Glaubensbegriff zuwende, der allerdings hernach in das Ganze des von Jesus vorgelebten Menschseins integriert werden soll.

Wie wesentlich dem Glauben der Zeitbezug ist, zeigt nicht zuletzt seine namentlich von Paulus auffallend stark betonte Verbindung mit der Geduld, von der es im Brief des Jakobus (1, 3) heißt, daß der rechtschaffene Glaube sie hervorbringe. Diese Verbindung indiziert bereits,

---

[4] Vgl. *Vf.*, Hegels Lehre vom absoluten Geist als theologisch-politischer Traktat (Berlin 1970) 348f.

was erst am Ende des hier zu beschreitenden Weges thematisch werden kann: Der Glaubende lebt im Gleichklang mit der Zeit, er läßt sich mit ihr versöhnen, doch so, daß das Leiden an ihr, auf das er antwortet, im Dulden seiner Geduld ebenso wie in seiner Duldsamkeit lebendig bleibt. Die Geduld prägt demnach diejenige Lebensform, die aus der Überwindung der Angst entspringt. Angst und Glaube sind einander entgegengesetzt. Wenn freilich der johanneische Jesus seine Versicherung, daß er die Welt überwunden habe, an die Feststellung knüpft: „In der Welt habt ihr Angst" (Joh 16,33), so gibt er der Behauptung Kierkegaards recht, daß die Angst, eben als überwundene, im Glauben nicht schlechthin zugrunde gehe, sondern in seinem Grunde fortdauere und um seinetwillen auch fortdauern müsse. Wie immer man Angst aber auch des näheren bestimmen mag, auf jeden Fall ist sie durch die Ohnmacht definiert, in die der Mensch angesichts einer dunkel andrängenden Zukunft ständig zu versinken droht. Auch auf dem Hintergrund seiner untergründigen Angst wird also sichtbar, daß der Glaube in einer besonders engen, für ihn konstitutiven Beziehung zur Zeit steht. Es scheint insofern auch besonders aussichtsreich zu sein, gerade an ihm zu demonstrieren, wie die proleptische Struktur der Reichsnähe sich in dem von Jesus vorgelebten Menschsein reflektiert.

Auf der anderen Seite wird man bedenken müssen, daß die neuzeitliche Tendenz zur Reduktion des Christseins auf Glauben am wenigsten dem Gründer des Christentums gerecht wird. Wie schon Adolf Schlatter hervorgehoben hat, ist die Gleichsetzung der Religion mit dem Glauben nicht nur überhaupt „unchristlich", sondern vor allem auch „pseudoevangelisch", und zwar eben deshalb, weil Jesus selber einer „Reduktion der Frömmigkeit auf das bloße Glauben" entgegenarbeitet[5]. Ja, der Glaubensbegriff spielt in Jesu Verkündigung gar keine „besondere Rolle"[6]. Seine Unartikuliertheit ist zwar nicht Ausdruck sachlicher Irrelevanz, wohl aber Zeugnis dafür, daß Jesus sich im Medium des Glaubensverständnisses bewegt, das ihm sein Volk überliefert hat[7]. Dementsprechend fehlt dem Glaubensbegriff in den Urschichten des neutestamentlichen Textbestandes auch noch die bei

---

[5] *A. Schlatter*, Der Glaube im Neuen Testament (Calw – Stuttgart ³1905) 103. Besonders Schlatters Ausführungen über den Glauben Jesu sind m. E. immer noch von großem Wert.

[6] *R. Bultmann*, Jesus (Tübingen 1926) 159.

[7] Vgl. *E. Fuchs*, Das Zeitverständnis Jesu, Gesammelte Aufsätze II (Tübingen 1960) 335.

Paulus und Johannes dominierende Bedeutung einer gehorsamen Annahme der in Christus selbst geschehenden Offenbarung Gottes[8]. Dieser Mangel an dogmatischer Fixiertheit ist nicht zu beseitigen, sondern im Gegenteil zum Ausgangspunkt der Untersuchung zu machen. Wir müssen ihm die methodische Anleitung entnehmen, den von Jesus gebotenen und von ihm selber beispielhaft gelebten Glauben gerade dort aufzuspüren, wo er uns in zunächst einmal nicht oder kaum verbalisierter Gestalt entgegentritt. Damit werden wir auf den Bereich verwiesen, den Bultmann mit dem Titel „Der Gebetsglaube Jesu" definiert[9]. Den Zugang zu diesem Bereich eröffnet uns eine dem Nazarener zugeschriebene Sequenz von Sätzen, die Matthäus (7,7–8) und Lukas (11,9–10), offenbar aus der gemeinsam benutzten Logienquelle schöpfend, in gleicher Fassung überliefern: „Bittet, und es wird euch gegeben werden; suchet, und ihr werdet finden; klopft an, und es wird euch geöffnet werden. Denn jeder, der bittet, empfängt, und der Suchende findet, und dem Anklopfenden wird geöffnet werden."

Auf den ersten Blick ist freilich kaum zu sehen, inwiefern dieses Wort interpretationsbedürftig sein soll. Seine Sprache ist schlicht, und der Sachverhalt, auf den es zielt, ist einfach. Der Sachverhalt ist ein Handlungszusammenhang, ein Zusammenhang zwischen einem Handeln des Menschen und einem Handeln Gottes. Seine Einfachheit beruht offensichtlich vor allem auf der Einfachheit dieses Zusammenhangs. In bestimmter Weise einfach ist darüber hinaus auch das Handeln, von dem Jesus spricht. Das Handeln des Menschen mutet einfach an, sofern es den Eindruck von Leichtigkeit erweckt. Zwar stellt Jesus eine Forderung. Aber er fordert keine Leistung, die uns schwerfallen würde. Wir sollen uns nichts abverlangen, sondern nur *verlangen*[10]. Das Handeln Gottes könnte man insofern einfach nen-

---

[8] Vgl. *R. Bultmann*, Jesus, a. a. O., 159; *G. Bornkamm*, Jesus von Nazareth, a. a. O., 119.

[9] Jesus, a. a. O., 151–159.

[10] Nach Schlatter hat Jesus insofern den Glauben „vor der Entartung zur bloßen Ergebung geschützt". Ihm zufolge hatte es „für das Glauben, das Jesus seinen Jüngern gab, und damit für den ganzen Bestand des Christentums fundamentale Bedeutung, daß aus ihm nach Jesu Sinn nicht bloß das Danken, sondern auch das Bitten entsteht, daß er durch dasselbe den Menschen zu eigenem Wollen aufrichtet und diesem reale Geltung vor Gott verleiht" (Der Glaube im Neuen Testament, a. a. O., 122). Vgl. auch *R. Bultmann*, Jesus, a. a. O., 156: „man kann nicht zweifeln, daß, wenn Jesus zum Bittgebet mahnt, dann die Bitte im eigentlichen Sinne gemeint ist, d. h. im Gebet soll sich nicht die Ergebung in Gottes unabänderlichen Willen vollziehen, sondern das Gebet soll Gott bewegen, etwas zu tun, was er sonst nicht tun würde".

nen, als es keinen Einschränkungen unterliegt. Aus der Unbestimmtheit dessen, was Gott uns gibt, scheint man schließen zu dürfen, daß er gewillt ist, uns *alles* zu geben. Auf ein Gebot, dessen Erfüllung leicht ist, folgt eine Verheißung, die schlechthin unbegrenzt ist[11] – einfacher geht's nicht. Die Einfachheit wird dadurch noch unterstrichen, daß Jesus verbal sogar den Geber im Unbestimmten läßt und uns so die Mühe erspart, uns allgemeine Gedanken über Gott machen zu müssen.

Gerade diese Einfachheit bereitet uns indessen eigentümliche Verständnisschwierigkeiten. Mit solchen Schwierigkeiten haben wir um so hartnäckiger zu kämpfen, je ausgeprägter das Vorverständnis vom Neuen Testament ist, das wir mitbringen. Als Bibelleser wissen wir nicht recht, wie das natürliche Verlangen sich mit dem Streben nach dem Reich Gottes vereinbaren läßt. Zwischen der Unbestimmtheit des Bittens, die der Unbestimmtheit der Verheißung korreliert und in dieser Korrelation gleichfalls wie Schrankenlosigkeit aussieht, und den bestimmten Bitten, die Jesus im Vaterunser formuliert, insbesondere den Bitten um Vergebung unserer Sünden und um Erlösung vom Bösen, tut sich eine schwer überbrückbare Kluft auf, und dies, obwohl Lukas das generelle Bittgebot, zweifellos mit Bedacht, im 11. Kapitel seines Berichts auf das Vaterunser folgen läßt. Entsprechende Mühe kostet es uns, in der Verheißung all dessen, was wir verlangen, die bestimmte Verheißung unseres Heils wiederzuerkennen und sie von einem Versprechen universalen Glücks zu unterscheiden. Einerseits ist klar, daß wir die Abhängigkeit der Stelle von einem Kontext beachten müssen, in welchem es um das Eine geht, das not tut (Lk 10,42), um Erlösung. Andererseits würden wir den Sinn der Stelle selber verfehlen, wollten wir mißachten, daß Jesus unserem Bitten keine Schranken setzt. Die Einfachheit des Sachverhalts stellt uns vor das Problem der Vermittlung von Heil und natürlichem Leben.

Doch damit nicht genug. Fühlt sich das theologisch gebildete Bewußtsein durch die Natürlichkeit des Gebots und der Verheißung irritiert, so das natürliche durch die Unnatürlichkeit. Auch diese Schwierigkeit ist in der Einfachheit begründet. Die Einfachheit des von Jesus dargelegten Sachverhalts ist, so wurde oben gesagt, vornehmlich die des behaupteten Zusammenhangs zwischen dem Bitten und der

[11] Schlatter spricht von der Freiheit der Verheißung „von allen Begrenzungen": „Von dem, was der Glaubende empfängt, wird jede Grenze weggenommen" (Der Glaube im Neuen Testament, a.a.O., 118).

Gabe Gottes. Der aber widerstreitet eben aufgrund seiner Einfachheit allem, was wir als natürlich empfinden. Natürlicherweise besteht zwischen einer Bitte und ihrer Gewährung ein Zusammenhang, der so natürlich ist, daß man darüber nicht viele Worte zu verlieren braucht. Daß ich bitte, ist eines; ein anderes ist, ob mein Adressat die Bitte gewährt oder nicht. Im natürlichen Leben ist mit dem Faktum der Bitte noch nichts über ihre Gewährung entschieden. Genausowenig garantiert mein Suchen ein Finden oder dies, daß ich bei jemandem anklopfe, die Öffnung der Tür. Demgegenüber spricht Jesus von einer Bitte, deren bloße Tatsache ihre Gewährung nach sich zieht. Er behauptet nicht nur, was Martin Buber[12] ihm bestreitet: daß das Finden ein Suchen voraussetze; er wagt darüber hinaus die fast abenteuerlich klingende Behauptung, daß das Suchen die hinreichende Bedingung des Findens sei. Er versichert uns, daß uns geöffnet werde, wenn wir nur energisch genug anklopfen.

Diese unnatürliche Einfachheit gibt den Blick frei auf die gesuchte proleptische Struktur. Denn der Ausschluß der Alternative von Entsprechung und Nichtentsprechung revolutioniert auch das natürliche Verhältnis von Gegenwart und Zukunft. Im Normalfall wird einer jetzt vorgebrachten Bitte, wenn ihr überhaupt entsprochen wird, erst später entsprochen. Indem ich suche, gebe ich zu erkennen, daß ich noch nicht gefunden habe. Während ich anklopfe, warte ich, und im Warten liegt die Erwartung einer Zukunft, über die ich nicht verfüge. Durch den unverfügbaren Akt des Adressaten sind Gegenwart und Zukunft voneinander getrennt. Auch Jesus unterscheidet sie. Seiner Forderung folgt die Verheißung durchweg in der Form des Futurs. Gleichwohl wird man sagen dürfen, daß die einfache Wenn-Dann-Relation den Unterschied von Gegenwart und Zukunft auf merkwürdige Art vermittle. Kann der Glaubende der Gewährung seiner Bitte gewiß sein, so bricht für ihn die Zukunft bereits mit der Gegenwart an, und zwar eben so, wie dies nach der Verkündigung Jesu das Nahen des Gottesreichs charakterisiert: Die Verheißung ist im Noch-Nicht der Erfüllung doch selber schon Erfüllung.

Mit dem Übergang vom ersten zum zweiten Vers kommt die Pro-

---

[12] Vgl. bes. Zwei Glaubensweisen, Werke I (München–Heidelberg 1962) 651–782. Zur Kritik: *L. Wachinger*, Der Glaubensbegriff Martin Bubers (München 1970) (Beiträge zur ökumenischen Theologie, hrsg. v. H. Fries) 172–204. Buber kann sich auf Stellen berufen wie Jes 65,1: „ich werde gefunden von denen, die mich nicht suchten".

lepse in gewissem Maße auch zur Sprache. Im zweiten Vers heißt es nicht mehr wie im ersten, daß der Bittende empfangen, der Suchende finden *werde.* An die Stelle des Futurs tritt das Präsens: der Bittende empfängt, der Suchende findet (πᾶς γὰρ ὁ αἰτῶν λαμβάνει, καὶ ὁ ζητῶν εὑρίσκει). Dies scheint mir von sachlicher Bedeutung zu sein. Auch ist vielleicht verständlich, daß die vatikanische und die syrischen Handschriften desgleichen im Schlußteil des Satzes statt der futurischen Verbform die präsentische wählen. Ihnen zufolge ist nicht zu lesen: „dem Anklopfenden wird geöffnet *werden*“, sondern: „dem Anklopfenden *wird* geöffnet“. Das ἀνοιγήσεται haben die Schreiber dieser Handschriften durch ein ἀνοίγεται ersetzt, weil sie offenbar der Meinung waren, daß die Konsequenz des Gedankens auch hier das Präsens erheische. Das im Schlußteil des Satzes gebrauchte Bild versagt sich freilich dem Tempuswechsel. Daß der Bittende im selben Augenblick, in welchem er bittet, empfange oder daß der Suchende gleichzeitig mit seinem Suchen finde, läßt sich nicht durch das Beispiel eines Anklopfenden veranschaulichen, dem schon während des Anklopfens geöffnet werde; läßt sich doch ein Anklopfen ohne Warten nicht vorstellen. Trotzdem ist das Bild der Intention, die es zur Anschauung bringen soll, nicht unangemessen. Denn die Zukunft bleibt ungeachtet ihrer Prolepse, was sie ist. Sie löst sich in Gegenwart nicht auf. Der Unterschied von Gegenwart und Zukunft soll ja nicht verschwinden, er soll sich nur aufheben. Es geht, genauer gesagt, um die *Gegenwärtigkeit der Zukunft selber.* Weil der Text durch den Tempuswechsel diese und keine andere Gegenwärtigkeit anzeigt, entspricht es seinem Sinn, wenn das abschließende Bild daran erinnert, daß es die Zukunft ist, die da gegenwärtig wird.

Doch was heißt das: die Zukunft wird gegenwärtig? Projizieren wir hier nicht bloß eine an Jesu Verkündigung des nahenden Gottesreichs abgelesene Struktur auf die Erfahrung des Subjekts? Inwiefern erlebt der Bittende selber so etwas wie eine Gegenwärtigkeit der Zukunft? Zu der Frage besteht um so mehr Veranlassung, als der Satz ὁ αἰτῶν λαμβάνει durchaus eine ganz vertraute Bedeutung hat, die überhaupt keinen Zeitbezug impliziert. Jesus sagt jedem, der bittet, gleichgültig wann er bittet, zu, daß er empfängt, wann auch immer[13]. Das ist die

[13] So heißt es auch im Alten Testament: „... wer des Herrn Namen anrufen wird, der soll errettet werden“ (Joel 3,5).

unmittelbare Bedeutung des Satzes, die in keiner Weise weginterpretiert werden darf. Aber in ihr selber stoßen wir auf eine tiefere Schicht, deren Freilegung zwei weitere Bedeutungen sichtbar macht. Wer sich auf die Zusage Jesu verläßt, lebt ja in der Zuversicht, daß seinem Bitten entsprochen werde. Diese Zuversicht ist mehr als Hoffnung. Sie ist eben deshalb mehr, weil sie sich zwar auch, wie die Hoffnung, auf Zukunft ausspannt, aber diese zugleich als gegenwärtige vor sich bringt. Sie mutet der Zukunft eine Gewißheit zu, die nur dem Gegenwärtigen gebührt. Was sie dazu befähigt, werden wir erst sehen, wenn wir unser Blickfeld über das Verhältnis von Gegenwart und Zukunft hinaus erweitern und auch die Vergangenheit in unsere Erwägungen einbeziehen. An dieser Stelle kommt es zunächst darauf an, noch weiter in die verborgeneren Sinndimensionen des Satzes vorzudringen. Die in der Zuversicht erfahrene Gegenwärtigkeit der Zukunft ist insofern noch nicht die ursprünglichste, als sie bloß auf Vergegenwärtigung beruht. Die Analogie zur proleptischen Struktur der Reichsnähe verlangt aber, daß die Zukunft real präsent ist und nicht bloß repräsentiert. Nun braucht man, um ihrer Realpräsenz ansichtig zu werden, das ὁ αἰτῶν λαμβάνει gar nicht zu mystifizieren. Man braucht den Satz nur in seiner wörtlichsten Bedeutung zu nehmen. Der Satz, daß der Bittende empfängt, ist dann so zu lesen: Er empfängt schon dadurch, daß er bittet; ihm wird bereits im Vollzug des Bittens real zuteil, worauf er aus ist. Daß der Wortlaut erlaubt, dem Satz auch diese dritte, radikalste Bedeutung zu geben, wird niemand bezweifeln. Ungewiß scheint nur, ob und, wenn ja, inwiefern ein solcher Sinn der Rede *Jesu* beigelegt werden darf und wodurch sich seine Berechtigung im Kontext des Evangeliums ausweisen läßt.

In der Abstraktion von diesem Kontext könnte man den Satz, daß der Bittende im Bitten selber empfange, auf dem Hintergrund von Magie oder auch von Resignation deuten. Im ersten Fall würde er meinen, daß das Subjekt das von ihm Intendierte seinem eigenen Akt und damit sich selbst überantworte; im zweiten wäre er so zu verstehen, daß das Subjekt sich damit begnügt, sein Ziel schon in seinem Streben und allein darin zu haben. Daß man im Kontext des Evangeliums die Möglichkeit der Magie ausschließen muß, leuchtet ohne weiteres ein. Aber auch für Resignation ist hier kein Platz. Ausgeschlossen ist die Resignation freilich nicht, weil sich in ihr die Ohnmacht des Menschen bekundet, sondern weil sie eine sublimierte Form von Eigenmächtigkeit ist. Man erkennt dies daran, daß der Gegensatz, den Magie und Resignation bilden, von einer übergreifenden Einheit relativiert wird. Verschwindet doch in beiden Fällen die Gabe des Adressaten im Subjekt. Jesus hingegen verkündigt die Herrschaft Gottes und damit auch die Souveränität des Adressaten.

Gleich weit entfernt von Magie und Resignation ist der Glaube. Wenn wirklich zutrifft, was in allen jetzt angestellten Überlegungen vorausgesetzt war: daß unser Wort, obwohl es ihn nicht nennt, von ihm handelt, dann muß sich die Realpräsenz der Zukunft an ihm, dem „Gebetsglauben", zeigen lassen. Wir gelangen auf dem geradesten Weg zu diesem Ziel, wenn wir die offengelassenen Probleme wiederaufnehmen, die sich aus der Natürlichkeit und auch aus der Unnatürlichkeit des von Jesus dargelegten Sachverhalts ergeben. Denn der Glaube *ist* die Lösung dieser Probleme.

Zunächst verweist die Art, wie Jesus ihn noch vor seiner Verbalisierung zum Thema macht, auf die bislang ungeklärte Vermittlung von Heil und natürlichem Leben. Den unüberbietbaren Realismus Jesu, der sich an den konkreten Menschen in seiner ganzen seelischen und leiblichen „Bedürftigkeit"[14] wendet, dokumentiert, wie gesagt, die Tatsache, daß Jesus zum Bitten auffordert und nichts von alledem, worum wir in unserer Not bitten möchten, ausschließt; mit dem Verzicht auf Reglementierung des Bittens räumt er sogar den vermeintlichen Kleinigkeiten unseres natürlichen Lebens ihr Recht ein. Daß er damit zugleich schon den Glauben anspricht, läßt sich nur so denken, daß er im Grunde zu *ihm* auffordert. Das bestätigt ein Vergleich des Textes mit Mt 17,20. In einer theologisch nicht unmißverständlichen Formulierung habe ich das Bitten als „hinreichende Bedingung" der göttlichen Gabe bezeichnet. Die Bezeichnung ist unangemessen, sofern Gott sich keine Bedingungen vorschreiben läßt. Immerhin ist wohl nicht nur dies an ihr richtig, daß uns nach der glasklaren Aussage Jesu allein dann gegeben wird, wenn wir bitten. Das Bitten scheint nicht nur so etwas wie eine *notwendige* Bedingung zu sein, ihm kommt durchaus auch die Funktion zu, die wir in einem profanen Zusammenhang mit dem Begriff der *hinreichenden* Bedingung charakterisieren würden. Die von Luther vorgeschlagene Übersetzung „Bittet, *so* wird euch gegeben" bringt dies ohne Skrupel zum Ausdruck. Das Hinrei-

[14] So *G. Bornkamm* in seiner Auslegung unseres Modelltextes (Jesus, a.a.O., 123).

chende ist jedoch nicht das Bitten selber, sondern der Glaube, der es begleitet, und der entgeht dem Verdacht, Gott magisch zwingen zu wollen, weil er sich selber dem verdankt, an den die von ihm begleitete Bitte adressiert ist. Unter der Voraussetzung, daß Jesus zum Glauben auffordert, verliert jene Formulierung ihre Mißverständlichkeit, weil dies, daß der Glaube sich nicht selbst zu begründen vermag, die Fehldeutung abwehrt, als zitiere der Mensch die Gabe Gottes herbei. Der Glaube freilich reicht nach Mt 17,20 selbst dann hin, wenn er so unscheinbar ist wie ein Senfkorn: „Wenn ihr Glauben habt wie ein Senfkorn, werdet ihr zu diesem Berge da sagen: Geh fort von hier, dorthin! Und er wird fortgehen, und nichts wird euch unmöglich sein."

Wie aber hängt der Glaube mit dem Bitten zusammen? Einerseits bildet er mit ihm eine vollkommene Einheit. Der Glaube, verstanden als der spezifische Gebetsglaube Jesu, läßt sich vom Bitten nicht loslösen. Ja, in bestimmter Hinsicht gilt auch umgekehrt, daß das Bitten unlösbar ist vom Glauben. In vollem Ernst nämlich kann man keine Bitte vortragen, ohne an ihre Erhörung zu glauben. Der Glaube begleitet das Bitten nicht nur, er ist dessen immanente Kraft, die Energie, die es überhaupt erst realisiert. Insofern bezieht er sich auch auf die Fülle der je besonderen Angelegenheiten, in denen ich Gott um Hilfe und Beistand bitte. Jesus spricht vom Gottesglauben stets „mit Bezug auf bestimmte, aktuelle Möglichkeiten"[15]. Der Glaube, von dem er spricht, umgreift das gesamte natürliche Leben, und nur aufgrund dieser seiner lebensgeschichtlichen Konkretheit durften wir überhaupt hoffen, die universalgeschichtliche Verfassung der Reichsnähe in ihm wiederzufinden.

Andererseits differiert der Glaube vom Bitten. Es verhält sich nicht bloß so, daß Jesus in seiner Aufforderung zum Bitten eigentlich Glauben fordert. Mit einem gewissen Recht kann man auch behaupten, daß er Glauben gebiete und *nicht* Bitten. Denn ein Bittgebot ist nach den Regeln des Sprachspiels, das wir mitgespielt haben, strenggenommen unsinnig. Jedenfalls dann, wenn man das Bitten wie oben in der Weite nimmt, in die seine Zusammenstellung mit dem Suchen und Anklopfen hinauszuweisen scheint, d.h. als Inbegriff unseres Verlangens, stellt es sich als eine Handlung dar, die wir, obwohl vielleicht uneingestanden, immer schon vollziehen. Zu dem aber, was wir immer schon tun,

[15] *R. Bultmann*, Jesus, a.a.O., 159.

brauchen wir nicht eigens aufgefordert zu werden. Offenbar ist das Bitten, welches so definiert ist, daß es sinnlos erscheint, es zu gebieten, im Absehen vom Glauben definiert, während dasjenige Bitten, das sehr wohl Gegenstand einer Forderung sein kann, deshalb als ein zu forderndes gilt, weil es in seiner Einheit mit dem Glauben gesehen ist. Diese Überlegung gestattet eine erste Annäherung an die Sphäre, in welcher der Glaube beheimatet ist. Als das, was das Bitten zum Gegenstand einer Forderung qualifiziert, ist das Glauben nichts von dem, was wir immer schon, was wir ohnehin und von uns aus tun. Also übersteigen wir in ihm unser natürliches Leben. Wir übersteigen es auf das hin, was uns im Glauben als unser „Heil" aufgeht, so allerdings, daß unser gesamtes natürliches Leben in seiner Transzendierung auch positiv aufgehoben wird. Genau dort, wo Jesus den Glauben verbalisiert, macht er ja desgleichen die Unbegrenztheit der an den Glauben geknüpften Verheißung explizit: „... euch wird nichts unmöglich sein." Sicherlich meint er damit nicht alles Mögliche, wohl aber die konkrete Lebenstotalität, ohne deren Rettung unverständlich bliebe, wieso wir seine Botschaft *die* gute Nachricht nennen.

Zu bestimmen ist nun die Einheit der Identität und der Differenz von Glauben und Bitten. Sie liegt, noch ganz formal gedacht, darin, daß Glaube die Selbstreflexion des unnatürlich einfachen Zusammenhangs zwischen der Bitte und ihrer Gewährung ist. Die unnatürliche Einfachheit dieses Zusammenhangs wurde auf die absichtlich provokante Formel gebracht: Die schlichte Tatsache der Bitte zieht deren Gewährung nach sich. Wenn Jesus mit seinem Bittgebot Glauben gebietet, dann fordert er das Vertrauen darauf, *daß* die schlichte Tatsache der Bitte deren Gewährung nach sich zieht. Die Selbstreflexion des derart unnatürlich einfachen Zusammenhangs kommt aber zu diesem keineswegs erst nachträglich hinzu, so als könnte der Zusammenhang auch ohne sie sein, was er ist. Die schlichte Tatsache der Bitte zieht deren Gewährung vielmehr nur unter der Bedingung nach sich, daß der Bittende darauf vertraut. Weil dies aber auch wirklich der Fall ist, wenn ich glaube, daß es der Fall ist, kann Jesus die Hilfe, um die ich Gott bitte, auf den Glauben zurückführen, in welchem ich Gott darum bitte, ohne daß er damit ihren göttlichen Ursprung leugnen würde. Das Herrenwort „dein Glaube hat dir geholfen", das bei Matthäus nur einmal vorkommt (9,22), hält Lukas augenscheinlich für eine so wichtige Aussage, daß er es außer in seinem Bericht über das Ereignis, in dessen Kontext es auch Matthäus stellt (8,48), noch an drei weiteren Stellen (7,50; 17,19; 18,42) anführt. Dabei ist, meine ich, das Perfekt ernstzunehmen: Indem die Aufhebung des Unterschieds von Gegenwart und Zukunft nicht unabhängig vom Glauben geschieht, sondern in ihm und durch ihn, lebt der Glaubende in der realen Präsenz dessen, worauf er sich ausstreckt. Er *hat* bereits die „Kräfte der zukünftigen Welt" (δυνάμεις μέλλοντος αἰῶνος) geschmeckt (Hebr 6, 5). Wer im Glauben bittet, empfängt tatsächlich schon dadurch, daß er bittet.

Der Wesensgrund dieses denkwürdigen Phänomens wird sichtbar, sobald wir das Vertrauen, als das sich der von Jesus geforderte Glaube durchweg darstellt, genauer definieren. Der Gebetsglaube Jesu ist das seinerseits grenzenlose Zutrauen zur grenzenlosen *Macht* Gottes. In seiner inhaltlichen Bestimmtheit spiegelt sich also, wie in seiner formalen Struktur, das Ganze der Verkündigung Jesu; auch im Glauben geht es um die βασιλεία τοῦ θεοῦ. Uns, den Menschen, wird nichts unmöglich sein, weil ihm, dem Gott, nichts unmöglich ist, weil er in seiner grenzenlosen Macht alles vermag. Im Vertrauen auf die Macht Gottes lebt aber nur, wer nicht auf seine eigene Macht vertraut[16]. Von Magie ist er darum so weit entfernt, weil er auf alle Eigenmächtigkeit verzichtet. Sich verlassen auf Gott heißt: sich selbst *los*lassen, sich seiner Subjektivität entäußern. Der Glaube ist demnach die *Freiheit des Menschen von sich selbst.* Diese Freiheit aber entlastet auf eigentümliche Weise vom Druck der Zukunft. Sie befreit von der Sorge um die eigene Existenz. Nicht für den morgigen Tag zu sorgen, kann Jesus in unmittelbarer Konsequenz seines Aufrufs zur Suche nach der βασιλεία empfehlen (Mt 6, 33–34), weil der Mensch, der sich in allem und vor allem auf dieser Suche befindet, eo ipso nicht das Seine sucht und infolgedessen frei ist vom Zwang des ständigen Sich-Vorwegseins. Das bedeutet keineswegs, daß die Zukunft selber entschwände. Nur verändert sich das Verhältnis zu ihr. Die Veränderung läßt sich mittels der von der Psychologie angebotenen Unterscheidung zwischen „Protensität" und „Prospektivität"[17] fassen. Der Glaubende ist nicht mehr bloß proten-

---

16 Vgl. *A. Schlatter,* Der Glaube im Neuen Testament, a.a.O., 99: „Jesus hat es abgelehnt, das auf Gott gerichtete Glauben auf unser Selbstvertrauen aufzubauen, diesem zu lieblicher Ergänzung, sondern hat zwischen beiden einen Konflikt gestiftet, so daß das eine das andere überwinden muß, damit es selbst bestehen kann."

17 Vgl. *W. Janzarik,* Psychologie und Psychopathologie der Zukunftsbezogenheit, in: Archiv für die gesamte Psychologie 117 (1965) 33–53.

siv, unablässig voraus*eilend*, von seiner Zukunft eingenommen; er vermag sie prospektiv, voraus*schauend*, zu vergegenwärtigen und durch utopische Phantasie allererst für mögliches Handeln zu öffnen. Seine Fähigkeit zur Vergegenwärtigung der Zukunft beruht aber auf deren realer Gegenwärtigkeit, und die wiederum hat ihren tiefsten Grund in seiner Freiheit von sich selbst[17a].

Nun treiben uns Jesu eigene Worte, nicht Motive, die seiner Sache fremd wären, dazu an, die Freiheit *von* sich auf ihren Zusammenhang mit der Freiheit *zu* sich zu befragen und damit in die Perspektive der Philosophie des Selbstseins zu rücken. Gerade seine von Matthäus überlieferten Worte berühren mehr als einmal die vom Doppelsinn des Begriffs „Selbstaufgabe" angezeigte Dialektik: Wer sein Selbst, das Prinzip seines Lebens (τὴν ψυχὴν αὐτοῦ), verliert, wird sich finden (Mt 10,39; 16,25). Die Einheit von Selbstverlust und Selbstfindung übergreift einen absoluten Gegensatz. Wird der Mensch dadurch frei *von* sich, daß er seine Eigenmächtigkeit verabschiedet, so wird er frei *zu* sich, indem er sich ergreift und sich hiermit nicht nur seiner selbst, sondern ebensowohl der Welt bemächtigt. Das ungeheuerliche Wort „euch wird nichts unmöglich sein" zielt nicht zuletzt auch auf diese Macht. In seinem Lichte wird offenbar, daß der Glaube, als das schlechthin andere gegenüber jeder Art von Resignation, zum radikal weltverändernden Handeln ermächtigt. Indessen basiert die Macht, die er verleiht, auf der Macht Gottes und ist nichts als deren Manifestation. Dadurch unterscheidet sich die vom Glauben getragene Freiheit des Menschen zu sich vom eigenmächtigen, „autonomen" Selbstsein.

Der näheren Bestimmung dieses Unterschieds, die im folgenden auf dem Wege einer kritischen Analyse der modernen Theorie des Selbstseins am Leitfaden von dessen Zeitlichkeit erreicht werden muß, ist die Richtung gewiesen durch den Wandel, den die Einfachheit, von der zu Beginn der hier versuchten Laienexegese die Rede war, in deren

---

[17a] Wenn es schon hier darum ginge, die herausgearbeitete Struktur auf die Erfahrung zu beziehen, die der Mensch heute mit sich selbst macht, so wäre nicht zuletzt auf den Gegensatz zu reflektieren zwischen der real gegenwärtigen und der nach Reinhart Koselleck für die Moderne kennzeichnenden Zukunft, die sich ständig beschleunigt, indem sie den Rückgriff auf die Vergangenheit verkürzt und die Sphäre gelebter Gegenwärtigkeit gerade einengt. Vgl. *R. Koselleck*, Vergangene Zukunft der frühen Neuzeit, in: Epirrhosis (Festgabe für Carl Schmitt) (Berlin 1968) 549–566; ders., Historia Magistra Vitae, in: Natur und Geschichte (Festschrift für Karl Löwith) (Stuttgart 1967) 196–219.

Fortgang erfahren hat. Das von Jesus angeregte Tun, das Bitten, Suchen und Anklopfen, erschien eingangs einfach oder leicht, weil es sich uns als natürliches Verlangen präsentierte. Mit der Explikation des Glaubens haben wir dann die Sphäre des natürlichen Verlangens überschritten. Der Glaubende selber überschreitet sie. Und zwar überschreitet er sie, so hat sich später gezeigt, im Akt des Sich-Loslassens. Daß er, wie wir in einer ersten Annäherung an ihn per negationem sagten, nichts von dem tut, was wir immer schon, was wir ohnehin und von uns aus tun, bedeutet positiv: Indem er sich rückhaltlos der Macht Gottes anheimgibt, gibt er sich selbst auf, löst er sich von den angestammten Bindungen seines natürlichen Lebens. Solches Tun ist aber schwer, und dies eben deswegen, weil es keine Leistung voraussetzt, sondern die Absage an das Leistungsprinzip selber. Die größte Schwierigkeit, die uns das Verständnis des ausgewählten Textes bereitet, besteht darin, daß wir, eingefahren in die Erfahrung unseres natürlichen Bewußtseins, die Forderung Jesu nach Glauben in einer Haltung aufnehmen, durch die wir das Geforderte bereits verweigern. Wir glauben nämlich in Wirklichkeit nicht, daß es sich so unnatürlich einfach verhält wie Jesus meint. In Wirklichkeit – das heißt: im Horizont unseres natürlichen Lebens. Die durch dessen Dogmatismus verschuldete Verständnisschwierigkeit reproduziert aber nur die Schwierigkeit des geforderten Tuns, in dem oder besser gesagt in das der Umsturz der bestehenden Verhältnisse durch das Handeln Gottes vorfällt.

Daß er nicht so sehr schwer verständlich als schwer vollziehbar ist, vereint den Glauben mit dem eigenmächtigen Selbstsein. Dessen Schwere hat auch denselben Grund. Das eigenmächtige Selbstsein ist schwer, weil es gleichfalls allein im Überstieg über das natürliche Dasein glückt. Allerdings transzendiert der Mensch, wo er sich aus eigener Kraft verwirklicht, Natur nur relativ. Gerade deshalb ist sein Tun *nichts* als schwer. Da er nie ans Ziel gelangen kann, bleibt sein letztlich doch noch natürliches Leben in der Anstrengung des endlosen Strebens befangen, in der es seine Natürlichkeit abarbeitet. Der Glaubende hingegen, in dessen Tun das souveräne Handeln Gottes vorfällt, übersteigt Natur so absolut, daß er noch über das an ihr verfügt, was sich menschlicher Verfügungsgewalt entzieht: Er kann Berge versetzen. Indessen gewinnt er, sofern er in seiner Freiheit von sich selbst zugleich, nach einer Unterscheidung Franz von Baaders, naturfrei, aber nicht naturlos ist[18], eine neue Natürlichkeit. Er darf so sorglos sein wie die Vögel unter dem Himmel und die Lilien auf dem Felde. Selbstverständlich ist dies nicht erste, sondern „zweite Natur": Die Glaubenden sind nicht Kinder, sondern *wie* Kinder, und dies, weil sie sich „umgekehrt" haben (Mt 18, 3). Ihre Natürlichkeit hat jene „Grazie", die Kleist in seinem herrlichen Essay über das Marionettentheater dem Gott und nicht dem „Gliedermann" zuschreibt; im Glauben findet sich, weil in ihm „die Erkenntnis gleichsam durch ein Unendliches gegangen ist, die Grazie wieder ein"[19]. Und mit ihr die Leichtigkeit. Daß Jesus sein Joch sanft und seine Last leicht nennt (Mt 11, 30), gibt wahrlich Anlaß zu philosophischem Staunen. Die Schwierigkeit zu glauben dementiert nicht die Leichtigkeit des Bittens, so wenig wie die Bitte aller Bitten, die um Erlösung, das natürliche Verlangen Lügen straft. Die Leichtigkeit, die mit der Freiheit des Menschen von sich selbst einhergeht und auch die Schwere des gläubigen Selbstseins durchdringt, fließt aber aus dem spezifischen Verhältnis des Glaubens zur Zeit. Wer ausschließlich dem Gesetz der Protensität gehorcht, steht so in der Zeit, daß er ständig unter Spannung steht. Die Leichtigkeit in der Schwere des Glaubens wird möglich, indem sich diese Spannung löst, und sie löst sich dadurch, daß im Sich-Loslassen Erlösung zum Vor-schein kommt.

3. *Glaube und Selbstsein*

Die Freiheit des Menschen *von* sich verweist auf seine Freiheit *zu* sich, der Glaube auf Selbstsein. Der Gebetsglaube Jesu verweist jedenfalls auf ein bestimmtes, in besonderer Weise profiliertes Selbstsein, und zwar sofern er als dessen Grund und zugleich als schlechthin anderes erscheint. Ich möchte diesem Hinweis folgen, jedoch so, daß ich keines der laienexegetisch gewonnenen Ergebnisse voraussetze. Wenn wir uns wirklich auf den Boden der modernen Philosophie stellen wollen, müssen wir gewissermaßen von vorn anfangen, indem wir die durch Auslegung des Evangeliums angeeignete Wahrheit noch einmal, und

---

[18] In einem Beitrag zur Festschrift für Bernhard Welte kann ich es bei Gelegenheit der Erwähnung Baaders nicht unterlassen, dem Jubilar meinen Dank dafür abzustatten, daß er mir die Welt dieses reichen Geistes erschlossen hat.
[19] Heinrich von Kleist, Sämtliche Werke (München 1952) 888.

nun aus *ihren* Prämissen, aus denen der modernen Philosophie, erzeugen. Das ist um so nötiger, als der Gedanke der Freiheit des Menschen von sich selbst dem am Problem der Selbstbehauptung interessierten Denken der letzten Jahrhunderte, wie gesagt, fremd geblieben ist. Einzig Schelling, verwurzelt im Christentum wie kaum ein anderer unter den neueren Philosophen, hat ihn gedacht: „die *eigentliche* Freiheit besteht nicht im *seyn*-, nicht im sich äußern- – sondern im nicht seyn-, im sich nicht äußern-Können"[20].

So empfiehlt es sich, den Glauben weder schon endgültig auf diesen Freiheitsbegriff festzulegen noch auf die Beziehung zum Selbstsein, die sich im Ausgang vom Evangelium ahnen läßt. Nur die Orientierung am Phänomen der Zeit ist beizubehalten. Denn die Zeitlichkeit drängt sich als tertium comparationis von Glaube und Selbstsein auf. Des näheren liegt deren Affinität in der beherrschenden Rolle, die für beide die Zukunft spielt. Inwiefern Glaube und Selbstsein ineinander übergehen und wodurch sie sich gegeneinander abgrenzen, zeigt sich exemplarisch an Identität und Differenz ihrer Zukünftigkeit. Die vorrangige Bedeutung der Zukunft für den Vollzug der menschlichen Existenz hat Kierkegaard entdeckt und Heidegger zum Prinzip seiner Daseinsanalytik erhoben. Die Existenzphilosophie Kierkegaards ist zugleich das repräsentativste Beispiel für den Versuch, die Austauschbarkeit der Begriffe „Glaube" und „Selbstsein" nachzuweisen. Demgegenüber hält sich Heidegger an seine Maxime einer vollständigen Profanisierung der Philosophie auch insofern, als er die Idee eines Selbstseins entfaltet, das einer religiösen Fundierung zumindest nicht bedarf. Da diese Idee im vorhinein ein höheres Maß an Evidenz und intersubjektiver Geltung beanspruchen darf, soll die Untersuchung bei Heideggers Theorie der „ursprünglichen Zeitlichkeit" des Daseins ansetzen und erst von ihr aus auf Kierkegaard zurückgehen. Dabei kann es in Anbetracht des Sachinteresses, das diese Untersuchung leitet, nicht darum zu tun sein, die daseinsanalytische Zeitlichkeitstheorie, die im Zusammenhang der abschließenden ontologischen Interpretation einer zuvor bereits explizierten „Strukturganzheit" steht, von ihrer Basis aus vollständig zu rekonstruieren. Im Blickpunkt steht vielmehr allein Heideggers Bestimmung des Begriffs der Zukunft und deren Stellung zu

[20] Philosophie der Offenbarung, Werke, hrsg. v. K. F. A. Schelling, XIII 209. Vgl. vom Vf. den gleichzeitig mit diesem Beitrag erscheinenden Aufsatz: Die Aufhebung des Idealismus in der Spätphilosophie Schellings, in: Philosophisches Jahrbuch 83 (1976).

den andern Modi oder „Ekstasen“, in denen sich das (menschliche) Dasein „zeitigt“. Wohl aber müssen wir zunächst die Folie ausbreiten, gegen die sich das fundamentalontologische Konzept abhebt: die Husserlsche Phänomenologie der Zeitmodi. Erst aus dem Abstand, den wir heute zu *Sein und Zeit* gewonnen haben, läßt sich voll ermessen, wie tief die gesamte Daseinsanalytik und so auch die daseinsanalytische Zeitlichkeitstheorie von der im wesentlichen geheimen Opposition gegen Husserl geprägt sind, die dem ersten großen Wurf Heideggers fast durchgehend den Charakter eines Gegenwurfs gegen die Husserlsche Phänomenologie gibt. Das wird an der These Heideggers über den Primat der Zukunft besonders augenfällig.

Husserls *Vorlesungen zur Phänomenologie des inneren Zeitbewußtseins,* von Heidegger ein Jahr nach *Sein und Zeit* gewiß nicht nur aus Freundlichkeit herausgegeben, suchen den Ursprung der Zeit selber in einer Gegenwart, die ihrerseits in einer an der Vergangenheit orientierten Perspektive erscheint. Husserlsche Phänomenologie ist deskriptive Analyse eines Gegebenseins, das ihr als das Sein selbst gilt. Ihrem Beitrag zur Aufhellung des inneren Zeitbewußtseins liegt die sie im ganzen tragende Doppelannahme zugrunde, daß erstens die allein wirklich ursprüngliche, die „absolute“ Gegebenheit allein Korrelat der Wahrnehmung sein könne. Demzufolge erblickt Husserl in der Wahrnehmung die Quelle alles Gegebenseins und alles Seins überhaupt[21]. In seiner Wahrnehmungslehre aber zeigt sich einmal mehr, daß seine Philosophie ihr Bestes der von ihr verleugneten Dialektik verdankt. Husserl gibt seiner Zeitphänomenologie die eigentlich vorwärtsweisende Richtung, indem er Wahrnehmung und damit Gegenwart auf das im Grunde dialektische Modell eines Ganzen verpflichtet, das in sich selber als sein eigenes Moment wiederkehrt: Der nur scheinbar einsinnige Begriff meint zum einen den konkreten, sich in seine eigene Zeitlichkeit entfaltenden Wahrnehmungsprozeß, dessen Einheit der Einheit des nach und nach erfahrenen Gegenstandes entspricht, und zum andern die in diesen Prozeß lebendig integrierte Präsentation des je gerade jetzt wirklich Präsenten. Damit unterscheidet Gegenwart

[21] Edmund Husserls Vorlesungen zur Phänomenologie des inneren Zeitbewußtseins, hrsg. v. M. Heidegger, in: Jahrbuch für Philosophie und phänomenologische Forschung IX (1928) 423: „Die Urimpression ist das absolut Unmodifizierte, die Urquelle für alles weitere Bewußtsein und Sein“. – Band X der Husserliana (Zur Phänomenologie des inneren Zeitbewußtseins [1893–1917], hrsg. v. R. Boehm) bringt die Paginierung des Jahrbuchs am rechten Seitenrand.

sich in zwei Weisen ihrer selbst, in das *abstrakt*-absolute „Jetzt", das seinen Begriff verdient, weil es sich auf einen unendlich kleinen, letztlich verschwindenden Jetzt*punkt* zusammenzieht, und in das *konkret*-absolute, prozessuale „Jetzt", das zu Unrecht so heißt. Aufgrund dieser ihrer Selbsttranszendenz bildet Gegenwart die Totalität der absolut gegebenen Zeitmodi, das einzige Ganze aus Gegenwart, Vergangenheit und Zukunft, in welchem die von ihr unterschiedenen Zeitmodi originär gegeben sind.

Hier macht nun Husserl eine erste, allerdings in späteren Jahren berichtigte Wendung weg von der Zukunft und hin zur Vergangenheit. Wider das Erwarten, das sein Gegenwartsbegriff erweckt, leuchtet er faktisch fast nur den „retentionalen", den Vergangenheitshorizont der Gegenwart aus, kaum hingegen den „protentionalen", den Zukunftshorizont. Es ist für seinen Ansatz bezeichnend, daß die Protention überhaupt erst im Kontext von nicht mehr gegenwärtiger Vergangenheit thematisch wird, nämlich als Zukunftsgerichtetheit derjenigen Wahrnehmung, welche die Wiedererinnerung reproduziert (§ 14). Protention kommt also erst dort ins Spiel, wo sie ihren spezifischen Charakter, die relative Offenheit, durch ihre Erfüllung im bereits abgelaufenen Wahrnehmungsprozeß eingebüßt hat. Ein zweites Mal subsumiert Husserl die Zukunft unter die Vergangenheit, indem er sie in sein Reproduktionsschema preßt (§ 28). Die Gegenwärtigung, den produktiven Akt der Wahrnehmung, hebt er gegen die *Ver*gegenwärtigung, die bloße *Re*produktion ab. Reproduktion ist entweder setzende oder nichtsetzende, d.h. Phantasie. Zur setzenden Reproduktion gehört aber nach Husserls Auffassung nicht nur die Wiedererinnerung, sondern auch die Erwartung. Die „Erwartungsanschauung" verwandelt sich damit in eine „umgestülpte Erinnerungsanschauung" (§ 26). Zukunft sinkt zur Quasi-Vergangenheit herab. Ferner fällt auf, daß in Husserls Konzeption zwar formal die Notwendigkeit liegt, in Entsprechung zur Differenz von primärer Erinnerung, d.h. Retention, und Wiedererinnerung auf der Seite der Zukunft zwischen primärer Erwartung, d.h. Protention, und „Vorauserwartung" zu unterscheiden, daß aber diese Differenz im Erwartungsbegriff gänzlich unausgearbeitet bleibt. Schließlich stellt Husserl nicht einmal ernstlich die Frage, ob Erwartung überhaupt, sei sie nun primäre oder sekundäre, der ursprünglich erschließende oder gar der konkurrenzlose Zugang zur Zukunft sei.

Offenbar erklärt sich sein Desinteresse an Zukunft aus einem Grundzug seiner Theorie. Die Phänomenologie des inneren Zeitbewußtseins bleibt einem Modell verhaftet, das sie an eben die Objektivierung ausliefert, von der sie sich befreien wollte. Objektivierend stellt Husserl das Kontinuum der immanenten Zeit als eine Reihe vor, auf der das gerade aktuelle Jetzt eine bestimmte Stelle einnimmt[22]. Nur entlastet er sich von einem Problem, mit dem die gewöhnliche Zeitvorstellung sich deshalb vergeblich abmüht, weil es unter der von ihr gemachten Voraussetzung einer qualitativ unbestimmten „Zeit überhaupt" unlösbar ist: In welcher Richtung „fließt" der „Strom" der Zeit, von der Vergangenheit in die Zukunft oder, wie schon Augustin meinte[23], von der Zukunft in die Vergangenheit? Rückt die Zeit vor oder sinkt sie zurück? Es gibt, nebenbei bemerkt, gute Gründe zu vermuten, daß hier zwei gänzlich verschiedene Arten von Zeit in Frage stehen, nämlich einmal die dem Lebendigen einwohnende Zeitlichkeit, die „wächst", und zum andern die physikalisch meßbare Weltzeit, die „vergeht"[24]. Für Husserl aber stellt sich das Problem nicht, weil er von dem metaphysischen Axiom ausgeht, daß die Quelle der Zeit die absolute Gegenwart sei. Zwar macht er sich, in eindeutiger Parteinahme für die eine der beiden Möglichkeiten der gewöhnlichen Zeitvorstellung, von der Zeit ein Bild, nach welchem die temporalen Daten immer weiter zurücksinken, aber die Zeit, die da abfließt, fließt eben aus dem jeweils aktuellen Jetztpunkt, so daß dieser, als Grenze der abgelaufenen Dauer, in gewisser Hinsicht sie selber gegen die Zukunft abgrenzt. Deshalb geht von den zukunftsbildenden Akten nur die wirklich primäre Erwartung, die selbst noch zur Gegenwart gehört, wirklich in die Theorie ein, nicht hingegen die bloß vergegenwärtigende „Antizipation der Zukunft" (§ 26).

Im Gegenzug gegen diese „vulgäre" Zeitauffassung entwickelt Heidegger seine Ontologie eines Daseins, das Zukunft nicht bloß *hat*, son-

---

[22] P. Bieri weist nach, daß Husserls eigene Analyse des Zeitbewußtseins genau die objektive Zeit voraussetzt, die „ausgeschaltet" werden soll (Zeit und Zeiterfahrung, a. a. O., 188ff.).

[23] Confessiones XI, 21.

[24] Vgl. *G. Schaltenbrand*, Die Krisis des Zeitbegriffes, in: Zeit in nervenärztlicher Sicht, hrsg. v. G. Schaltenbrand (Stuttgart 1963) 1–11. Auch *A. M. Klaus Müller* (Die präparierte Zeit [Stuttgart 1972] 374ff.) unterscheidet, allerdings anders als Schaltenbrand, zwei gegenläufige Zeitrichtungen, nämlich die physikalische, die aus der Vergangenheit kommt, und die hermeneutische, die in die Vergangenheit geht.

dern *ist*. Der Verfasser von *Sein und Zeit* propagiert geradezu die Umwertung aller von Husserl gesetzten Werte. Sein Hauptinteresse richtet sich, wie gesagt, auf den Vorrang der Zukunft vor den anderen, formal mit ihr gleichursprünglichen Ekstasen. Im Zusammenhang damit kehrt er aber das Zeitbild Husserls im ganzen um. Zunächst verbannt er die Vergangenheit, den methodisch beherrschenden Faktor in der Husserlschen Phänomenologie des Zeitbewußtseins, völlig aus dem Bereich ursprünglicher Zeitlichkeit; nicht durch Vergangenheit soll Dasein geprägt sein, sondern durch „Gewesenheit". Sodann degradiert er – und das verdient natürlich unsere besondere Aufmerksamkeit – die Gegenwart, den ranghöchsten unter den Zeitmodi Husserls, zum letzten Glied in der Reihe der Ekstasen. Er macht Zukunft auf Kosten der Gegenwart geltend. Das Dasein, das in seinem Existenzvollzug seiner Verfassung entspricht, läuft in seinen Tod als in seine äußerste Möglichkeit vor, kommt auf das zurück, was es schon ist, und ist erst aufgrund dieser aus der Zukunft in die Gewesenheit gehenden Bewegung in der Lage, gegenwärtig zu sein, d.h. sich auf das jeweils Begegnende einzulassen.

Um es gleich zu sagen: Meines Erachtens läßt sich so tatsächlich eine wesentliche Möglichkeit von Selbstsein formulieren. Das Fragwürdige der daseinsanalytischen Zeitlichkeitstheorie scheint mir jedoch vor allem darin zu liegen, daß sie diese Möglichkeit, in der für so etwas wie die Gegenwärtigkeit der Zukunft kein Platz ist, zur Idee eigentlicher Existenz schlechthin verabsolutiert. Die Unzulässigkeit einer solchen Verabsolutierung verrät der eingeschränkte Bedeutungsgehalt der Begriffe, die Heidegger für *die* Begriffe von ursprünglicher Zukunft, „Vergangenheit" und Gegenwart hält. Auf die Schranken dieser Begriffe stößt man, sobald man sich klarmacht, wie sehr Heidegger noch in der Umkehrung abhängig bleibt von Husserl.

Zum Vorteil gereicht ihm das Husserlsche Erbe, das die Gewesenheit antritt. Heidegger wählt diesen Ausdruck vermutlich im Hinblick auf die darin mitausgedrückte Anwesenheit, die Gegenwärtigkeit, durch die sich die Gewesenheit von der Erledigtheit des Vergangenen abhebt. „Gewesenheit" steht also in der Nachfolge des retentionalen Gegenwartshorizontes. Daß menschliches Dasein alles, was es schon ist und gewesen ist, nur in der Gegenwart jener doppelsinnigen Erinnerung zu eigen hat, auf die hin Hegel „Gewesensein" mit „Wesen" assoziiert, ist zweifellos genauso richtig wie dies, daß der Mensch, mit Max Frisch zu sprechen, sich seine Geschichte erfindet, daß seine Geschichte sich erst im Entwurf seiner Zukunft konstituiert.

Problematisch hingegen ist die kryptohusserlsche Konzeption der Zukunft selber. Heidegger bestimmt diese als „Sich-auf-sich-zukommenlassen" des Daseins[25]. Das Dasein, das das Dasein selber auf sich zukommen läßt, ist seine äußerste Möglichkeit. Das Dasein, *auf* das es sich als seine äußerste Möglichkeit zukommen läßt, ist es selber als das faktische, das es gegenwärtig schon ist. Diese Definition verrät aber, daß die Fundamentalontologie das Vorlaufen des Daseins zum Tode und sein Zurückkommen auf sich zu einem Zukunftsbegriff zusammenschließt, der nur ein Titel für transzendentale Selbstbezüglichkeit ist und an die Husserlsche These von der Immanenz des Bewußtseins anknüpft. Einer derart transzendentalphilosophischen Strategie fügt sich durchaus auch der existential verstandene Tod, der dagegen gar keinen Widerstand leisten kann, weil er in Möglichkeit aufgelöst und damit zur Struktur formalisiert ist[26]. Wenn aber Dasein dadurch zukünftig sein soll, daß es in einen Tod vorläuft, in welchem es nur sich selber begegnet, dann wird Zukunft zum Gegenteil ihrer selbst: Die ihr eingeborene Offenheit schlägt in eine Geschlossenheit um, die auf der Eingeschlossenheit des Daseins in sich beruht. Heidegger betont denn auch, daß die ursprüngliche Zukunft „das Seinkönnen schließt, das heißt selbst geschlossen ist" (SZ 330). Wie in den frühen Vorlesungen Husserls, so verweist auch in *Sein und Zeit* die Elimination der Offenheit auf eine Überwältigung der Zukunft durch die Vergangenheit bzw. Gewesenheit. Denn eine durch den Tod geschlossene Zukunft wird von der Gewesenheit eingeholt. Läuft doch die „Geworfenheit", die sich in temporaler Interpretation als Gewesenheit darstellt, auf eine Verurteilung zum Tode hinaus. Schon mit diesen transzendentalphilosophischen Vorentscheidungen verspielt Heidegger jede Chance, sein Programm einzulösen, wonach aus der ursprünglichen Zeitlichkeit des Daseins auch das Verstehen faktischer, real prozessierender Weltgeschichte aufzuklären ist.

Im Bannkreis Husserls verharrt schließlich auch sein Gegenwartsbegriff. Die ungerechtfertigte Reduktion der Gegenwärtigung auf Wahrnehmung ersetzt Heidegger lediglich durch die ebenso dogma-

---

[25] Sein und Zeit (Halle 1927) (im folg. zit.: SZ) 325.

[26] Vgl. *D. Sternberger*, Der verstandene Tod (Leipzig 1934).

tische Meinung, eine Gegenwart, die auf ihrer Gegenwärtigkeit beharrt, könne es allein im besorgenden Umgang mit „Zeug“ geben. Die in die Mysterien der Fundamentalontologie Eingeweihten kennen das Schicksal, das die Gegenwart in der Folge dieser Verfügung erleidet. Die Explikation der Zeitlichkeit führt die ihr vorangehenden Analysen in der Weise fort, daß sie die bereits entfalteten Strukturmomente der Sorge, die das Sein des Daseins selber ist, den drei Ekstasen der Zeitigung zuordnet: das Sich-Vorwegsein der Zukunft, das Schon-Sein der Gewesenheit, das Sein bei innerweltlich Seiendem der Gegenwart (SZ 327). Das Sein bei innerweltlich Seiendem ermöglicht aber nach Heidegger das Verfallen an dieses Seiende. Wie deshalb die Realisierung des Vorrangs der Zukunft die eigentliche Existenz auszeichnet, so wird Gegenwart zum Index verfallenden oder uneigentlichen Daseins. Zeichnet sich Eigentlichkeit durch die Unterordnung der Gegenwart unter die Zukunft aus, die sie zum „Augenblick“ der Entscheidung qualifiziert (SZ 328), so läßt sich Uneigentlichkeit, meint Heidegger, daran erkennen, daß in ihr umgekehrt die Zukunft durch ein Gegenwärtigen eingefärbt ist, unter dessen Herrschaft das Sich-Vorwegsein zum Gewärtigen verkommt (SZ 337). Gegenwart und Zukunft treten so letztlich in Extreme auseinander.

Nahezu alles, was an Heideggers Theorie ursprünglicher Zeitlichkeit haltbar ist, verdankt sie der Existenzdialektik Kierkegaards. Der Versuch des Verfassers von *Sein und Zeit,* Kierkegaard derart aufs *Existentielle* festzulegen, daß die Herausarbeitung der *existentialen,* der ontologischen Strukturen ausschließlich als sein eigenes Verdienst erscheint, offenbart seine Vergeblichkeit nirgends augenfälliger als auf dem Gebiet der Zeittheorie. Denn Kierkegaard hat nicht nur wesentliche Züge der Seinsverfassung einer erstmals von ihm auf den Menschen eingeschränkten „Existenz“ aufgedeckt, er hat diese Verfassung auch auf den Begriff der Zeitlichkeit gebracht[27]. Existenzdialektik beschreibt durchaus so etwas wie „existentiale“ Strukturen, die sie zudem durchweg als temporale auslegt. Ja, nicht nur dies. Die temporale Grundstruktur der Existenz bildet zugleich die Figur, in die Kierkegaard die Umrisse der Sache einzeichnet, um die es ihm letztlich in allem geht. Die Schlüsselfigur des Kierkegaardschen Denkens über-

[27] Der Begriff Angst, übersetzt v. E. Hirsch, Gesammelte Werke 11/12, Düsseldorf 1965 (im folg. zit.: BA), 90f.

haupt ist die der „Doppelbewegung“, in welcher der Mensch sich unendlich von sich selber entfernt, um aus der unendlichen Ferne auf seine Endlichkeit zurückzukommen[28]. Diese Bewegung begegnet in scheinbar verschiedenstem Kontext. Nach *Furcht und Zittern* stiftet sie die Einheit von unendlicher Resignation und Glaube[29]; die *Abschließende unwissenschaftliche Nachschrift* entnimmt ihr den Rhythmus des Fortschritts von der sokratischen zur spezifisch christlichen Religiosität; und die *Krankheit zum Tode* hat an ihr den Maßstab, an dem sich die Schuld der Verzweiflung bemißt. Sind doch die beiden strukturell entgegengesetzten Möglichkeiten von Verzweiflung dadurch definiert, daß der Mensch an der einen oder an der anderen der in die Doppelbewegung eingehenden Teilbewegungen scheitert, daß er also entweder im unbegrenzten Reich der abstrakten Möglichkeiten, die er nicht in die Bedingungen seiner Faktizität zu übersetzen vermag, sich verliert oder auf der Stelle tritt, ohne sich je von sich abgestoßen zu haben. Demgegenüber ist die Doppelbewegung die Wahrheit des gelingenden Selbstseins, die einzige, die Kierkegaard als solche gelten läßt. An dieser Wahrheit nimmt Unendlichkeit nur dann teil, wenn sie auf Endlichkeit zurückkommt, und in ihr steht Endlichkeit nur dann, wenn sie aus Unendlichkeit herkommt, wenn sie eine wesentlich wiedergewonnene, aus ihrem Verlust restituierte ist. Man sieht daraus übrigens, daß Existenzdialektik wirklich Dialektik ist, und zwar grundsätzlich und trotz aller Abstriche Dialektik im Hegelschen Sinne, Theorie der Bewegung von Entäußerung und Rückkehr oder einer Unmittelbarkeit, die allein als vermittelte wahr ist. Nur hat Kierkegaard die Dialektik Hegels eben von Grund auf temporalisiert, und diese Temporalisierung macht das Wesentliche der Existentialisierung aus, durch die er sie in Existenzdialektik verwandelt.

Schaut man sich die existenzdialektische Theorie der Zeitlichkeit jener Doppelbewegung an, so springt die Bedeutung, die sie für Heidegger gewinnen mußte, in die Augen. Daß Heidegger ihr verpflichtet ist, gibt er immerhin durch die Übernahme des Wiederholungsbegriffs zu

---

[28] Vgl. Die Krankheit zum Tode, übersetzt v. E. Hirsch, Gesammelte Werke 24/25 (Düsseldorf 1954) (im folg. zit.: KT), 26: „Die Entwicklung muß mithin darin bestehen, daß man unendlich von sich selber loskommt in Verunendlichung des Selbsts, und daß man unendlich zu sich selber zurückkehrt in der Verendlichung.“

[29] Diese Schrift führt auch den Begriff der Doppelbewegung ein. Vgl. Gesammelte Werke 4 (Düsseldorf – Köln 1950) 34.

erkennen (vgl. SZ 339). Kierkegaards Schrift über die Wiederholung begreift die Doppelbewegung als Einholung eines Entwurfs, durch den der Mensch auf das Ganze seines wesentlich noch ausstehenden Daseins vorausgreift. Wer nicht das Ganze seines Daseins „umschifft" hat, kann danach nicht wahrhaft leben; denn Leben selber ist, als menschliches, die Wiederholung, welche die Antizipation seines ganzheitlichen Sinnes verwirklicht[30]. Von diesem Antizipationsgedanken ist Heidegger ebensosehr inspiriert wie Bloch. *Wie* sehr, tritt besonders klar hervor, wenn man bedenkt, woran er *nicht* anknüpft. Obwohl in den zwanziger Jahren die Lebensphilosophie einen weitreichenden Einfluß ausübte, dem sich in anderen Problemdimensionen auch *Sein und Zeit* kaum entziehen konnte, und obwohl sie es war, die das eindrücklichste Konzept lebendiger Zeitlichkeit entwickelt hatte, ging Heidegger – im Gegensatz etwa zu Scheler[31] – keineswegs in die Richtung, in der sie die Gerichtetheit der ursprünglichen Zeit selber sucht. Die ursprüngliche Zeit – das ist für die Lebensphilosophie die mit dem organischen Wachstum letztlich zusammenfallende „Werdezeit"[32], in der Leben, als Wille zum Mehr-Leben, in die Zukunft hineinwächst. Die Existenz hingegen, in dem von Heidegger angeeigneten Sinne Kierkegaards, geht nicht ursprünglich in die Zukunft, sie kommt primär von ihr her. Infolgedessen ist Heideggers „ursprüngliche Zeitlichkeit" zwar nicht bloß die *er*lebte, aber auch nicht die *ge*lebte Zeit in der Bergsonschen Bedeutung des Buchtitels von Minkowski[33]. Denn als solche verhielte sie sich indifferent gegen den Unterschied von Eigentlichkeit und Uneigentlichkeit: Das Leben wächst, gleichgültig ob ich mich „ergreife" oder nicht. Gewiß versucht Heidegger mit dem

---

[30] Die Wiederholung, übersetzt v. E. Hirsch, Gesammelte Werke 5/6 (Düsseldorf 1955) 4f. Vgl. *W. Struve,* Die neuzeitliche Philosophie als Metaphysik der Subjektivität. Interpretationen zu Kierkegaard und Nietzsche, in: Symposion I (1949) 207–335, bes. 297ff.

[31] Vgl. von Max Scheler bes. die nachgelassene Abhandlung über „Tod und Fortleben", Gesammelte Werke 10 (Bern ²1957) 9–64.

[32] Vgl. zu diesem Begriff den von der Lebensphilosophie ausgehenden Aufsatz „Zeitbezogenes Zwangsdenken in der Melancholie" von *V. E. v. Gebsattel,* Prolegomena einer medizinischen Anthropologie (Berlin – Göttingen – Heidelberg 1954) 1–18, bes. 8f.

[33] *E. Minkowski,* Le temps vécu (Paris 1933, deutsch Salzburg Bd. 1 [Über den zeitlichen Aspekt des Lebens] 1971, Bd. 2 [Über den zeitlichen Aspekt psychopathologischer Phänomene] 1972). Vgl. zu der Unterscheidung auch *V. E. v. Gebsattel,* Die Störungen des Werdens und des Zeiterlebens im Rahmen psychiatrischer Erkrankungen, Prolegomena einer medizinischen Anthropologie, a.a.O., 128–144, bes. 137.

klassisch anthropologischen Gegensatz von leibseelischem Leben und Geist auch den von Unmittelbarkeit und Reflexion zu unterlaufen, so daß es falsch wäre, das Sich-auf-sich-Zukommenlassen als *reflektierten* Selbstbezug zu deuten. Gleichwohl entspringt das aller Reflexion vorausliegende „Verstehen" einer Antizipationsleistung, die jedenfalls reflexionslose Unmittelbarkeit hinter sich läßt. Über die Lebensphilosophie triumphiert hier Kierkegaard, der anders als sie den Anforderungen des Reflexionszeitalters gerecht werden wollte.

Kierkegaard hat der Doppelbewegung aber auch die nähere Bestimmung des Seins zum Tode gegeben. Die Rede „An einem Grabe" führt aus, daß das Individuum das Ganze seines Daseins nur „umschiffen" kann, wenn es sein Ende vorwegnimmt und von seinem Ende her auf seine jeweilige Handlungssituation zurückkommt[34]. Ernst ist der Tod nach dieser Rede allein als je eigener und allein insofern, als er dem je eigenen Leben den Ernst der Entscheidung mitteilt. Die Bewegung des Vorlaufens zu ihm und des Zurückkommens auf den gegenwärtigen Augenblick ist die Bedingung der Möglichkeit dafür, daß ich mein Leben entschlossen in die Hand nehmen kann. In dieser Konkretion wird sie zum Wahrheitskriterium der die Philosophie Kierkegaards vollendenden, systematisch durchsichtigsten Untersuchung, welche vor dem Hintergrund des sogenannten natürlichen Todes den „andern" (Offb 2,11; 20,6 u. 14) beleuchtet, die als Verzweiflung bestimmte Sünde[35].

Die Verfassung des Menschseins ist nach dem bekannten Anfang der *Krankheit zum Tode* eine Synthesis von Notwendigkeit und Möglichkeit, von Endlichkeit und Unendlichkeit, von Zeit und Ewigkeit. Entgegen dem noch aufzuklärenden Anschein, den die Fixierung der Zeit auf ein Extrem erweckt, sind alle drei Bestimmungen der Synthese ebenso wie die beiden Glieder jeder Synthese aus dem einheitlichen Grunde der Zeitlichkeit gedacht. In der Synthetisierung von Möglichkeit und Notwendigkeit begegnet uns die Urgestalt der von Heidegger bis Sartre fundamental angesetzten Konstruktion des Daseins aus der Spannung von Entwurf und Geworfenheit. „Notwendigkeit" im Sinne der *Krankheit zum Tode* besagt geradezu das Gegenteil dessen, was

---

[34] Vgl. *Vf.*, Der Begriff Ernst bei Sören Kierkegaard (Freiburg i. Br. – München 1958) 140–147.

[35] Vgl. hierzu und zum folgenden *Vf.*, Kierkegaard, in: M. Landmann (Hrsg.), De homine (Freiburg i. Br. – München 1962) 496–510.

der Begriff sonst meint: nicht das andere der Kontingenz, sondern die mit Zufälligkeit behaftete Faktizität, die Heidegger der Geworfenheit gleichsetzt; und „Möglichkeit" ist die eine, alle besonderen Möglichkeiten übergreifende, von der es in *Sein und Zeit* ebenso wie von der Zukunft heißt, daß das Dasein sie schlechterdings *sei* (SZ 42)[36]. Unter „Endlichkeit" versteht Kierkegaard dementsprechend die Bestimmtheit, die mein Sein je schon hat, sofern ich in das Hier und Jetzt geworfen bin, während der Begriff „Unendlichkeit" sich auf die Unbegrenztheit der Möglichkeiten bezieht, die erst durch die Faktizität meiner Situation eingeschränkt werden. Daß das „Selbst" sich unendlich von sich entfernt und aus der unendlichen Ferne auf sich zurückkommt, bedeutet nach alledem: Um in seinem gegebenen Dasein Stand gewinnen und nach seinen Gegebenheiten handeln zu können, muß der Mensch auf das Ganze seiner faktisch verendlichten Zukunft ausgreifen und in der Rückkehr aus ihr den Entwurf seiner produktiven Phantasie existierend wiederholen. In dieser Doppelbewegung realisiert sich allererst Zeitlichkeit, und zwar als die Verfassung des Menschseins selber. Denn erst durch die Synthetisierung, die sie vollbringt, wird aus der abstrakten Möglichkeit die konkrete der individuellen Zukunft und aus der schieren Notwendigkeit des Tatsächlichen die mit Heidegger als Gewesenheit begreifbare Faktizität eines Vorliegenden, das Vorlage für eine Entscheidung, eines Vorgegebenen, das Vorgabe für eine Aufgabe ist.

Zu prüfen ist das Recht der in der *Krankheit zum Tode* ausgesprochenen Auffassung, daß ein solches Selbstsein nur als Glaube möglich sei, und der darin unausgesprochenen Überzeugung, daß sich auch umgekehrt Glaube, jedenfalls nach seiner anthropologischen Struktur, auf ein derartiges Selbstsein zurückführen lasse. Die Wahl der Zeitlichkeit zum Kriterium der Prüfung stützt sich auf die Hypothese, daß sie das Feld umschreibt, auf dem das Verhältnis von Glaube und Selbstsein mit der größten Aussicht auf Erfolg untersucht werden kann. Damit aber hinreichend klar werde, wieso Kierkegaard meinen kann, daß Selbstsein nur im Glauben gelinge, müssen wir noch genauer herausarbeiten, von *welchem* Selbstsein er diese Meinung hat. Zur Diskussion steht demnach zunächst die spezifische Differenz der Zeitlich-

[36] Vgl. *W. Müller-Lauter*, Möglichkeit und Wirklichkeit bei Martin Heidegger (Berlin 1960).

keit des existenzdialektischen Selbstseins gegenüber derjenigen, die uns aus *Sein und Zeit* vertraut ist.

Trotz der grundlegenden Gemeinsamkeiten, auf die bisher abgehoben wurde, liegen die Unterschiede auf der Hand. Sie betreffen einmal die Bestimmung der Zukunft, zum andern deren Beziehung zu den übrigen Zeitmodi, insbesondere zur Gegenwart. Am bedeutsamsten ist die Divergenz im Verständnis der Gegenwart. Kierkegaard räumt der Gegenwart einen Vorrang ein, der mit den von ihm sonst angenommenen Prioritäten im Verhältnis der Zeitmodi unvergleichbar ist. Sonst besitzen die Zeitmodi nach seiner Auffassung nur insofern ein unterschiedliches Gewicht, als sie in dem durch die Doppelbewegung begründeten Zusammenhang eine mehr oder weniger leitende Position einnehmen. Die Gegenwart aber fällt mit der Doppelbewegung zusammen. Denn diese ist gar nichts anderes als das Selbst, und das Selbst oder, was für ihn dasselbe ist, den „Geist" begreift Kierkegaard als „Augenblick"[37]. Die Identität von Doppelbewegung und Selbst folgt unmittelbar aus dessen Definition. Kierkegaard definiert das Selbst als das Zusammenhalten oder Synthetisieren, vermöge dessen das Menschsein wird, was es ist: eine Synthese. Diese Definition macht auch die Identität von Selbst und Augenblick verständlich. Kierkegaard kann das Selbst dem Augenblick gleichsetzen, weil dieser, so könnte man zunächst sagen, der „Ort" ist, an dem der Mensch Vergangenheit und Zukunft „zusammenhält"[38], angemessener ausgedrückt: weil der Augenblick eben das Zusammenhalten von Vergangenheit und Zukunft *ist*. Wohl findet sich in der *Krankheit zum Tode* das Original, das Heidegger kopiert, wenn er die abstrakt-statische Unterscheidung der Zeitmodi in eine Bewegung auflöst, die, in die Zukunft ausgreifend und auf Gewesenheit zurückkommend, beide in der Gegenwart verknüpft[39]. Aber während Heidegger aus dieser Bewegung schließt, daß die Gegenwart die abkünftigste unter den Ekstasen sei, zieht Kierkegaard aus ihr den Schluß, daß sie in der Gegenwart ihren Grund habe. Wie deshalb die dem Verfallen ausgelieferte Gegenwart, die auf das Sein bei innerweltlich Seiendem eingeschränkt ist, völlig außerhalb seines Gesichtskreises liegt, so könnte er sich auch nicht zu dem auf ihn

[37] Vgl. BA 90: „Sobald der Geist gesetzt ist, ist der Augenblick da."

[38] Abschließende unwissenschaftliche Nachschrift zu den Philosophischen Brocken, übersetzt v. H. M. Junghans, Gesammelte Werke 16/2 (Düsseldorf – Köln 1957) 2f.

[39] SZ 326: „Nur sofern Dasein überhaupt *ist* als ich *bin*-gewesen, kann es zukünftig auf sich selbst so zukommen, daß es *zurück*-kommt."

zurückgeführten Augenblick bekennen, in welchem die Gegenwart um den Preis ihrer Gegenwärtigkeit „eigentlich" ist. In diesem Streit um den Rang der Gegenwart dürfte Kierkegaard das Recht auf seiner Seite haben. Denn offensichtlich muß die temporale Bewegung von dort, wo sie ankommt, auch ausgegangen sein. Es ist hier Kierkegaard, der über den existentiellen Vollzug in Richtung auf dessen existentiale Bedingung fortgeht und ihn im Lichte der alten Einsicht relativiert, daß das für uns Letzte das an sich Erste ist.

Als das Erste aber übt der Kierkegaardsche Augenblick, wenn anders er wirklich das Zusammenhalten von Zukunft und Vergangenheit ist, auch die Funktion des Ganzen aus. Darauf ist bei der Einschätzung des auch nach Kierkegaard bestehenden Übergewichts der Zukunft über die Vergangenheit Rücksicht zu nehmen. Das Übergewicht läßt sich an dem Befund ablesen, daß allein die futurischen Synthesenglieder, nämlich Freiheit, Unendlichkeit und Ewigkeit, in die Bestimmung des Selbst eingehen. Indessen steht die Priorität der Zukunft gegenüber der Vergangenheit, eine notwendige Implikation des Aufbaus der Doppelbewegung, ihrerseits unter der Herrschaft der Gegenwart. Eine derart von der Gegenwart dominierte Zukunft kann nicht in sich die transzendentale Selbstbezüglichkeit gewinnen, die in *Sein und Zeit* das Sich-auf-sich-Zukommenlassen auszeichnet, und zwar deshalb nicht, weil der Augenblick oder das Selbst die Reflexivität des Sich-zu-sich-Verhaltens für sich beansprucht. Infolgedessen fehlt einer solchen Zukunft auch die Geschlossenheit, von der Heidegger spricht. Gewiß: die Rede „An einem Grabe", die der Fundamentalontologie vermutlich mehr als alle anderen Schriften Kierkegaards vorgearbeitet hat, stößt auf das Phänomen, das Heidegger zur Deutung der Zukunft als in sich geschlossener veranlaßt, auf das Vorlaufen zum Tode. Es ist auch nicht zu leugnen, daß sie, wie in ihrem Gefolge *Sein und Zeit*, die über den je eigenen Tod hinausgehende Zukunft einklammert. Doch folgt sie damit nur einer methodischen Anweisung des an Existenz appellierenden Denkens. Wenn wahr ist, daß der christliche Glaube an die Auferstehung im Gegensatz zur griechischen Unsterblichkeitshoffnung den Glauben an den Tod voraussetzt[40], dann hatte

[40] Diese Prämisse gibt für Kierkegaards scheinbar immanentistische *meditatio mortis* nach meiner Auffassung den tiefsten Beweggrund ab. Erste Ansätze zu ihr finden sich bei jenen frühchristlichen Apologeten, welche die Verheißung der Auferstehung des ganzen todverfallenen Menschen gegen die pythagoreisch-platonische Lehre von

Kierkegaard zunächst einmal den Gedanken an den Tod als unüberholbares Ende wachzurufen. Immerhin begreift er die Entschlossenheit, welche die Vorstellung, „es sei vorüber“[41], hervorruft, schon in der Gelegenheitsrede selber als die Haltung, in der sich der Mensch für oder gegen die Ewigkeit entscheidet. Aber mit der Integration des Gedankengehalts dieser Rede in die existenzdialektische Gesamtkonstruktion hebt er die Klammer vollends auf. Zukunft geht im Entwicklungsgang seines Denkens immer mehr in Ewigkeit über, und mit der Ewigkeit strömt in die individuelle gleicherweise die menschheitsgeschichtliche Zukunft ein. Gerade weil der Verfasser der *Krankheit zum Tode* eine Verendlichung der Möglichkeit durch die Notwendigkeit annimmt, darf man sagen, daß er die Möglichkeit selber als die unendliche Weite denkt, in der das Noch-Nicht im Sinne Blochs vor uns liegt.

Der Vergleich des Selbstbegriffs bei Kierkegaard und bei Heidegger unter dem Gesichtspunkt der Zeitlichkeit lehrt: Existenzdialektik und Existentialontologie handeln von wesentlich verschiedenen Weisen des Selbstseins. Darüber hinaus dürfen wir festhalten, daß die temporale Struktur des Kierkegaardschen Selbstseins in hohem Maße der Zeitlichkeit entspricht, die wir in der Exegese von Matthäus 7, 7–8 dem von Jesus geforderten Glauben zugeschrieben haben: Gegenwart und Zukunft stehen nicht, wie bei Heidegger, in einem Konkurrenzverhältnis, sondern sind beide in je besonderer Weise ausgezeichnet. Vermag Kierkegaard nun aber auch aufzuweisen, daß das von ihm zur Nachahmung empfohlene Selbstsein nur als glaubende Existenz und die glaubende Existenz nur als ein solches Selbstsein möglich sei? Sein erster

---

der Unsterblichkeit der Seele abgrenzen. Justinus der Märtyrer läßt in seinem Dialog mit dem Juden Tryphon (V, 1) diesen sagen, daß „man die Seele keineswegs unsterblich nennen“ dürfe. Nach dem Fragment *De Ressurrectione,* dessen Zugehörigkeit zum Werk Justins umstritten ist, besteht das Unerhörte und Neue des neutestamentlichen Auferstehungsglaubens darin, daß Gott nicht bloß das ohnehin Unvergängliche errettet, sondern das, was der Vergänglichkeit anheimgegeben ist: Ξένον δὲ ἄρα ἦν καὶ καινὸν τὸ τὸν θεὸν ὑπισχνεῖσθαι μὴ τῇ ἀφθαρσίᾳ τὴν ἀφθαρσίαν τηρεῖν, ἀλλὰ τὴν φθορὰν ἀφθαρσίαν ποιεῖν (Corpus Apologetorum, vol. III: Iustinus II, ed. Otto, Jena [3]1879 [Opera Iustini addubitata], p. 246). Den Nachweis dieser Stelle verdanke ich Herrn Prof. Alfred Schindler. Herr Kollege Schindler hat mich freundlicherweise auch auf Tatian hingewiesen. Vgl. z.B. *Tatiani oratio ad Graecos* VI, 3: „wie ich nicht war, bevor ich wurde (...), ebenso werde ich, der Gewordene und durch den Tod wieder Ausgelöschte und von keinem mehr Erschaute, abermals sein.“

[41] Drei Reden bei gedachten Gelegenheiten, übersetzt v. E. Hirsch, Gesammelte Werke 13/14 (Düsseldorf – Köln 1952) 178.

großangelegter Versuch zur Begründung der Identität von Glaube und Selbstsein setzt sogleich bei der Zeitlichkeit an. Er ist gescheitert. Daß das Buch über die Wiederholung, in dem Kierkegaard diesen ersten Versuch unternimmt, mißglückt ist, lag keineswegs bloß an den persönlichen Umständen, die man dafür verantwortlich macht, sondern auch und zutiefst am Scheitern seiner sachlichen Intention. Die Intention zielt darauf ab, die Wiederholung an die Bedingung des Glaubens zu knüpfen. Um das Ganze seines Daseins „umschiffen", d.h. ausgreifend umgreifen zu können, muß der Mensch, so folgert das Buch, einen Standpunkt außerhalb seiner selbst einnehmen, und dazu ist er nur in der Lage, wenn er von Gott her auf sich zukommt. Anders gesagt: die Transzendenz im Sinne Heideggers und Sartres, der Entwurf, soll erst dank ihrer Ermächtigung durch eine theologisch zu verstehende Transzendenz geschehen können. Wer jedoch so denkt, unterschätzt die Macht des Menschen. Daß der Mensch unfähig sei, das Ganze seines Daseins vor sich zu bringen, weil er sich nicht seiner Stellung innerhalb des Ganzen entäußern könne, ist bloß scheinbar plausibel. In Wahrheit zeichnet sich der Mensch vor allem anderen eben dadurch aus, daß er vereinzelt ist und doch *quodammodo omnia*[42], inmitten von innerweltlich Seiendem und doch herausgehoben durch seine „Weltoffenheit", befangen im Hier und Jetzt und gleichwohl sich ständig ausstreckend auf die Totalität seiner Lebensvollzüge. Nie ist dieses „Paradox" so scharf erfaßt worden wie gerade in Kierkegaards These über das Menschsein als Synthesis von Endlichkeit und Unendlichkeit. Aber die Wiederholungsschrift basiert noch nicht auf dieser These, die erst die Angstabhandlung exponiert, sondern auf der schlichteren Annahme von *Entweder/Oder*, daß das unmittelbar gegebene Dasein des Menschen restlos von Endlichkeit durchherrscht sei und Unendlichkeit nur im Selbstwerden aufscheine.

Allerdings gewinnt das Programm der Wiederholungsschrift durch die Einbeziehung des Schuldproblems an Überzeugungskraft. Damit die Wieder*holung*, als Einholung eines Lebensentwurfs, sein kann, was sie immer auch sein will: *Wieder*holung, nämlich eines durch Schuld verlorengegangenen Standes, bedarf sie tatsächlich göttlicher Hilfe. Wenn auch die Art, wie die Schrift mit den beiden Bedeutungen ihres Titels operiert, wegen des Mangels an Vermittlung unbefriedigend ist,

[42] So *Thomas von Aquin*, Quaestiones disputatae de veritate, q. 1, a. 1, über die Seele, im Anschluß an Aristoteles, De anima III: ἡ ψυχὴ τὰ ὄντα πώς ἐστι πάντα (431 b 21).

so tastet sie sich doch mit dieser Wendung in den Bereich vor, in welchem die *Krankheit zum Tode* ihren Verifikationsversuch erheblich einleuchtender erneuert. Die Studie über die Verzweiflung stützt ihren Grundsatz der Identität von Glaube und Selbstsein auf ein nur schwer widerlegbares Argument. Die Evidenz ihrer Gedankenführung wird offenbar, sobald man sich Klarheit über ihre „dialektische" Methode verschafft und diese von dem Schein befreit, den der äußere Aufbau der Untersuchung erzeugt. Dazu kann die von Marx im Nachwort zur zweiten Auflage des *Kapital* vorgeschlagene Differenzierung der dialektischen Methode in Darstellungsweise und Forschungsweise dienlich sein. Die *Darstellung* der *Krankheit zum Tode* beginnt mit der Bestimmung des Selbst. Wer aber meint, diese Bestimmung stünde auch am Anfang des *Forschungs*prozesses, der kann in Kierkegaards Meisterwerk nichts als eine Ansammlung unausgewiesener Behauptungen erblicken. In Wirklichkeit geht Kierkegaard nicht vom Selbst aus, sondern von der Verzweiflung. Er stellt nicht einen Begriff von Selbstsein auf, aus dem er dann die Verzweiflung deduzierte. Sein Forschungsmaterial ist vielmehr ausschließlich die vielgestaltige Fülle der Verzweiflungsphänomene, die ihm in existentieller Erfahrung zugänglich sind. Zu seinem Begriff von Selbstsein gelangt er, indem er die Bedingungen aufsucht, die gegeben sein müssen, soll die als wirklich erfahrene Verzweiflung in ihrer inneren Möglichkeit gedacht werden können. Seine Frage lautet: Wie muß das Selbst beschaffen sein, damit die Verzweiflung in den Formen auftreten kann, in denen sie sich tatsächlich zeigt? Eben in der Antwort darauf führt Kierkegaard so etwas wie einen Beweis der Identität von Glaube und Selbstsein. Der Beweis gründet sich auf das Resultat der phänomenologischen Analyse des Forschungsmaterials: Alle erfahrbaren Gestalten von Verzweiflung lassen sich auf zwei Elementarformen zurückführen, entweder darauf, daß der Mensch verzweifelt er selbst sein will, oder darauf, daß er verzweifelt nicht er selbst sein will. Daß es nicht nur diese, sondern auch jene Verzweiflung gibt, ist die einzige Prämisse, von deren Richtigkeit man, will man dem Gedanken Kierkegaards folgen, im vorhinein überzeugt sein muß. Denn das pure Faktum der Verzweiflung des „Trotzes" rechtfertigt nach Kierkegaard die Behauptung, daß der Mensch nur dann nicht verzweifelt sei, wenn er im Sich-zu-sich-Verhalten sich zu demjenigen verhält, das sein Selbstverhältnis gesetzt hat (KT 9). Nun ist in der Konsequenz seiner Methode ein affirmativer Begriff von Selbstsein gar nicht denkbar. Selbstsein, gelingendes Selbstsein, läßt sich bloß als Nichtverzweifeltsein fassen. Die Bedingungen des Nichtverzweifeltseins sind zugleich die des gelingenden Selbstseins. Daß der Mensch im Sich-Setzen sich das Andere voraussetzen muß, das ihn ins Sich-Setzen eingesetzt hat, definiert also sein Selbstsein. Mithin verweist Selbstsein in der Tat auf Glauben, und zwar auf den oben, im vorigen Abschnitt, beschriebenen Jesusglauben. Daß der Mensch der Verzweiflung nicht entgehen könne, es sei denn, sein Selbst gründe „durchsichtig in der Macht, welche es gesetzt hat" (KT 10), bedeutet: Selbstsein gelingt ausschließlich im uneingeschränkten Vertrauen auf die Macht Gottes.

Diese Überlegungen zeigen freilich auch, daß *Die Krankheit zum Tode* die Glaubensverfassung des Selbstseins keineswegs aus dessen *Zeitlichkeit* verständlich macht. Das Defizit fällt um so schwerer ins Gewicht, als die Bemühungen der Wiederholungsschrift um eine temporale Begründung der Identität von Glaube und Selbstsein bis hin zur *Krankheit zum Tode* angehalten haben. Sie sind jedoch vergeblich gewesen. Einesteils greifen die nach 1843 geschriebenen Arbeiten bloß auf den ersten Begründungsversuch zurück, so daß sie dessen Scheitern notwendig mitreproduzieren. Die Folgen des anfänglichen Scheiterns belasten insbesondere die im *Begriff Angst* und darüber hinaus fortgesetzte Praxis der Gleichsetzung von Glaube und Wiederholung[43]. Andernteils untermauern diese Arbeiten den zeitlichen Zusammenhang von Glaube und Selbstsein mit pauschalen Theorien über eine angebliche Konvergenz von Anthropologie und Christologie. Danach erscheint im Selbstsein das absolute Paradox des Gottmenschen. Auch die Offenbarung Gottes in Jesus Christus begreift Kierkegaard ja als Augenblick und genauer als einen solchen Augenblick, der dieselbe Struktur wie das Selbst hat: Als Zusammenfallen von Zeit und Ewigkeit ist er die „Fülle der Zeit"[44]. Derlei Gedanken, weit hinausgreifend über die Grenzen des ersten Begründungsversuchs, zielen sicherlich auf den Kern der Sache. Nimmt man noch die von Hegel hergeleitete Definition hinzu, derzufolge nicht die Antizipation, welche die Ganzheit des menschlichen Daseins ermöglicht, Glaube ist, sondern der

---

[43] Zu Kierkegaards Interpretation des Glaubens als Wiederholung vgl. *Vf.*, Der Begriff Ernst bei Sören Kierkegaard, a.a.O., 133f.

[44] Philosophische Brocken, übersetzt v. E. Hirsch, Gesammelte Werke 10 (Düsseldorf – Köln 1952) 16.

Glaube eine spezifische Antizipation, nämlich die, „welche die Unendlichkeit vorwegnimmt“ (BA 163), so treten Gegenwart und Zukunft in eine Konstellation, die durchaus an den ausgelegten Bibeltext erinnert. Aber diese Definition beschreibt die Zeitlichkeit des Glaubens, zu deren Aufklärung sie einen wichtigen Beitrag liefert, nicht auch als die des Selbstseins, und jene Theorien beziehen das absolute Paradox des Gottmenschen derart auf das Selbstsein, daß dessen Glaubensverfassung nicht thematisch wird. Sie sind im übrigen nur Versicherungen ohne wirklichen Erkenntniswert.

Der Befund zwingt, meine ich, zu der Feststellung, daß Kierkegaard sein Versprechen eines Aufweises der Identität von Glaube und Selbstsein bloß unvollständig einzulösen vermag. Hinter seiner Intention bleibt die tatsächliche Erfüllung in zwei Punkten zurück. Fürs erste wird man seine These, daß Selbstsein nur als Glaube möglich sei, vorsichtiger formulieren müssen. Wohl darf man ihm zugestehen, daß jedenfalls das von ihm gemeinte Selbstsein Glauben voraussetze. Indem es Glauben *voraussetzt,* ist es jedoch nicht mit ihm *identisch.* Es geschieht nicht eigentlich *als* Glaube, sondern *aus* Glauben. Daraus folgt als Zweites, daß Kierkegaard kein Recht zur Umkehrung seiner These hat. Wenn man den Grundsatz der *Krankheit zum Tode,* daß Selbstsein nur als Glaube möglich sei, in der angedeuteten Weise berichtigen muß, dann kann die Aussage, daß Glaube nur als Selbstsein möglich sei, auf keinen Fall zutreffen. In eben der Tiefendimension, in der Glaube Selbstsein fundiert, schießt er darüber hinaus. Grund des Selbstseins kann er nur als dasjenige sein, das nicht selbst Selbstsein ist. Nach unserer Exegese ist er aber nicht bloß etwas anderes, sondern im strengen Hegelschen Sinne das Andere des Selbstseins. Er ereignet sich in der Befreiung des Menschen von sich selbst, und erst in dieser Freiheit von sich kann der Mensch, johanneisch gesprochen, wahrhaft frei sein, auch wahrhaft frei zu sich oder dazu, er selbst zu sein.

4. *Glaube, Hoffnung, Liebe*

Daß wir den von Jesus geforderten Glauben in der Konsequenz der Auslegung von Matthäus 7, 7–8 als Freiheit des Menschen von sich selbst verstanden haben, hatte sich aus einer Besinnung auf seine Zeitlichkeit ergeben. Insofern mag die Erwartung gerechtfertigt sein, daß die Freiheit von sich, bisher nur ein abstrakter Titel, ihrerseits durch eine Analyse der Zeitbeziehung des Glaubens konkreter bestimmt werden kann. Um von der Beziehung des Glaubens zur Zeit mehr zu erfahren, als aus dem Matthäustext herauszulesen war, und anderes, als Kierkegaard preiszugeben bereit ist, werden wir ihn allerdings in das Ganze der drei evangelischen Grundbegriffe einordnen müssen, unter denen er nur einer und nicht einmal der gründendste ist, in das Ganze von Glaube, Hoffnung und Liebe[45].

Nach dem 13. Kapitel des ersten Korintherbriefes weisen Glaube und Hoffnung von sich aus auf die Liebe zurück, die als ihr Fundament zugleich die schlechthin notwendige Bedingung des Christseins ist, derart daß, wenn sie fehlt, die beiden anderen Momente ihren Sinn verlieren. Nun scheint die paulinische Triade der Dreieinigkeit Gottes zu entsprechen[46]. Der Glaube ist uneingeschränktes Vertrauen auf die Macht des Herrn, des Vaters „im Himmel", die Hoffnung zuversichtliche Erwartung dessen, der da kommt im Namen des Herrn, die Liebe Teilnahme an der überfließenden Fülle des göttlichen Geistes. Der Geist aber ist wesentlich Gegenwart. Jener „Tröster", von dem der johanneische Jesus in seinen Abschiedsreden sagt, daß er, der Sohn, den Vater bitten werde, ihn nach seinem Tode den auf Erden Zurückgebliebenen zu senden (14, 16 u. 26; 15, 26), kann der Geist darum sein, weil in ihm das in scheinbar unerreichbare Ferne entschwundene Heil gegenwärtig bleibt. Erst in der Liebe enthüllt sich demnach das volle Ausmaß der Präsenz, die der Glaubende als Gegenwärtigkeit der Zukunft erlebt.

[45] Vgl. zum folgenden, bes. zur Auslegung des Liebesbegriffs, die noch unveröffentlichte Habilitationsschrift von Hermann Timm „Geist der Liebe". Die Tradition, an welche die vorliegende Untersuchung anknüpft, versucht Timm, der vornehmlich darauf abzielt, einen vollen, die Sinnlichkeit mitumfassenden Liebesbegriff wiederzugewinnen, auch dadurch zu korrigieren, daß er erstens der Liebe die vorrangige Stellung zurückgibt, die in der Neuzeit der Glaube okkupiert hat, und daß er sie zweitens vom Raum her deutet, nicht im Horizont der Zeit. Ein Gegensatz zwischen Timm und mir besteht nur in der letzteren Hinsicht, genauer gesagt: nur insofern, als Timm die Gegenwart der Liebe von aller Zeitlichkeit freihalten möchte. Vgl. *H. Timm,* Über Liebe und Selbstheit, in: *J. Scharfenberg, H.-W. Schütte, H. Timm, Chr. Gremmels,* Religion: Selbstbewußtsein – Identität (München 1974) 28–43. Zum phänomenologischen Zusammenhang von Glaube, Liebe und Hoffnung: *G. Brand,* Die Lebenswelt (Berlin 1971) 636–640.

[46] Zu der darin mitgegebenen, im folgenden explizierten Entsprechung von Trinität und Zeitlichkeit vgl. neuerdings *J.-L. Leuba,* Temps et Trinité, in: Temporalité et Aliénation, ed E. Castelli (Paris 1975) 365–375, wo allerdings der Bezug der drei göttlichen Personen zu den drei Zeitmodi nicht herausgearbeitet wird.

Gleichwohl ist auch sie nicht von der Zukünftigkeit entbunden; auch sie lebt im Notstand des Ausstands. Das Ganze des glaubend-hoffend-liebenden Lebens ist Antizipation, nicht die durch den Menschen zu leistende Antizipation der Zukunft in der Gegenwart, sondern die Gegenwart selber als Vorwegnahme der Zukunft, als Hineinscheinen der Zukunft in sie. Und zwar prägt die proleptisch erfahrene, buchstäblich „vorfallende" Zukunft den Charakter der „Geistesgegenwart" selber. Dies trifft in zwiefacher Hinsicht zu. Die Liebe, die Jesus meint, richtet sich unmittelbar auf den „Nächsten", d.h. auf ausnahmslos jeden Menschen, der in ihre Nähe kommt. Ihre im Vergleich mit Glaube und Hoffnung noch ursprünglichere Gegenwärtigkeit folgt eben aus ihrer Verwiesenheit an die Um- und Mitwelt. Die Liebe zum Mitmenschen erfüllt aber den Raum einer Gegenwart, die sich für Zukunft nicht nur offenhält, sondern in dieser Offenheit ihre Gegenwärtigkeit bezeugt. Man sieht ihr dies sofort an, wenn man sie sich nur in der Weite vor Augen führt, in der allein sie der Grund des Ganzen christlicher Existenz sein kann. Nächstenliebe umfaßt alle Akte des Sich-Einlassens auf den Mitmenschen, des Für-ihn-Daseins. Damit ich mich aber auf den anderen einzulassen vermag, muß ich auf ihn hinhören, und die hörende Zuwendung zu ihm setzt voraus, daß ich des Anspruchs gewärtig bin, der von ihm her auf mich zukommt[47].

Die der Nächstenliebe dergestalt einwohnende Zukünftigkeit ist die eine Weise der futurischen Präsenz. Die andere liegt darin, daß die zukünftige Gegenwart der Nächstenliebe selber wiederum Zukunft vorwegnimmt, die Zukunft einer Liebe, die das unverhüllte Angesicht Gottes schaut. Die Liebe, die nach Paulus nie aufhört, überdauert nicht nur die Aufhebung des Glaubens ins Schauen, sie vollendet sich sogar erst im Schauen πρόσωπον πρὸς πρόσωπον, weil erst dann ihre vollkommene Form, die Gottesliebe, rein für sich hervortreten kann. In der gegenwärtigen Welt hingegen läßt Gottesliebe sich einzig durch ihre Antizipation in der Menschenliebe verwirklichen. „Was ihr getan habt einem unter diesen meinen geringsten Brüdern, das habt ihr mir getan" (Mt 25,40) – dieses, auch im ursprünglichen Sinne, unerhörte Wort Jesu gibt zu verstehen, daß alle wirkliche Liebe zu andern Menschen Liebe zu Gott ist. Darüber hinaus gilt aber auch umgekehrt, daß alle Liebe zu Gott, die eine wirkliche *Gottes*liebe nur als Liebe zu Jesus

[47] Vgl. *Vf.*, Der Andere (Berlin 1965) § 53 (294–301).

sein kann, unter den Bedingungen der bestehenden Welt Liebe zu den andern Menschen sein muß. Ob es mir ernst ist mit ihr, erprobt die Realität, die sie in meinem Verhältnis zu den Mitmenschen gewinnt. Insofern ist der jüdische Geist, aus dem die Lehre Bubers geboren ist, derzufolge die Beziehung zum ewigen Du nur *in* den weltlichen Ich-Du-Beziehungen wahr sein kann[48], auch der Geist des Christentums. Ja, man würde noch zu wenig und letztlich gar nichts sagen, wollte man diesen Sachverhalt so ausdrücken, daß die Menschenliebe in unserer Welt die Gottesliebe „vermittle". Denn eine vermittelte Liebe ist ein hölzernes Eisen. Ohne die Unmittelbarkeit des Sich-Gegenüberseins wäre Liebe überhaupt nicht, was sie ist. Übrigens mag hierin auch begründet sein, daß das Neue Testament die Liebe zum Mitmenschen, obwohl es sie für universal erklärt, auf den Begriff einer Nächstenliebe bringt, die sich gegen „Fernsten-Liebe"[49] durchaus nicht ausspielen läßt, und zwar eben deshalb nicht, weil auch der Fernste, soll ihn eine Liebe erreichen, zu der die Unmittelbarkeit des Sich-Gegenüberseins konstitutiv gehört, nahe sein muß, mögen die „Liebsten", von denen Hölderlins Patmos-Hymne singt, auch nahe wohnen „auf getrenntesten Bergen". Statt daß das „liebende Miteinandersein" (Binswanger) Gottesliebe bloß vermittelte, kommt in seiner Unmittelbarkeit die der Gottesliebe zum Vor-schein. In seiner Unmittelbarkeit besitzen wir das leibhaft gegenwärtige Unterpfand der unvermittelten Gottesliebe, die als solche entweder Liebe zu Jesus ist oder noch unrealisierbare Zukunft.

Ich habe die Liebe der Gegenwart zugeordnet. Die Zuordnung ist keineswegs so aufzufassen, als sei die Liebe einem vorgefertigten Bezugsrahmen einzufügen, der die Bedeutung von Gegenwart immer schon und unabhängig vom Liebesbegriff festgelegt hätte. Im Gegenteil: es ist die Liebe, die über den rechten Gebrauch des Wortes „Gegenwart" befindet. Wie die Gegenwart für Husserl ihren Sinn aus der Wahrnehmung empfängt und für Heidegger aus dem besorgenden Umgang mit „Zeug", so im biblischen Kontext aus der Liebe. Infolgedessen meint sie in diesem Kontext ebensowenig bloß den existenzdialektischen Augenblick, ungeachtet dessen, daß Kierkegaard mit seiner Lehre von der augenblicklichen Erfüllung der Zeit durch die Entschei-

---

48 A.a.O., 330–346.

49 *Friedrich Nietzsche,* Also sprach Zarathustra, Werke, hrsg. v. K. Schlechta, II 324f.

dung für die Ewigkeit ein neutestamentliches Motiv aufnimmt. Unter dem mich leitenden Gesichtspunkt betrachtet, treten Liebesgegenwart und Entscheidungsaugenblick sogar in einen schroffen Gegensatz auseinander. Das Ganze der Zeitlichkeit und damit das Selbst des durch Zeitlichkeit konstituierten Menschen ist der Augenblick für Kierkegaard, weil er „Zusammenhalten" ist, das Zusammenhalten von Endlichkeit und Unendlichkeit, von Notwendigkeit und Möglichkeit, von Vergangenheit und Zukunft. Das Zusammenhalten aber bedarf, wie Kierkegaard immer wieder betont, der Anstrengung[50]. Wie tief sich in den Kierkegaardschen Augenblick die Spuren der Anstrengung eingraben, zeigt sein negativistisches Konzept von Selbstsein. Daß gelingendes Selbstsein nichts als Nichtverzweifeltsein ist, besagt konkret: Der Mensch kann nur er selbst sein, indem er „in jedem Augenblick" die Möglichkeit der Verzweiflung zunichte macht. Die Wirklichkeit des Selbstseins ist die negative des Nichtverzweifeltseins, weil sie sich auflöst in die vernichtete Möglichkeit der Verzweiflung oder, genauer gesagt, in den ständigen, stets von neuem geforderten Vollzug ihrer Vernichtung (vgl. KT 10–13). Von hier aus wird sichtbar, daß die „Zwischenbestimmung"[51], welche die Identität von Selbst und Augenblick vermittelt, durchaus nicht nur das Ganze der Zeitlichkeit ist, sondern auch das Gegenteil. Der Kierkegaardsche Christ bleibt seiner Herkunft aus dem ästhetischen Leben insofern verhaftet, als auch er eine „bloße" Augenblicksexistenz ist, eine Existenz im verschwindenden Augenblick; sein Selbst vermag keine Kontinuität zu entfalten, es sei denn, daß es sich je und je neu erzeugte.

Vor dem Hintergrund einer solchen Anstrengung wirkt die Liebe gelassen. Die Gelassenheit bereitet den Boden, der das liebende Sich-Einlassen auf andere trägt. Sie gründet die Offenheit für Zukunft, d. h. für den Anspruch, der von anderen her auf mich zukommt, in einer ursprünglicheren Offenheit für die Welt. Nichts beleuchtet die Kluft, die sich an dieser Stelle zwischen Liebesgegenwart und Entscheidungsaugenblick auftut, greller als die derart gelassene Weltoffenheit. Schon oft ist vermerkt worden, daß das Kierkegaardsche Selbstsein weltlos sei. Wenn dies auch nicht uneingeschränkt stimmt, da ja die Glieder

---

[50] Vgl. *Vf.*, Der Begriff Ernst bei Sören Kierkegaard, a.a.O., 148ff.
[51] Vgl. zu diesem Begriff, auf dessen Bedeutung mich Bernhard Welte aufmerksam gemacht hat, Kierkegaards Kritik an Franz v. Baader (BA 38 Anm.).

der Synthese auf Welt verweisen, so ist doch richtig, daß die sich entfaltende Theorie auf Welt nur in den Gestalten ihrer Verzerrung zurückkommt, auf eine *Ver*weltlichung, welche die Verzweiflung der Notwendigkeit kennzeichnet, und auf eine *Ent*weltlichung, die der Verzweiflung der Möglichkeit ihr besonderes Gepräge gibt. Das gegen die Verzweiflung im Negationsverfahren abgehobene Selbstsein hingegen gilt als ein Sich-zu-sich-Verhalten, in das Welt nicht hineinspielt. Wohl begreift auch Kierkegaard, wie Hegel, das Selbstsein oder die Freiheit als Bei-sich-Sein im anderen, aber das andere ist in seinem Verständnis ausschließlich Gott, nicht mehr die Welt. Gewiß wird man die überfließende Fülle der Liebe, die ohne Sich-Verströmen undenkbar ist, der Reflexivität nicht abstrakt gegenüberstellen dürfen. Die liebende Zuwendung zum Mitmenschen ist eben ein *Sich*-Einlassen auf ihn, setzt also Selbstbezüglichkeit voraus[52]. Während das auf Reflexivität eingeengte Selbstsein nicht haben kann, was die Liebe hat, liegt in der Liebe durchaus auch das Sich-zu-sich-Verhalten, als das Kierkegaard Selbstsein definiert[53]. Wenn sie sich aber in der Gelassenheit oder in der Offenheit für die Welt ereignet, dann zeichnet sie sich zunächst einmal durch Rezeptivität aus. Liebe geschieht in unendlicher Empfänglichkeit. Sie ist durchaus, als was jeder sie versteht, der *sich auf* sie versteht: Hingabe. Das Sich-Einlassen glückt nur im Sich-Loslassen. In der Liebe eröffnet sich demnach die Ursprungsdimension jener Freiheit des Menschen von sich selbst, als die sich uns auch der Glaube dargestellt hat. Das Selbstsein kann nicht an sich schon der Glaube sein, sondern höchstens aus ihm hervorgehen, weil der Glaube in ein Ganzes gehört, das in der Liebe als der ursprünglichen Freiheit von sich selbst gründet. Aber der Hervorgang des Selbstseins aus dem Glauben weist noch hinter diesen zurück auf die Liebe. Wenn Selbstsein im Glauben wurzelt, dann ist die Liebe der Boden, in den seine

[52] Vgl. dazu die in Anm. 45 zitierten Arbeiten von *H. Timm*.
[53] Zur Fragwürdigkeit dieser Definition vgl. *Vf.*, Begriff und Realität. Hegels Aufhebung des metaphysischen Wahrheitsbegriffs, in: Denken im Schatten des Nihilismus (Festschrift für Wilhelm Weischedel) (Darmstadt 1975) 164–195, bes. 184f. In Abschnitt IV dieses Aufsatzes habe ich versucht, von Hegel her eine Alternative zum Kierkegaardschen Konzept des Selbstseins zu entwickeln. Der vom Entsprechungsgedanken Hegels ausgehende Alternativvorschlag führt, wenn ich recht sehe, in die Nähe dessen, was Bernhard Welte in seinem Buch „Heilsverständnis" (Freiburg i. Br. 1966) so ausdrückt: „Steht es gut mit unserem Selbstsein, zeigt sich seine Bedeutsamkeit positiv und erfüllt, dann stehen wir je in einer gesteigerten Übereinkunft und Einheit mit uns selbst" (a. a. O., 86).

Wurzel reicht. Das Werden der Freiheit *zu* sich aus der Freiheit *von* sich geschieht im Grunde des Glaubens selber als *kommunikative* Genese des Selbstseins[54].

Als der Grund des Ganzen, in das Glaube, Hoffnung und Liebe sich versammeln, ist die Liebe zugleich das Ganze selber. Anders könnte sie nicht dem Geist entsprechen. Wie der göttliche Geist das umfassende Medium bildet, in welchem der Vater mit dem Sohn kommuniziert, so muß die liebeserfüllte Gegenwart, soll ihre Stellung der des Geistes analog sein, Vergangenheit und Zukunft übergreifen. Darin trifft sie sich durchaus mit der Funktion, welche die Existenzdialektik dem Augenblick der Entscheidung zuweist. Der Augenblick übt seine Totalitätsfunktion nach Kierkegaard aus, indem er Zeit und Ewigkeit synthetisiert. Die Gegenwart der Liebe nimmt ihre Kraft zum Übergreifen aller Zeitmodi aus einer vergleichbaren Dialektik von Zeit und Ewigkeit. Seitdem philosophisches Denken sich vor der Aufgabe sieht, das Christentum zu reflektieren, hat es die dunkle Rede der Bibel von der Ewigkeit immer wieder dadurch aufzuhellen versucht, daß es sie in den Begriff stetiger Gegenwart übersetzte[55]. Tatsächlich wird Ewigkeit, wenn überhaupt, nur als stetige Gegenwart begreiflich. Umgekehrt scheint auch Gegenwart von sich aus auf Ewigkeit angelegt zu sein. Wenn eine mehrtausendjährige, noch in der Phänomenologie Husserls nachwirkende Metaphysik die Gegenwart mit dem Sein, die οὐσία mit der παρουσία verbindet, so kann sie sich offenbar auf unser Gefühl berufen, daß das Gegenwärtige nur wirklich wäre, was es ist, wenn es bliebe und dadurch dem Wandel der Zeit entrückt würde[56]. Obwohl es in der Welt faktisch entschwindet, scheint ihm ein Sinn innezuwohnen, der dem widerstrebt. Selbst die Lust, die den Augenblick genießt, will Ewigkeit, „tiefe, tiefe Ewigkeit!“[57]. Daß es die Liebe ist, in der sich der Anspruch der Gegenwart auf Ewigkeit erfüllt, schei-

---

[54] Auf sie hin den Ansatz Kierkegaards erweitert zu haben, gehört zu den Verdiensten von Jaspers. Vgl. zur Jasperschen Philosophie des Selbstseins *B. Welte*, Der philosophische Glaube bei Karl Jaspers und die Möglichkeit seiner Deutung durch die thomistische Philosophie, in: Symposion I (1949) 1–190, bes. 24ff., 39ff.

[55] Vgl. Augustins „nunc aeternum praesens“ (De trinitate XV, 23) und die berühmte Definition der Ewigkeit bei Boethius: „interminabilis vitae totae simul et perfecta possessio“ (De consolatione philosophiae V, 6).

[56] So kann Augustin sagen: „Praesens autem si semper esset praesens nec in praeteritum transiret, non iam esset tempus, sed aeternitas“ (Confessiones XI, 14).

[57] *Fr. Nietzsche*, Also sprach Zarathustra, Werke II 473.

nen wenigstens die Dichter zu bezeugen, die ihr die Überwindung des Todes zutrauen[58]. Man würde die uns erfahrbare Liebesgegenwart jedoch mystifizieren, wollte man sie in reine Ewigkeit auflösen. Die Präsenz, welche die Liebe präsentiert, ist notwendig auch zeitliche Gegenwart. Nur unter dieser Bedingung kann sie Offenheit für die Welt sein. Ja, die ihr eigentümliche Dialektik von Zeit und Ewigkeit wird am faßlichsten im Blick auf den schlichten Sachverhalt, daß „lieben", neutestamentlich gedacht, wohl nicht zuletzt „Zeit haben" bedeutet. Ich kann mich auf den anderen nur einlassen, wenn ich mir Zeit nehme für ihn. Für ihn dasein heißt: handeln wie der barmherzige Samariter, heißt: nicht bloß die eine Meile mit ihm gehen, zu der er mich nötigt, sondern zwei (Mt 5,41). Was aber liegt in dem Ausdruck „sich Zeit nehmen" oder „Zeit haben"? Die Frage[59] läßt sich leichter ex negativo beantworten. Wer merkwürdigerweise „keine Zeit hat", versinkt gerade im Strom der Zeit. Er muß sich dem Einen, das not tut, versagen, weil er seine Zeit für so vieles andere verbraucht, daß *sie ihn* verbraucht. Das „haben" in der Wendung „Zeit haben" verweist also auf Distanz. Wenn ich Zeit *habe, bin* ich nicht bloß *in* der Zeit; ich erhebe mich über sie. Ich besitze die Macht und die Freiheit, zu verweilen und dem Entschwindenden das Bleibende zu entringen. Aber die Ewigkeit, die so in der Liebe aufscheint, ist doch eben an die Bedingung geknüpft, daß ich *Zeit* habe. Sie läßt sich aus ihrer dialektischen Einheit mit der Zeit nicht lösen.

Genausowenig fällt freilich die zeitliche Liebesgegenwart aus der immerwährenden heraus. Der Unterschied von immerwährender und zeitlicher Gegenwart darf, soll er als innere Differenz der Liebesgegenwart gelten, keineswegs so verstanden werden, als enthalte ausschließlich die immerwährende Gegenwart das Ganze der Zeitmodi. Auch als zeitliche ist die Liebesgegenwart nicht zur Abstraktheit des punktuellen Jetzt verdammt. Auch sie greift auf Zukunft und Vergangenheit aus, wenn auch natürlich nicht modo aeterno, sondern in der spezifischen Weise der Zeitlichkeit. So gegenwärtig, wie die Liebe ihn machen möchte, ist der Nächste erst, wenn seine Herkunftsgeschichte und sein Hoffen und Bangen um das, was auf ihn zukommen mag, mitgegen-

---

[58] Eine Fülle von solchen dichterischen Zeugnissen bringt *L. Binswanger*, Grundformen und Erkenntnis menschlichen Daseins (³München – Basel 1962).

[59] Sie stellt auch *Bernhard Welte*, Meditation über Zeit, in: Zeit und Geheimnis (Freiburg i.Br. 1975) 16.

wärtig sind. Die liebevolle Begegnung unterscheidet sich von der lieblosen auch dadurch, daß sie „persönlich“ ist, und das bedeutet vor allem: daß sie die Grenzen des Hier und Jetzt auf die temporalen Horizonte hin ausweitet, in denen mit der Lebensgeschichte des anderen seine „Person“, in der spezifisch *christlichen* Bedeutung dieses vieldeutigen Begriffs[60], erscheint. Dem Schicksal des Kierkegaardschen Augenblicks, eine Totalisierung zu leisten, die durch den ständigen Zwang zu seiner eigenen Wiederholung widerlegt wird, entgeht aber die zeitliche Gegenwart der Liebe vermutlich deshalb, weil die Ewigkeit in sie hineinscheint. Die Gegenwart füllt auch als zeitliche das Ganze der Zeitlichkeit aus, weil sie im Ursprung die immerwährende ist, in der Zukunft und Vergangenheit aufgehoben sind.

Wenn Liebe nun der Gegenwart entspricht, dann drängt sich die Frage auf, ob nicht Glaube und Hoffnung gleichfalls einen je eigenen Zeitmodus haben. Die Liebe verdankt ihren Gegenwartsbezug ihrer Übereinkunft mit dem Geist. Unsere Identifikation von Liebe und Geist beruhte auf der Hypothese, daß in der paulinischen Trias die Dreieinigkeit Gottes durchscheine. Unter dieser Voraussetzung war es, meine ich, sinnvoll, den Glauben primär auf den Vater und die Hoffnung insbesondere auf den Sohn zu beziehen. Der Sohn versteht sich ja selber aus der Zukunft als seiner Wiederkunft, und der Vater begegnet dem, der ihn als Schöpfer bekennt, im Horizont jener Vergangenheit, die Schelling im ersten Buch der *Weltalter* „erzählt“[61]. Demgemäß Hoffnung auf Zukunft zu vertrösten, fällt nicht schwer. Nach allem, was gesagt wurde, mag es hingegen Schwierigkeiten bereiten, den Glauben der Vergangenheit zuzurechnen. Dennoch wird das Zeitverhältnis des Glaubens erst in dieser Perspektive vollständig

---

[60] Vgl. *Vf.*, Skeptische Betrachtungen über den anthropologischen Personbegriff, in: Die Frage nach dem Menschen (Festschrift für Max Müller) (Freiburg i. Br. – München 1966) 461–490.

[61] Wie jede der drei göttlichen Personen ganz Gott und der ganze Gott ist, so ist hinsichtlich der Temporalität nicht nur die Gegenwart das Ganze. Es gibt vielmehr Aspekte, unter denen sich auch Zukunft und Vergangenheit – in je anderer Weise – als Inbegriff der Zeit darstellen. In solcher Universalität sind sie hier zu verstehen. Die dem Glauben zugeordnete Vergangenheit könnte man mit dem „Stern der Erlösung“, dem größten Werk in der Nachfolge der „Weltalter“, die „immerwährende Vorwelt“ nennen, wenn auch Rosenzweig selber dort, wo der Schöpfer ins Spiel kommt, statt dessen von „allzeiterneuerter Welt“ spricht. Eine phänomenologische Perspektive auf die Totalität der Vergangenheit reißt B. Welte in seiner schönen und tiefen „Meditation über Zeit“ auf (Zeit und Geheimnis, a. a. O., 15–27, bes. 21 ff.).

sichtbar. Dazu ist allerdings erforderlich, die Zukünftigkeit des Ganzen von Glaube, Hoffnung und Liebe im Blick zu behalten. Genügt man dieser Forderung, so entdeckt man, daß sogar der Gebetsglaube Jesu, an dem anfangs allein der Zusammenhang von Gegenwart und Zukunft thematisch wurde, seine Eigenart gegenüber Hoffnung und Liebe aus seiner Rückwendung auf Vergangenheit gewinnt. Das unumschränkte Zutrauen zur Macht Gottes gründet sich nämlich auf die Handlungen, durch die Jahve in der Geschichte seines Volkes diese seine Macht offenbart hat. Es ist eingedenk der Treue, die der Vater seinen Kindern gehalten hat. Der Glaubende spannt sich zwar auf Zukunft aus, sofern er sich einer Macht anheimgibt, die sich an ihm erst noch erweisen soll, aber das, was seinen Glauben definiert, nämlich die Gewißheit, daß ihm Hilfe zuteil werde, rechtfertigt sich aus dem Walten dieser Macht in der überlieferten Geschichte. Weil die Momente des Ganzen sich nicht nur in ihren Grund, sondern auch ineinander reflektieren, ist der Glaube sicherlich auch Hoffnung, so wie die Hoffnung Glaube ist. Für die Zukunft jedoch hofft der Glaube in der Erinnerung an die Vergangenheit, während die Hoffnung nur an die Erfüllung der Verheißung glauben kann, mit der die Zukunft bereits begonnen hat.

5. Das Leiden an der Zeit und der Glaube

Die Versicherung, daß erst hiermit das Verhältnis des Glaubens zur Zeit vollständig sichtbar werde, zielt nicht nur auf die jetzt erreichte Vervollständigung der Zeitmodi, auf die Ergänzung von Gegenwart und Zukunft durch die zuvor unthematisch gewesene Vergangenheit. Gemeint ist darüber hinaus vor allem, daß die Zeit als solche unter einem neuen Aspekt erscheint. Ineins damit zeigt sich auch der Glaube von einer Seite, die in unseren früheren Überlegungen abgeblendet war. Um sein Zeitverhältnis in dem Lichte sehen zu können, das von der letzten Wendung her darauf fällt, müssen wir zunächst ihn selber über die Einseitigkeit seiner bisherigen Behandlung hinausführen. Die war einseitig, sofern sie sich eigentlich bloß um das Wie des Glaubens kümmerte, nicht so sehr um das Was. *Worauf* der von Jesus gepredigte Glaube sich richtet, klang lediglich in der Bestimmung an, zu der schon der Gebrauch des Wortes πίστις in Mt 17,20 Anlaß gab und welche die weiteren Betrachtungen wie selbstverständlich anleitete: Glaube ist uneingeschränktes Vertrauen auf die *Macht Gottes*. Was da „Macht" heißt, blieb jedoch weitgehend unbestimmt. Worin liegt ihr Wesen und wie wirkt sie? Die Antwort der biblischen Schriften, von der wir bisher einen unreflektierten Gebrauch gemacht haben, lautet: Die Macht Gottes „erlöst"; und auch die Theologie hat gute Gründe, von Erlösung, nicht von Befreiung zu sprechen. Der Begriff „Erlösung" trifft die Sache, um die es geht, genauer. Nachdem er durch Gedankenlosigkeit, auch bezahlter Kirchendiener, weithin zum flatus vocis verkommen ist, müssen wir ihm heute allerdings erst wieder Gehör verschaffen, und darum empfiehlt es sich, doch vom Befreiungsbegriff aus, als dem theologisch weniger belasteten, erneut auf seine Sache zuzugehen.

Im Alten Testament ist sehr wohl von Befreiung die Rede, ohne daß es eines Ausdrucks bedurfte, der den daraus resultierenden Zustand der Freiheit fixierte[62]. Freiheit bleibt einbehalten im Geschehen der Befreiung Israels durch seinen Herrn. Der Psalmist, der sich im Gebet seines Glaubens versichert, erzählt von den Befreiungstaten, in denen das Volk die Macht Gottes an sich erfahren hat. Die Macht Gottes ist eine Macht der Befreiung. Um diese Befreiung bittet der Mensch. Die Kraft, mit welcher er darum bittet, nennt Jesus, wie wir gesehen haben, Glaube. Dieser geht bereits aus einer Befreiung hervor, deren Ergebnis ein neuzeitlich bestimmter Verstehensversuch vielleicht nicht zu Unrecht als Freiheit deuten durfte. Insofern besteht das proleptische Grundgeschehen darin, daß in der Kraft, mit welcher der Mensch bittet, schon zum Vor-schein kommt, worum er bittet. Nun haben wir den Glauben des näheren als Freiheit des Menschen *von sich selbst* verstanden. Was das indessen besagt: „von sich selbst", hat sich zwar durch den Rückgang auf die Liebe konkretisiert, aber begrifflich wurde es kaum deutlicher als die Macht, der sich die Freiheit des Glaubens verdankt. Wovon eigentlich befreit die Macht Gottes, wenn sie den Menschen von sich selbst befreit? Eine präzisere Auskunft werden wir wohl am ehesten erwarten dürfen, wenn wir uns an den präziseren Erlösungsbegriff wenden.

Jesus lehrt uns – nach Luthers Übersetzung von Mt 6, 13 – den Vater zu bitten: „erlöse uns von dem Übel"! Doch was ist das – „das Übel",

---

[62] Ich verdanke diesen Hinweis einer im Sommersemester 1975 im Rahmen der Heidelberger Universitätsgottesdienste gehaltenen Predigt von Claus Westermann.

τὸ πονηρόν? Ich mache mich keineswegs anheischig, hier das Theologumenon „Sünde" aufklären zu wollen. Ich stelle nicht einmal die Schuldfrage. Ich frage nur nach der Realität, von der die Dogmatik sagt, sie sei durch Schuld verursacht. Von ihr hat Adorno offensichtlich etwas gesehen, wenn er das Bestehende als universalen Zwangszusammenhang verklagt. Jedenfalls gibt der Erlösungsbegriff seinen eigentümlichen Bedeutungsgehalt klarer zu erkennen, sobald wir ihn auf einen solchen Zwangszusammenhang beziehen. Erlösung ist eine Befreiung, die reale Fesseln löst, und diese Lösung hat den spezifisch christlichen, menschlich gesehen paradoxen Sinn einer *Er*lösung, weil sie aus einem Zusammenhang herauslöst, in dessen Universalität die Unmöglichkeit eines Entkommens liegt. Freilich enthüllt die Wirklichkeit, die der Terminus Adornos bloß anzeigt, ihre innere Qualität ihrerseits erst im Kontext des Verlangens nach Erlösung. Nach Paulus stehe ich als Knecht der Sünde unter dem Zwang, zu tun, was ich nicht will, und nicht zu tun, was ich will (Röm 7, 14–25). Sofern handeln heißt: selbstgesetzte Zwecke realisieren, besteht der Zwangscharakter der erlösungsbedürftigen Realität im Nicht-handeln-Können. Nicht handeln zu können bedeutet für den Menschen schlechthinnige Ohnmacht. Als das unumschränkte Vertrauen auf die Macht Gottes erwächst der Glaube aus dieser Ohnmacht. Die Freiheit von sich selbst, die der Glaubende schon dadurch zu erfahren bekommt, daß er um sie bittet, entspringt seiner Erlösung vom Zwang des Nicht-handeln-Könnens. Die Macht aber, die ihm diese Freiheit schenkt, vermag ihn auch *zu* sich selbst zu befreien, weil sie ihn damit, daß sie den universalen Zwangszusammenhang durchschlägt, zum Handeln ermächtigt.

Die temporale Verfassung des beschriebenen Sachverhalts liegt auf der Hand. Zeitlich strukturiert ist aber nicht nur die erlöste Wirklichkeit, die Freiheit von und zu sich selbst. Zeitlich strukturiert ist desgleichen die Realität, von der es erlöst zu werden gilt. Denn der universale Zwangszusammenhang könnte das Handeln, das stets Handeln in der Zeit ist, nicht lähmen, wäre er nicht selber ein zeitlicher Zusammenhang. Ja, er ist nicht bloß zeitlich, sondern eine bestimmte Weise der Zeit selber, eben die, welche die Reflexion auf das Negative des Glaubensinhalts enthüllt. Wir haben es hier nicht mehr mit der internen Zeitlichkeit des Glaubens zu tun, sondern mit der Zeit, zu der sich der Glaubende verhält, sofern er sich zu der Realität verhält, von der er erlöst werden will und im Maße seines Glaubens schon erlöst ist. An dieser Zeit leidet der Mensch[63].

Daß Zeiterfahrung zunächst und vor allem eine Leidenserfahrung ist, haben diejenigen, die sich die Beschäftigung mit nutzlosen Theorien noch leisten können, unter dem Einfluß von Existenzdialektik, Lebensphilosophie und Phänomenologie aus ihrem Bewußtsein nahezu verdrängt. Die in der Tat epochale Entdeckung, daß die Zeit das Apriori von Selbstsein und Sein selbst ist, hat, wie manche große Entdeckung, durchaus auch etwas *ver*deckt, nämlich den Rechtsgrund eben des Leidens an der Zeit. Aus der Quelle dieses Leidens schöpft demgegenüber die Gewißheit, an der Philosophie, Religion und Mythologie über Jahrtausende festgehalten hatten: daß der Sinn von Sein sich nur in der Abhebung gegen die Zeit erkennen lasse, nicht im Horizont von ihr[64]. Noch Hegel war, trotz seiner fundamentalontologischen Auslegung durch Kojève, überzeugt, daß der Begriff, d.h. das Sein des Selbst und das Selbst des Seins, an der Zeit bloß sein unvollkommenes Bestehen habe; denn: „Die Zeit erscheint (...) als das Schicksal und die Notwendigkeit des Geistes, der nicht in sich vollendet ist ...“[65]

Wenn nun aber auch die abendländische Tradition gegenüber der modernen Theorie ursprünglicher Zeitlichkeit insofern eine Einheitsfront bildet, als in ihrem Verständnis von Sein und Zeit Übereinstimmung über die adversative Bedeutung des „und“ herrscht, so verläuft doch mitten durch sie hindurch die Grenze, die jedenfalls im Felde der Zeiterfahrung platonisches und letztlich überhaupt metaphysisches Griechentum einerseits und ursprüngliches, nicht platonisiertes Christentum andererseits trennt. Einigkeit bestand in dieser Tradition darüber, daß der Mensch unter der Zeit entweder nur oder auch, und zwar wesentlich, zu leiden habe. Strittig hingegen war die Frage, *was* an der Zeit Leiden verursache.

Wie verschieden griechische Metaphysik und jüdisch-christliche Gotteserfahrung sie beantworten, sieht man wohl am deutlichsten, wenn man sich am jeweiligen *proprium* der – in bestimmten Hinsich-

---

[63] Vgl. *A. Vergote,* Réciprocité du Temps et de l'Éternité, in: Temporalité et Aliénation, a.a.O., 93–108, bes. 94–98.

[64] Vgl. *G. Picht,* Der Sinn der Unterscheidung von Theorie und Praxis in der griechischen Philosophie, in: Zeitschrift für evangelische Ethik 8 (1964) 321–342.

[65] *Hegel,* Phänomenologie des Geistes, hrsg. v. J. Hoffmeister, Philos. Bibl. 114, 558.

ten natürlich auch gleichen – Ewigkeitsvorstellung orientiert. Offensichtlich wurde der nachidealistische Aufstieg der Zeitlichkeit zum Kriterium für die Wahrheit von Sein und Selbstsein durch den zunehmenden Sinnverlust der Ewigkeit ermöglicht. Sinkt die Ewigkeit bei Kierkegaard bereits zum Moment im Ganzen der Zeitlichkeit herab, so verschwindet sie im Übergang der Existenzdialektik zur Existentialontologie vollständig. Ihren Niedergang aber verschuldet nicht zuletzt die Zweideutigkeit ihres traditionellen Begriffs. Ein Wort, das die Kluft zwischen dem mythologischen Ursprung griechischer Metaphysik und der Erfahrungsbasis christlicher Theologie überbrücken sollte, konnte nur eine Äquivokation sein, deren Unhaltbarkeit den Abschied von der Sache provozierte. Daß die Äquivokation, auch wo sie durchschaut wurde, zunächst in Geltung blieb, mag insofern verständlich sein, als die unterschiedlichen Inhalte, auf die sich dasselbe Wort bezog, immerhin auch dieselbe Wertschätzung genossen: Hier wie dort tröstete sich der Mensch in Zeit und Leid mit dem Gedanken an „die Ewigkeit". Die Wesensdifferenz der beiden Ewigkeiten liegt jedoch bereits in ihrem unterschiedlichen Verhältnis zur Zeit. An der Liebe haben wir beobachtet, wie die von ihr erschlossene Gegenwart in Zeit und Ewigkeit auseinandertritt. Die Geistesgegenwart der Liebe setzt Zeit und Ewigkeit in eine Beziehung zueinander, die insofern „dialektisch" ist, als die Ewigkeit in die Zeit selber hereinbricht, aber als das ganz Andere. Als das ganz Andere ist diese Ewigkeit schon nach dem Alten Testament, dem sich Thomas von Aquin hierin genauso verpflichtet weiß wie Karl Barth, ausschließliches, wenn auch nicht unveräußerliches Eigentum Gottes[66]. Da übrigens die nachidealistische Auflösung der Ewigkeit im wesentlichen aus einer gegen die griechische Metaphysik gerichteten Opposition hervorging, die ihren eigenen Entwurf an der angedeuteten Dialektik ausrichtete, ist zu vermuten, daß in ihr etwas von der *jüdisch-christlichen* Ewigkeitserfahrung im Verborgenen durchaus fortlebt.

Das Verständnis der Ewigkeit als des schlechthin Anderen der Zeit, aufgrund seiner Dialektik unverwechselbar mit metaphysischen Hinterweltgedanken, korrespondiert, wie wir feststellen werden, der besonderen Qualität des jüdisch-christlichen Leidens an der Zeit. Des-

---

[66] Vgl. *H. Echternach*, Art. „Ewigkeit", in: Historisches Wörterbuch der Philosophie, hrsg. v. J. Ritter u.a., Bd. 2 (Basel – Stuttgart 1972) Sp. 838–844, bes. 839.

gleichen ergibt sich auch das Eigentümliche des Ewigkeitsbegriffs, den am Entstehungsort griechischer Metaphysik Platon aus pythagoreisch-orphischen Vorstellungen entwickelt, aus der eigentümlichen Leidenserfahrung, mit der sich hier die Erfahrung der Zeit verbindet. Für Platon vermag das Dasein in der Zeit keine Befriedigung zu gewähren, weil es das unvorhersehbar Veränderliche ist. Ewigkeit denkt er im Gegenzug gegen diese Bewegtheit. Dabei geht er aber von der Annahme aus, daß die Zeit, die er von der Bewegung her denkt, selber in ihr Gegenteil, in die Unbewegtheit des Ewigen übergehe, und zwar dort, wo ihre Bewegung gleichförmig ist und im zyklischen Rhythmus verläuft. Nach dem *Timaios* (37c 6 – 38b 5) schafft der Vater des Alls mit den Gestalten der Zeit, die sich im Kreise bewegt (χρόνου κυκλουμένου), ein lebendiges Ebenbild der Ewigkeit (αἰώνιον εἰκόνα), die ihm und den von ihm verwalteten Ideen zukommt[67]. Vorausgesetzt ist dabei die Endlosigkeit des Kreislaufs. Was aber in der Realität bloß Konterfei sein soll, behandelt die Methode als Original. Etwas überspitzt ausgedrückt: dieselbe Ewigkeit, von welcher der späte Dialog in der endlosen Wiederholung des Gleichen einen Abglanz findet, war ihrerseits schon zuvor nach dem Modell dieser gleichförmigen Bewegung entworfen. Auf ein Analogon zur endlosen Wiederholung des Gleichen scheint Platon jedenfalls zu blicken, wenn er in seiner mittleren Schaffensperiode, der klassisch gewordenen, die Idee deshalb ewig, ein ἀεὶ ὄν nennt, weil sie sich, insofern nicht *nur* das Gegenteil des im Kreise (72 b 1: κύκλῳ) herumgehenden Werdens, stets auf dieselbe Weise verhält (79 a 9: ἀεὶ κατὰ ταὐτὰ ἔχον). Die Lehre Nietzsches von der ewigen Wiederkunft schreibt diesen Ewigkeitsbegriff fest. Ewig ist Nietzsches „Wiederkunft" nicht bloß in dem Sinne, daß ihr das Attribut der Ewigkeit anhinge; sie ist als endlose die Ewigkeit selber. Daß der Ausdruck an die biblische Verheißung einer Zukunft erinnert, welche die Wiederkunft Christi bringt, dient der Absicht, die christliche Zukunftserwartung im Element der griechisch verstandenen Ewigkeit zu versenken.

Nun betont Nietzsche freilich, daß der Gedanke der ewigen Wiederkunft der „*schwerste*" sei, der sich überhaupt denken läßt[68]. Damit

[67] Vgl. dazu neuerdings *L. Dupré*, L'intériorisation du temps dans la représentation religieuse, in: Temporalité et Aliénation, a.a.O., 121–128, bes. 124.
[68] Aus dem Nachlaß der achtziger Jahre, Werke III 438.

versieht er die den Griechen nachempfundene Ewigkeit ihrerseits mit einem christlichen Vorzeichen; er verrät damit, daß die von ihm propagierte Umwertung aller Werte diejenige voraussetzt, die mit dem Christentum heraufgekommen ist. Denn die Lehre von der ewigen Wiederkunft ist der Angsttraum von einer Wirklichkeit, die dem Glaubenden nicht wahr sein kann, weil sie das Verhängnis schlechthin wäre. Nietzsche steigert sich in einen solchen Angsttraum hinein, indem er die griechische Metaphysik von Zeit und Ewigkeit ins Absurde übersteigert und dadurch in Mythologie zurückverwandelt. Am Zusammenhang von Natur und Geschichte ist die Übersteigerung leicht ablesbar. Für eine endlose Wiederholung des Gleichen zeugte in den Augen der Griechen die geordnete Bahn der Himmelskörper. Einen Abglanz der Ewigkeit sahen sie allein in der kosmischen Zeit, im Bewegungsgesetz der Regelmäßigkeit verbürgenden Natur. Das unvorhersehbar Veränderliche begegnete ihnen demgegenüber vor allem in der Geschichte, die deshalb auch kein möglicher Gegenstand einer Wissenschaft war. Auf den geschichtlichen Wandel fiel ein Abglanz der Ewigkeit nur insofern, als er eingebettet schien in die Prozesse des natürlichen Universums. Nietzsche aber quält sich mit der Vorstellung, daß auch in der Geschichte „alles wiederkehre“[69], selbst die geringfügigste Begebenheit. Seine Lehre von der ewigen Wiederkunft verpflichtet *alles* Werden, auch das geschichtliche, auf den Kreislauf der Natur.

Daß der Mensch im Harren auf seine Erlösung anders an der Zeit leidet als in der θεωρία τοῦ κόσμου, besagt gewiß auch: Ängstigen muß ihn bereits eine Natur, welche die Endlosigkeit ihrer Reproduktion suggeriert. Die Verheißung eines neuen Himmels und einer neuen Erde (Jes 65,17) hätte gar nichts Verheißendes, spräche sie nicht die Angst an, daß der Wechsel von Tag und Nacht, von Sommer und Winter sich ins Unendliche fortwälzen könnte. Insofern darf man sagen: Eben das an der Zeit, was für Platon wie auch für Aristoteles[70] eine Ewigkeit anzeigt, die dem Gott seliger Besitz und dem Menschen das schlechthin erstrebenswerte Ziel ist, prägt der christlichen Zeiterfahrung den Zug des Leidens auf. Aber das absolute Gegenteil dessen, woran der Glaube glaubt, d.h. das Verhängnis, wäre die endlose Wie-

---

[69] A.a.O., III 895.

[70] Vgl. zur aristotelischen Auffassung von der Kreisförmigkeit der Zeit *G. Picht*, Die Zeit und die Modalitäten, a.a.O., bes. 67f.

derholung des Gleichen erst als Gesetz der Geschichte. Wohl ist Nietzsches Lehre von der ewigen Wiederkunft ein Mythos, dem keine Realität zugrunde liegt, doch real ist die Tendenz, die, wenn sie sich je vollständig durchsetzte, der Geschichte das Gesetz der endlosen Wiederholung des Gleichen aufzwänge. Eine ewige Wiederkehr im Sinne Nietzsches wäre nicht Natur, sondern Resultat einer schuldhaften Naturalisierung der Geschichte. Selbstverständlich leitet die Selbstreflexion des Glaubens Schuld nicht aus der Naturalisierung ab; sie erklärt umgekehrt die Naturalisierung aus der unableitbaren Schuld. Damit führt sie den religiös-philosophischen Ewigkeitsmythos auf den Boden der realen Zeit zurück, in der reale Individuen handeln und schuldig werden.

Wir wollen der Selbstreflexion des Glaubens in einem letzten Schritt dahin folgen. Eingedenk der Grenzen, die ihrem philosophischen Nachvollzug gesetzt sind, ist allerdings auch jetzt keineswegs die Schuld selber aufzuhellen, sondern nur die temporale Verfassung der Realität, die durch sie nach biblischem Zeugnis hervorgebracht wird. Nach der Erkenntnis, zu der wir gelangt sind, besteht die spezifische Differenz des Glaubens gegenüber Hoffnung und Liebe hinsichtlich seiner Temporalität darin, daß sich in ihm die Zukunft mit der Vergangenheit verschlingt. Die Verschlingung haben wir bisher nur und nicht einmal sehr deutlich im Lichte der Erlösung gesehen, um die der Glaubende bittet und deren er im Bitten schon teilhaftig wird. Auf andere Weise verschlingen sich Zukunft und Vergangenheit aber auch in dem universalen Zwangszusammenhang, aus dem die Erlösung herauslöst. Eine Begründung der vorhin aufgestellten Behauptung, daß auch die erlösungsbedürftige Realität unter einem eigentümlichen Zeitaspekt erscheine, verlangt Einsicht in die Herrschaft, die darin die Vergangenheit über die Zukunft ausübt.

Die Herrschaft des Vergangenen über das Zukünftige macht überhaupt erst den Grund des Zwangscharakters der erlösungsbedürftigen Realität sichtbar. Die erlösungsbedürftige Realität bildet einen universalen Zwangszusammenhang, weil in ihr die Zukunft ständig von der Vergangenheit überwältigt wird. Ich tue, was ich nicht will, und tue nicht, was ich will, weil mein Wollen und Nichtwollen ohnmächtig sind gegen die Konsequenz der schon gefallenen Entscheidungen. Unter dem Eindruck, daß der gute Wille immer wieder in die Mechanismen einer Geschichte geraten ist, deren unauflösbare Verstrickungen weit hinter meine Anfänge zurückreichen, kann ich nichts mehr tun, weil mir ist, als hätte die verfehlte Wirklichkeit meine Möglichkeiten je schon eingeholt. Die Zukunft erstickt gleichsam unter der Last der Vergangenheit. Unter diesen Bedingungen kann nichts wirklich Neues geschehen. Geschichte droht zum Verhängnis zu werden. Sie tendiert tatsächlich auf einen Zustand hin, dessen mythischer Ausdruck die Vorstellung von einer endlosen Wiederholung des Gleichen wäre.

Aber gegen die verhängnisvolle Tendenz der Geschichte ruft der Glaube den Schöpfer des Himmels und der Erde zu Hilfe. Er kämpft, nach einem Wort Kierkegaards, „verrückt für Möglichkeit" (KT 35), indem er das Schreckgespenst des Verhängnisses durch das Vertrauen auf eine Macht vertreibt, welche die Zukunft aus ihrer Umklammerung durch die Vergangenheit zu befreien vermag. Wenn es die Herrschaft des Vergangenen ist, durch die der Mensch in die Ohnmacht des Nicht-handeln-Könnens versinkt, so erwacht er aus dieser Ohnmacht durch das befreiende Handeln Gottes. Sein Dasein in der Zeit, das die von Platon auf den Weg gebrachte Metaphysik unter dem negativen Gesichtspunkt des Veränderlichen betrachtet, nimmt die positive Gestalt des Veränder*baren* an. Ja, die Macht Gottes befreit nicht nur die Zukunft von der hypostasierten Gewalt der Vergangenheit. Sie kehrt die ganze Rangordnung im Verhältnis von Vergangenheit und Zukunft um. Denn im Vertrauen auf sie wird, unbegreiflich für alle Metaphysik und Mythologie, auch das Vergangene noch veränderbar, veränderbar durch Reue. Erlösung gibt, als Handeln Gottes, der Zukunft ihre Souveränität gegenüber der Vergangenheit zurück. In der von ihr freigesetzten Wirklichkeit verschlingt sich die Zukunft mit der Vergangenheit in der bestimmten Weise, daß sie über das Geschehene eine Macht gewinnt, in der sich die Macht Gottes manifestiert[71].

---

[71] Nachdem der Vf. bei der Zusammenkunft der Autoren dieses Buches mit Bernhard Welte im Herbst 1974 (vgl. Vorwort) erst nur sehr fragmentarische Gedanken zum Verhältnis von Glaube und Zeit vorgetragen hatte, war der vorstehende Beitrag – nebst einem ursprünglich als Fortsetzung des letzten Abschnitts gedachten Papier zur Psychopathologie der Zeit – Gegenstand eines Gespräches zwischen Theologen, Psychiatern und Philosophen, das am 16. und 17. Januar 1976 im Rahmen des von der Fritz Thyssen Stiftung unterstützten Arbeitskreises für religionstheoretische Grundlagenforschung in Heidelberg stattgefunden hat. Wie den Mitschülern Weltes und Welte selber, so danke ich auch den übrigen Teilnehmern dieses Gespräches, an dem von meinen Koautoren Peter Hünermann beteiligt war, für vielfältige Anregungen. Be-

sonders dankbar bin ich Herrn Kollegen Heinz Eduard Tödt, dessen Hinweise auf überlieferungsgeschichtliche Zusammenhänge ich bei der Korrektur teilweise noch berücksichtigen konnte. Unberücksichtigt bleiben müssen vorderhand leider die zahlreichen Ergänzungen zur Exegese der im 2. Abschnitt ausgelegten Bibelstelle. Sache einer eigenen Untersuchung wäre vornehmlich das in den Mittelpunkt der Diskussion gerückte Problem, ob und, wenn ja, in welchem Sinne das Finden ein Wiederfinden dessen sein kann, was ich gesucht habe. Aber auch die mir besonders wichtig erscheinende Frage, wie die von Dieter Henrich gegen die vorliegende Interpretation geltend gemachte Einladungsfunktion des Wortes sich zu dessen hier behauptetem Gebotscharakter verhalte, kann an dieser Stelle nur erwähnt werden. Die Erfüllung der Forderung nach stärkerer Berücksichtigung des Kontextes, namentlich des lukanischen, werde ich notgedrungen den Theologen überlassen müssen. Aufgrund der Voten meiner theologischen Kollegen darf ich wohl immerhin hoffen, daß eine Prüfung des Kontextes die vorgeschlagene Deutung eher bestätigen als entkräften würde. In seiner (demnächst erscheinenden) Heidelberger Antrittsvorlesung „Die Spannung zwischen Glauben und Lehre als Problem der Theologie" stützt Wolfgang Huber seine These „Der Glaube (...) ist die durch Jesus eröffnete Erfahrung der Zeit, die wir mit allen Erfahrungen in der Zeit machen können" auf die Einsicht, daß auch an den Heilungsgeschichten die hier im Ausgang von Lk 11, 9–10 und Mt 7, 7–8 entfaltete Zeitstruktur abzulesen sei.

II

Einige sprachphilosophische Überlegungen im Hinblick auf das Sprechen Jesu

Bernhard Casper, Augsburg

I. EINFÜHRUNG

Was wir von Jesus wissen, wissen wir durch Sprache. Was Jesus für uns bedeutet, geht uns in der Sprache an. Und daß wir auf Jesu Wort mit Glauben antworten, geschieht wiederum in Sprache. Das Jesusereignis und die menschliche Antwort darauf tragen sich in der Sprache zu.

Deshalb erscheint es sinnvoll, den Überlegungen, die zeigen sollen, inwiefern Jesus der Ort der Erfahrung Gottes sei, eine Besinnung über die menschliche Sprache vorauszuschicken. Denn eine solche Besinnung auf das Geschehen menschlicher Sprache und seine Grunddimensionen könnte helfen, zu klären, was in Jesus denn wirklich geschehen ist.

Mit einer solchen Überlegung tragen wir zugleich der Tatsache Rechnung, daß in den letzten Jahrzehnten die Sprache in einem zuvor kaum gekannten Maße in den Mittelpunkt des philosophischen Denkens getreten ist. Dies mag mit der Situation des Denkens in dieser geschichtlichen Stunde zusammenhängen. Denn das Denken sieht sich vor der Notwendigkeit in der durch technische Mittel zur Einheit gewordenen Welt, das menschlich Einigende erst noch zu finden. Es ist jedenfalls auffällig, daß sowohl das europäische, von Phänomenologie, Existenzanalyse und Hermeneutik bestimmte Denken wie das angelsächsische von Empirismus und Sprachanalytik geleitete Denken wie schließlich neuerdings auch das marxistische Denken sehen, daß im Geschehen der Sprache ein zugleich zentrales wie allgemeines Phänomen gegeben ist, dessen Erhellung Aufschluß darüber zu geben verspricht, was menschliches Dasein sei und das vom Menschen erschlossene Sein der Welt. Alles, was wir wissen, wird uns hell in der Sprache. Alles, was wir als geschichtliche Wesen sind, sind wir durch Sprache.

II. GRUNDDIMENSIONEN DES SPRACHGESCHEHENS

Allein was *ist* Sprache? Worin besteht das Geschehen von Sprache? Sprache kann man unter vielerlei Hinsichten betrachten. Man kann sie als Ausdruck verstehen, als ein kybernetisches Gefüge, als ein durch die Gesetze der Linguistik zu erfassendes Gebilde. Aber letztlich wird sich die Sprache nur durch sich selber zeigen können[1]. In ihrem Sichzeigen freilich läßt sie einzelne durchgängige Züge sehen, die, obwohl sie nur *in* der Sprache und *durch* Sprache vorgebracht werden können, uns doch auf die Sprache selber aufmerksam zu machen imstande sind. Sie weisen in der Sprache drauf hin, was Sprache im ganzen und vor allem sei.

1. Sprechen und Handeln

Dabei wollen wir als erstes einen Grundzug der Sprache nennen, der lange in Vergessenheit geraten war und in dem heute doch am ehesten das sprachanalytische Erfassen von Sprache und das hermeneutische Sprachdenken konvergieren: Sprechen bedeutet immer schon *Handeln*. Dies ist deshalb nicht selbstverständlich, weil das herkömmliche alltägliche und aus der Engführung der metaphysischen Tradition hervorgegangene Erfassen von Sprache leicht von der Vorstellung ausgeht, Sprache und Wirklichkeit stünden einander als zwei Entitäten gegenüber. Und die Sprache „bilde ab", was ist[2]. Die Sprache sage, was sei. Und dies, was sei, sei unabhängig von der Sprache für sich derart da, daß die Sprache es nur noch passiv zu rezipieren brauche. Demgegenüber hat J. L. Austin in seinem epochemachenden Werk „How to do things with words"[3] gezeigt, daß Sprechen immer schon Handeln bedeutet. Austin, der zunächst die Klasse der sog. performativen Sprachakte entdeckt[4] und diese den konstatierenden entgegensetzt, kommt

[1] Mit Recht hat bereits Hegel auf diese „Voreiligkeit" der Sprache hingewiesen. Vgl. *G. W. F. Hegel*, Die Vernunft in der Geschichte, hrsg. von F. Hoffmeister (Hamburg [5]1955) 166.

[2] So *Wittgenstein* in seiner ersten, im Tractatus logico-philosophicus vorgetragenen Sprachtheorie, mit der indessen weitgehend das naive Verständnis von Sprache übereinstimmt.

[3] Oxford 1962.

[4] Vgl. Other Minds (1946), jetzt abgedruckt in: Philosophical Papers (London [2]1970) 76–116.

im Fortgang seiner Untersuchungen doch immer mehr zu der Einsicht, daß sich dieser Unterschied nur denken läßt auf dem Hintergrund des gemeinsamen Grundzugs aller Sprache, daß sie nämlich überhaupt und stets ein Handeln ist, Tätigsein des Menschen. Auch Feststellen ist ein Handeln. Alles Sprechen geschieht performativ, als aktives Vollbringen von solchem, was ohne das Sprechen nicht wäre. Wodurch freilich das Sprechen nicht aufhört, zugleich – und dies zeigt sich denn am Ende als ein ebenso durchgängiger Zug von Sprache – konstatierendes Sprechen zu sein[5]. Immer sagt Sprechen auch, was *ist*. Sprache kann, gerade insofern sie Sprachhandlung ist, nur sagen, was *geht*[6]. Das Sprechen als Handeln verfällt keineswegs einer Beliebigkeit. Daß Sprache nur sagen kann, was „geht" und insofern *ist*, bleibt aber selbst eingebettet in den Grundzug, dem gemäß Sprache Handeln bedeutet, Handeln des ganzen Menschen, der spricht und in seiner Sprache da ist; Handeln des ganzen Menschen, dem es in seinem Sprechen auf etwas ankommt, dem es in seinem Sprechen um etwas geht.

Soll man sagen, worin die Bedeutung der am Rande der Sprachanalytik in einer „linguistic phenomenology"[7] von Austin gemachten Entdeckungen besteht, so wird man sagen müssen, daß durch sie für ein konsequentes Weiterdenken sichtbar wird, daß es in der Sprache eben immer schon um das handelnde In-der-Welt-Sein des Menschen im ganzen geht. Was seit Wilhelm v. Humboldt[8], vollends aber durch Heidegger und in Weiterführung seines Gedankens durch Gadamer von der anderen Seite her deutlich wurde, daß Sprache nämlich die Selbstexplikation der geschichtlichen menschlichen Freiheit ist, erfährt hier seine von der Sprachanalytik ausgehende und über diese hinausführende Bestätigung. Sprechen bedeutet *handelndes Vollbringen* jeweils *des ganzen Menschen*, in welchem jeweils zum Vorschein kommt, *was ist*. In diese Einsicht kann dann durchaus auch Wittgensteins Modell des Sprachspiels als einer „Lebensform" integriert werden. Sprache entspringt als Sprachspiel, das jeweils eine Lebensform bedeutet. Das Sprachspiel aber stellt ein ganzheitliches menschli-

---

[5] How to do Things with Words, a.a.O. 144–145.

[6] A.a.O. 12ff. u. 144–145.

[7] So bezeichnet *Austin* sein eigenes Denken. Vgl. Philosophical Papers, a.a.O. 182.

[8] *Humboldts* These, daß Sprache in ihrem wirklichen Wesen „eine Tätigkeit (Energeia)" sei, muß hier verbunden werden mit seiner Einsicht, daß „in jeder Sprache eine eigentümliche Weltansicht" liege. Vgl. Werke, hrsg. von *A. Flitner – K. Giel* (Darmstadt 1963) III 418, 224.

ches *Handeln* dar, eine umfassende *menschliche Tätigkeit.* Von diesem Verständnis von Sprache aus könnte sehr wohl die für das abendländische Denken prägende und gerade hinsichtlich des Verständnisses biblischen Sprechens verhängnisvoll irreführende Maß-nahme jedes Sprechens an dem Aussagesatz[9] überwunden werden.

2. *Im Sprechen geht es dem Menschen um sich – und um alles*

Diese Erkenntnis, daß Sprechen jeweils ein Handeln des ganzen Menschen darstellt, muß nun freilich vertieft werden durch eine Besinnung auf die Intentionalität, die sich in solchem Handeln meldet. Austin stellt in seinen Vorlesungen am Ende fest, daß es eine sehr große Zahl von Sprachhandlungen gebe mit einer ebenso großen Zahl von Absichten, die diese Handlungen jeweils konstituieren[10]. Es liegt aber auf der Hand, daß eine solche bloße Feststellung der Vielfalt der Sprachhandlungen insofern unbefriedigend ist, als sich bloße Vielheit ohne den Bezug auf Einheit gar nicht denken läßt[11]. Alle Sprachhandlungen stellen eben doch *Sprache* dar. Und Austin hat denn allerdings auch schon bei der Erörterung der performativen Sprachhandlungen herausgearbeitet, daß bei diesen der Verbform der 1. Person Indikativ Aktiv Praesens eine zentrale Stellung zukommt. Fragt man sich nämlich, worin sich performative Sprachhandlungen von konstatierenden unterschieden, so stößt man auf die merkwürdige Tatsache, daß sich konstatierende Sprachhandlungen in allen Verbformen außer in der 1. Person Indikativ Aktiv Praesens ausdrücken lassen. Diese Verbform hingegen ist immer ein Hinweis darauf, daß wir es mit handelnd-vollbringender Sprache zu tun haben[12]. Gehen wir nun aber von der späteren Einsicht

---

[9] Vgl. dazu *F. Wiplinger*, Ursprüngliche Spracherfahrung und metaphysische Sprachdeutung, in: Die hermeneutische Frage in der Theologie, hrsg. von *O. Loretz – W. Strolz* (Freiburg i. Br. 1968) 46: „Die *bejahende oder verneinende Aussage* wird so zur *einzigen Weise des Wahr-sagens* ... zum alleinigen *Ort der Wahrheit* ..." Dazu, in welcher Weise geschehende Sprache als Handeln und Wahrheit zusammenhängen, vgl. auch die Studie von *W. Vossenkuhl*, Wahrheit des Handelns. Untersuchungen zum Verhältnis von Wahrheit und Handeln (Bonn 1974).

[10] Vgl. How to do Things with Words, a.a.O. 147f.

[11] Bei *Wittgenstein* entspricht der Vielheit der Sprachhandlungen die Vielheit der Sprachspiele. Diese weisen allerdings zuweilen „Familienähnlichkeiten" auf. Worin diese Ähnlichkeiten bestehen, wird von Wittgenstein nicht mehr thematisiert. Vgl. Philosophische Untersuchungen 67, in: Schriften I (Frankfurt a. M. 1960) 324.

[12] A.a.O. 57ff.

Austins aus, daß sich eine totale Trennung von konstatierender und handelnd-vollbringender Sprache gar nicht aufrechterhalten läßt, daß vielmehr alle Sprache immer schon handelnd-vollbringende Sprache sei, so zeigt sich, daß alle Sprache, insofern sie Sprachhandlung ist, *in einer gegenwärtigen Tätigkeit der 1. Person wurzelt.* Jede Sprache ist die Sprache eines Selbst, und zwar die Sprache eines Selbst, das in seinem Sprechen aktiv gegenwärtig ist. Dieses bildet die Sprachwelt aus, die sich am Ende formallogisch in „signifikativen Tautologien" kundgibt[13]. Es gibt keine „subjektlose Sprache"[14]. Vielmehr ist alles Sprechen letztlich immer schon das Sprechen eines Menschen, dem es als ihm selbst um etwas geht. Insofern ist die Sprache par excellence *der* internationale Akt. Fragen wir uns aber, worauf sich denn die Intention dieses Aktes richtet, dann können wir einerseits zur Antwort geben, daß sie sich im einzelnen durchaus auf vielerlei richtet. Es gibt die Vielfalt der Sprachakte als intentionaler Akte. Andererseits möchte aber doch zugleich das Selbst in allen Sprachakten zu *sich selbst* kommen. Es möchte in dem, was es sagt, als es selbst bestehen können. Ich möchte in dem, was ich sage, bestehen können, d.h., ich möchte als geschichtliches welterschließendes Selbst, dem es immer schon um alles geht, bestehen können. Das verbirgt sich hinter der alten Einsicht, daß es mir als dem Sprechenden letztlich um die Wahrheit geht. Wahrheit darf hier nur nicht zu eng gefaßt werden als bloße Übereinstimmung mit einem schon Vorgegebenen. Sondern wir müssen hier bis an den Ursprung von Sprache zurückgehen, an dem sichtbar wird, daß durch das handelnde Vollbringen des Sprechers überhaupt erst Sprache vollbracht wird, die *sehen läßt.* In diesem handelnden Vollbringen, welches Wirklichkeit erschließt, aber möchte ich bestehen können. Dieses handelnde Vollbringen soll sich *bewähren.* Es soll als das Äußerste und Umfassendste, welches durch mein geschichtliches Reden aufgeschlossen wird, bestehen können. Darum geht es mir. Als

---

[13] Vgl. zum Begriff der signifikanten Tautologien *I. T. Ramsey,* Religious Language (London 1957) 40ff. Im Grunde hat auch die Sprache ein „integratives Potential". Zum Begriff des integrativen Potentials in anderem Zusammenhang vgl. *B. Welte,* Der Kult in integrierten und fortschrittlichen Gesellschaften, in: Zeit und Geheimnis (Freiburg i.Br. 1975) 93ff.

[14] Allerdings haben die Wissenschaften auf einem bestimmten Niveau ihres eigenen Selbstverständnisses die Tendenz, ihr Sprechen als „subjectless" zu verstehen. Vgl. dazu *K. Popper* in: Criticism and the Growth of Knowledge, ed. by *I. Lakatos – A. Musgrave* (Cambridge 1970) 57.

zunächst vielfältigem, aber am Ende durch das sprechende Subjekt doch einfachem intentionalem Akt geht es der Sprache letztlich um ihre *Bewährung*. In diesem, die adaequatio intellectus et rei allererst fundierenden Sinn geht es dem Sprechenden um Wahrheit.

Und bereits hier meldet sich nun freilich eine eigentümliche Dialektik. Denn gerade diese Bewährung seines Sprechens, durch die er selbst zu seiner Identität findet, zu dem, was er will, kann der Sprecher nicht willkürlich oder beliebig *machen*. Er kann sie sowenig machen, wie er Erfahrungen einfach von sich her machen kann[15]. Vielmehr ist er darauf angewiesen, daß die wahre Sprache ihm *gelingt*. Daß dieses sich bewährende Sprechen gelingt, geschieht immer durch den Sprecher. Und es kommt ihm zugleich von dem anderen seiner, dem, *was* zu sagen ist, zu.

Deshalb kann er denn auch gar nicht sprechen (und darin sich selbst finden), ohne von sich wegzugehen – zu dem anderen seiner, zu dem, dessen Herr er nicht ist. Jedes Wort, das gesprochen wird, bedeutet insofern Selbstentäußerung. Es ist ein Zeichen der Bedürftigkeit des Sprechers. Und dies wird noch deutlicher, wenn wir darauf achten, daß das Sprechen als ein Handeln, in dem es dem Sprecher um sich und um alles geht, seine Bewährung zugleich nur finden kann als das *zwischen Menschen* gesprochene Wort.

3. Sprache geschieht zwischen Menschen

Hierin findet nämlich die Dialektik von Selbstentfremdung und Selbstentäußerung, die darin besteht, daß der Sprecher darauf angewiesen bleibt, *etwas* zu sagen, etwas, das wirklich *ist*, d.h., das sich bewährt, ihre Entsprechung. Sprache bewährt sich darin, daß sie prinzipiell verständlich ist. Sie zeigt, daß sie wirklich etwas sagt, darin, daß dies grundsätzlich nicht nur von mir, dem Sprecher, sondern auch von

[15] Das gegenwärtige Verständnis von Erfahrung ist einerseits bestimmt durch Kants Verständnis von Erfahrung, das Erfahrung von den apriorischen Denkformen abhängig macht. Vgl. dazu im Opus postumum: „Ich kann nicht sagen: ich *habe* diese Erfahrung, sondern ich *mache* sie mir" (Akademieausgabe XX, 444). Gegen dieses Verständnis von Erfahrung zieht andererseits der Empirismus zu Felde, und es war ohne Zweifel das Grundanliegen Wittgensteins, Erfahrung und Sprechen an das zu binden, was (von sich her) „der Fall ist". Zu der konkreten Priorität der geschehenden Erfahrung vgl. *B. Welte*, Erfahrung und Geschichte, in: Zeit und Geheimnis (Freiburg i.Br. 1975) 28–40.

dem anderen Menschen verstanden werden kann. Ja bei näherem Zusehen zeigt sich dies, daß zu dem *anderen* gesprochen wird, der nicht ich bin, überhaupt als die Ursprungssituation von Sprache. Um sprechen zu können, *bedarf* ich immer schon *des anderen*[16]. Erst hier in dem zwischen mir und dem anderen geschehenden Wort haben wir es mit dem ganzen Phänomen der Sprache zu tun, dem gegenüber jedes bloße „Bei-sich-Sprechen", jedes bloße Monologisieren sich als ein abkünftiges Phänomen erweist. Eine totale Privatsprache wäre keine Sprache mehr.

Es scheint mir nun wichtig, daß diese für das mit dem hermeneutischen Denken verwandte dialogische Denken grundlegende Einsicht durchaus auch in der Sprachanalytik ihren Ansatzpunkt hat. Denn zum einen wurde in der Diskussion zu Wittgenstein erkannt, daß Privatsprachen letztlich nicht möglich sind. Und zum anderen hat Austin in seinen Erwägungen über die Sprachhandlungen die zentrale Stellung der „illocutionary force" der Sprache erkannt. Jede als „total speech-act in the total speech-situation" sich zutragende Rede ist immer schon Anrede. Daß Sprechen als bloß lokutionärer Akt, d.i. als bloßer sprachlicher Inhalt, angesehen werden kann, kommt dadurch zustande, daß von dem ganzen Sprachgeschehen, das sich zwischen dem einen und dem anderen zuträgt, aus methodischen Gründen eine Dimension ausgeblendet wird. Und andererseits gründet die Möglichkeit, daß eine Sprachhandlung zur überredenden Sprachhandlung, zum perlocutionary act werden kann, sprachontologisch gesehen darin, daß ein solcher Akt zunächst ‚illocutionary act', Anrede, ist[17].

Ist grundsätzlich erkannt, daß „the total speech-act in the total speech-situation" immer die zwischen dem einen und dem anderen Menschen geschehende Sprache ist, dann ist damit auch schon das Verhältnis gesehen, in dem Sprache und *Gesellschaft* zueinander stehen. Daß sich Sprache zwischen mir und dem anderen Menschen zuträgt, besagt durch sich schon, daß ich zu dem anderen Menschen in Beziehung stehe. Jedes Sprachgeschehen artikuliert diese Beziehung, gibt ihr Inhalt und Sinn.

Die Beziehung zwischen Menschen als ihnen selbst ist aber der

---

[16] Vgl. hierzu *F. Rosenzweig*, Kleinere Schriften (Berlin 1937) 387.
[17] Vgl. How to do Things with Words 94–146. Außerdem meine Ausführungen in: Sprache und Theologie (Freiburg i.Br. 1975).

Ursprung von Gesellschaft. Die Gesellschaft kann man als die *gewordene* Beziehung zwischen Menschen verstehen. Und diese ist in einem eigenen Beharrungsvermögen, z.B. als das Ensemble von Machtverhältnissen, letztlich aber immer auch in Sprache da. Gerade die Gesellschaft kann als Sprachspiel und Lebensform beschrieben werden, in denen in umfassender Weise, was zwischen Menschen geschieht (und geschehen ist), als deren In-der-Welt-sein deutlich wird. Daher rührt denn ja auch das begründete Interesse neuerer Sozialtheoretiker an dem Phänomen Sprache[18]. Gesellschaft als Geschehen zwischen Menschen läßt sich selbst als Sprache, die zwischen Menschen geschieht, fassen. Und geschichtlich gesehen, geschieht Sprache auch immer nur im Medium schon vorhandener Gesellschaft. Das Herkommen, dessen die Sprache als geschehende Sprache immer schon bedarf, um geschehen zu können[19], ist ein zugleich sprachliches wie gesellschaftliches Herkommen. Jeder Mensch, der zu sprechen beginnt, steht schon in einer Sprachwelt, die sich zugleich als Manifestation einer Gesellschaft darstellt. Und umgekehrt ist jeder Versuch eines Menschen, als er selbst neu zu sprechen, auch schon der Versuch zu neuer Gesellschaft. Die antagonistischen Prozesse, die sich in einer Gesellschaft abspielen, die stets neuen Versuche zur Überwindung vergangener und entfremdeter Gesellschaft sind letztlich in Sprachhandlungen gründende Prozesse. Jeder, der als er selbst spricht, nimmt damit auch schon Stellung zu der Gesellschaft, in der er angetreten ist.

4. Sprache geschieht

In dem, was wir bis jetzt darlegten, stießen wir bereits ständig auf einen Grundzug von Sprache, der indessen eigens bedacht werden muß, und zwar gerade deshalb, weil er der für unser herkömmliches Verstehen von Sprache unauffälligste Grundzug ist. Sprache ist nicht immer schon vorhanden. Sondern Sprache *geschieht*. Die stillschweigende Voraussetzung aller ungeschichtlichen Sprachverständnisse, zu denen auch die bloß technischen Sprachverständnisse gehören, liegt darin, anzunehmen, Sprache liege in einer meta-physischen (oder säkulari-

---

[18] Verwiesen sei hier auf J. Habermas, N. Luhmann und, auf marxistischer Seite, A. Schaff.

[19] Vgl. dazu *B. Welte*, Zeit und Geheimnis 165.

siert eben: physischen) Ordnung immer schon und erschöpfend vor. Der Sprecher brauche also im Grunde dieser schon vorhandenen Sprache nur seine Stimme zu leihen oder seinen die Zeichen niederschreibenden Griffel.

Ist aber einmal erkannt, wie radikal die Sprache ein in der Geschichtlichkeit und Freiheit des Menschen gründendes Phänomen ist, dann ist auch deutlich, daß die Sprache des freien *Geschehens* bedarf, um zu *sein*. Damit ich sprechen kann, bedarf ich des *anderen* und der *Zeit*[20]. Dieses freie Geschehen von Sprache, in dem Sprache gründet, ist nun aber wiederum keineswegs ein willkürliches und vom Sprecher zu machendes Geschehen. Denn der Sprecher will ja sagen, was „geht", was sich bewährt und womit er bestehen kann. Das Geschehen von Sprache hat vielmehr seine eigene streng sachliche Notwendigkeit bei sich. Diese ist jedoch eine geschichtliche Notwendigkeit.

Ursprüngliche Sprache, die wirklich etwas zu sagen hat, ist immer *neue* Sprache[21]. Fragt man sich aber, wie neue Sprache als neue denn überhaupt möglich wird, so findet man sich zunächst vor der puren Unmöglichkeit. Woher soll, da die Sprachspiele doch schon stehen und funktionieren und jeweils auch umfassend sind, neue Sprache möglich werden? Und doch geschieht sie, d.h. aber, sie geschieht nicht von einer schon vorhandenen Möglichkeit her, sondern sie geschieht aus dem Nichts. Dieses Nichts ist das konkrete Nichts der schon vorhandenen Sprache. Aus dem Nichts geschieht plötzlich neue Sprache, die ihre eigene Möglichkeit mitbringt und nicht einem anderen verdankt. Sie geschieht frei – und so, daß die Freiheit des Sprechers von ihr ergriffen wird[22]. Und dann zeigt sich in der frei sich ereignenden und bewährenden Sprachhandlung die Wahrheit des jeweils Gesagten. Sprache zeigt sich so in ihrem Ursprung als Gabe, die gegeben *wird* und so ihre eigene Zeit mitbringt. Insofern sich die ursprüngliche Sprache derart frei zuträgt, weiß sie selbst um ihr Gegebenwerden, d.h., sie wohnt immer schon nahe am Nichts[23]. Sie ist, je mehr sie um dieses

[20] *F. Rosenzweig*, a.a.O.

[21] Vgl. dazu schon *F. Rosenzweig:* „Wer etwas zu sagen hat, wird es neu sagen. Er wird zum Sprachschöpfer. Die Sprache hat, nachdem er gesprochen hat, ein anderes Gesicht als zuvor" (a.a.O. 202); außerdem *B. Welte*, a.a.O. 165ff.

[22] Vgl. *M. Heidegger*, Unterwegs zur Sprache (Pfullingen 1959) 108: „weil das eigentlich Tragende uns sich erst *zu*-trägt".

[23] Vgl. dazu *P. Celan:* „... das Gedicht zeigt, das ist unverkennbar, eine starke Neigung zum Verstummen. Es behauptet sich ... am Rande seiner selbst; es ruft und holt sich,

Problem ihres Ursprungs weiß, *hörende* Sprache, da sie sich selbst gegenüber skeptisch bleibt. Der Sprecher solcher Sprache weiß, daß sich ihm das, was er sagt, entbirgt, daß es ihm „aufgeht". Und er weiß zugleich auch darum, daß solche Entbergung, insofern sie *geschieht*, nicht alle Entbergung ist, ja vielleicht zugleich auch Verbergung bedeutet. Denn sonst müßte er nicht mehr hören. Sonst bedürfte er, um zu sprechen, fürderhin weder des anderen noch der Zeit. Derart geschichtlich geschieht ursprüngliche Sprache.

Es ist nun auffällig, daß gerade zu diesem Zug von Sprache die Sprachanalytik, auch die Austinscher Prägung, praktisch keinen Zugang hat. Die Faktizität von Sprache wird hier vielmehr immer schon vorausgesetzt und nicht weiter bedacht. Dies dürfte denn auch ein Haupthindernis sein, vom Boden der Sprachanalytik aus das *Proprium* des Sprechens Jesu zu erfassen. Und es erscheint konsequent, daß ein Denker wie J. T. Ramsey, der als Theologe der Sprachanalytik zu antworten versuchte, dabei bald auf das zentrale Phänomen der „disclosures" stieß, nämlich der Erschließungen, durch die uns im ganzen etwas neu und unvermutet aufgeht[24]. Solche Erschließungen, die sich sprachlich denn auch in den sog. signifikanten Tautologien manifestieren, ermächtigen uns im Grunde erst zu neuer, ursprünglicher, umfassender Rede. Sie ermächtigen den einzelnen Sprecher dazu. Und sie ermächtigen eine Gemeinschaft von miteinander Sprechenden, eine „Kommunikationsgemeinschaft" zu einer neuen, ursprünglichen, die Wirklichkeit neu erschließenden (und sich bewähren müssenden) Sprache.

Solche Erfahrungen, durch welche die Sprechenden selbst in einem umfassenden Sinn neue Sprecher werden, kann man denn auch in einem ursprünglichsten Sinn *Erfahrungen* nennen.

---

um bestehen zu können, unausgesetzt aus seinem Schon-nicht-mehr in sein Immer-noch zurück" (in: Der Meridian, zitiert aus: Über die Sprache. Erfahrungen und Erkenntnisse deutscher Dichter und Schriftsteller des 20. Jahrhunderts, hrsg. von *K. Daniels* [Bremen 1966] 273).

[24] Vgl. dazu Religious Language; außerdem: Facts and Disclosures, in: Proceedings of the Aristotelian Society 72 (1971/72) 115–133. Sehr früh hat der Moralphilosoph *R. M. Hare* den Begriff des „blik" in die theologische Diskussion einzubringen versucht. Vgl. Theology and Falsification, in: *A. Flew – A. McIntyre* (ed.), New Essays in Philosophical Theology (London 1961) 99ff. Sowohl „disclosure" wie „blik" weisen, phänomenologisch gesehen, eine gewisse Ähnlichkeit mit Heideggers „Ereignis" auf. Jedoch bedürfen beide Begriffe einer gründlichen sprachphänomenologischen Ausarbeitung.

5. *Die freie und appellative Vermittlung ursprünglicher Sprache*

Die Frage ist nun freilich, wie solche frei sich bewährende und zuinnerst mit dem Selbst des Sprechers verbundene, weil durch ihn geschehende Sprache kommunikativ vermittelt werden kann. Denn insofern solche Rede geschieht, geschieht sie zunächst für den, der spricht. Was sich erschließt, erschließt sich zunächst dem Sprecher, der es zu Wort bringt, wenngleich es zugleich Wort nur dadurch ist, daß es, grundsätzlich jedenfalls, von anderen verstanden werden kann. Gerade aber wie solches Verstehen von ursprünglicher und neuer Sprache zustande kommt, bleibt rätselhaft. Denn es kann ja wesensmäßig nicht aus einem schon Gegebenen abgeleitet werden. Sonst wäre das umfassend neue Wort nicht das neue Wort. Was neu aufgeht, geht eben nicht in einem schon bekannten Horizont auf, sondern bringt selbst seinen Horizont als einen ganz neuen mit. Dennoch geschieht Verstehen. Und es hat dann die gleiche Ursprünglichkeit bei sich wie das erste Aufgehen einer Erschließung, einer umfassenden Einsicht, die sich dem einzelnen aufdrängt und in ihm zu Wort meldet.

Insofern solches Verstehen der fremden, ursprünglichen, umfassenden Sprachhandlung tatsächlich geschieht, wird man mit K.O. Apel davon sprechen können, daß „mit der Erlernung einer Sprache ... prinzipiell die *Kompetenz* ... zur *Kommunikation* mit allen anderen Sprachspielen miterworben“[25] wird. Diese Kompetenz bringt zugleich mit sich, daß der einzelne Sprecher selbst auf sein eigenes ursprüngliches Sprechen kritisch reflektieren kann mit der Frage: „Was habe ich da eigentlich gesagt? Was ist mir da aufgegangen?“ Diese Kompetenz beinhaltet aber keinen Metahorizont, der alle möglichen Sprachgeschehnisse schon überspannte. Sondern sie besagt nur, daß der geschichtliche Mensch je wieder neu verstehen kann, wenn und insofern eine neue, umfassende Erschließung ihm im Sprechen des anderen Menschen begegnet.

Was der andere derart sagt, *kann* ich sehen, aber ich *muß* es nicht sehen, d. h., das Verstehen des ursprünglichen und neuen Wortes zeigt sich als ein Akt der Freiheit, weil eben als ein zutiefst menschlicher Akt; was freilich gerade nicht heißt, daß dieser Akt den Charakter der Beliebigkeit an sich trüge.

[25] Handbuch philosophischer Grundbegriffe, hrsg. von H. Krings – H. M. Baumgartner – Ch. Wild (München 1974) 1396.

Es ist aufschlußreich, daß Wittgenstein, der in den „Philosophischen Untersuchungen" die Vielzahl der faktischen Sprachspiele offenbar ohne jede Vermittlung einfach nebeneinander liegen läßt, in einer früheren Phase seines Denkens durchaus gesehen hat, daß es Akte des Verstehens gibt, die durchaus frei sind und doch gerade nicht beliebig. Was ich in ästhetischen oder ethischen Urteilen vorbringe, z. B. hat die sachliche Strenge bei sich, die mit der eines „mathematical problem" verglichen werden kann. Was sich hier erschließt, ist in sich von einer strengen Sachlogik. Dennoch kann ich den anderen nicht zwingen, es einzusehen. Denn was sich hier zeigt, zeigt sich umfassend. Ich kann es nur bei sich selbst verstehen. Es ist nicht Teil eines größeren Ganzen, durch das ich in es hineinkommen könnte. Folglich kann ich an den anderen nur appellieren, „zu sehen, was ich sehe". Das Argumentieren im Bereich ethischer und ästhetischer Urteile hat den Charakter des Argumentierens vor einem Gerichtshof. Man argumentiert dort durchaus. Man macht Zusammenhänge sichtbar. Man trägt „reasons" vor. Aber dies alles geschieht appellativ – „hoping, that in the end, what you say, will ‚appeal to the judge'"[26].

In ähnlicher Weise hat die Dichtung einen appellativen Charakter. Wie Wolfgang Iser einläßlich gezeigt hat, bildet Dichtung die Wirklichkeit nicht ab, sondern „hält Einsichten in die Wirklichkeit parat". Diese Einsichten, die umfassende Einsichten sind, haben einen appellativen Charakter[27]. Sie wollen vom Hörer und Leser frei und aktiv ergriffen werden. Und sie können gar nicht anders ergriffen, d. h. mitvollzogen und verstanden, werden.

6. Die Überschreitbarkeit von jeweiliger Sprache

Dies führt uns nun aber auf ein Problem, das gerade im Zusammenhang mit dem Sprechen Jesu von höchstem Interesse ist. Denn in jenem freien Geschehen und Verstehen von geschichtlicher Sprache wird ja grundsätzlich nichts weniger sichtbar als dies, daß Sprache als geschichtliche Sprache jeweils überschreitbar ist in neue Sprache hinein. Hinsichtlich der einzelnen umfassenden Sprachhandlung und Sprach-

[26] Die Ausführungen *Wittgensteins,* auf die wir uns beziehen, sind abgedruckt in: Mind 1955, 17–20. Vgl. dazu auch meine Darlegungen in: Sprache und Theologie.
[27] Vgl. *W. Iser,* Die Appellstruktur der Texte (Konstanz 1971) 11.

welt heißt dies aber, daß es in der Tat immer noch ein „Über-sie-Hinaus“ gibt oder geben kann. Dies konvergiert mit der Beobachtung, die wir bereits machten, daß Sprache, gerade insofern sie ihres geschichtlichen *Gegeben*werdens eingedenk ist, nahe am Nichts wohnt.

Nun ist die Tatsache, daß eine Sprachwelt von der anderen abgelöst wird, daß Sprache im ganzen stets neu wird, an sich ein dem geschichtlichen und hermeneutischen Denken vertrautes Phänomen. Und die „Philosophischen Untersuchungen“ Wittgensteins sind immerhin bis zu der Erkenntnis der Pluralität der faktischen Sprachspiele vorgestoßen. Man muß sich aber fragen, ob, sei es nun nur in ihrem faktischen Vorliegen, sei es in ihrem Einander-sich-Ablösen, die umfassenden Sprachhandlungen als Sprachwelten einfach nur in einer Ebene gleichgültig vorliegen oder ob nicht vielmehr diese geschichtliche Pluralität das Problem der Einheit der Sprachen zum Vorschein bringt; oder vielleicht sollten wir besser sagen: das Problem der Mitte, von der her erst alle Sprachen etwas sagen.

Gerade die Entdeckung der Geschichtlichkeit der Sprachen hat für die neuere Sprachphilosophie die Frage dringend werden lassen, woher es denn komme, daß dennoch Verstehen jeweils der anderen Sprache möglich sei. Jedes ursprüngliche Sprechen und jedes ursprüngliche Verstehen werden jeweils nur gegeben aus dem Nichts ihrer selbst. Sie erscheinen scheinbar nur durch sich selbst – grundlos. Und dennoch können ursprüngliche Sprache und ursprüngliches Verstehen ihrerseits wieder von anderen ursprünglich Sprechenden verstanden werden. Dies hat K. O. Apel zu der Behauptung veranlaßt, es müsse, damit überhaupt gesprochen und verstanden werden könne, ein „im normativen Sinn ideales Sprachspiel einer ‚idealen Kommunikationsgemeinschaft‘“ als „*Bedingung der Möglichkeit* und *Gültigkeit*“ des Sprechens „als eines sinnvollen Tuns“ vorausgesetzt werden[28]. Und Walter Benjamin hat aus der Erfahrung des Übersetzens heraus, die sich ja mitten in diesen Vorgang des Verstehens des anderen als des anderen durch mein Eigenes hineinbegibt, von einem letzten, endgültigen und entscheidenden Stadium aller Sprachfügung gesprochen, auf dem jede Übersetzung „wenigstens hindeutet als auf den vorbestimmten, versagten Versöhnungs- und Erfüllungsbereich der Sprachen“[29].

---

[28] Handbuch philosophischer Grundbegriffe, a. a. O. 1397.
[29] Schriften I (Frankfurt a. M. 1958) 47–48.

Nun dürfte es deutlich sein, daß sowohl der Begriff Apels wie das Bild Benjamins nichts als einen formalen Verweis darstellen. Denn eben jene Sprache, in welcher die Eintracht aller Sprachen hergestellt wäre, gibt es als eine geschichtliche Sprache nicht. Jedoch hilft uns der formale Verweis Apels und Benjamins, den Charakter geschichtlichen Sprechens besser zu erfassen. Alles geschichtliche Sprechen, das als ursprüngliches nahe am Nichts wohnt, bleibt nämlich hinter dem, was es eigentlich will, auch zurück. Es offenbart nicht nur, sondern es weiß zugleich, daß es das, was es offenbaren will, auch verbirgt; weil es dies, das überhaupt zu Sagende, nämlich nicht vollständig erreicht, sondern auch daran vorbeigeht. Gerade das Sprechen, das seines Gegebenwerdens eingedenk ist, weiß, daß das, was gesagt wird, möglicherweise noch anders und auch tiefer, umfassender, gemäßer gesagt werden könnte. Insofern weiß ursprüngliches Sprechen darum, daß es sich einem es Transzendierenden verdankt. Und daher kommt es dann, daß ernsthaftes, ursprüngliches Sprechen aus dem Schweigen kommt und zum Verstummen neigt[30], ja daß ernsthaftes Sprechen zuweilen in jenes Verstummen des Lord Chandos verfallen kann, der nach jener Sprache suchte, die „weder die lateinische noch die englische, noch die italienische und spanische ist, sondern eine Sprache, von deren Worten mir auch nicht eines bekannt ist, eine Sprache, in welcher die stummen Dinge zu mir sprechen und in welcher ich vielleicht einst im Grab vor einem unbekannten Richter mich verantworten werde“[31].

Meiner Ansicht nach ist das ganze Werk Wittgensteins hintergründig von diesem Reden aus dem Schweigen und dem Verstummen gezeichnet. Darauf geben nicht nur die letzten Sätze des Traktates einen Hinweis und die „Lecture on Ethics“, die sagt, daß das entscheidende Wort, könnte es gesagt werden, alle Bücher der Welt in die Luft sprengen und überflüssig machen würde[32], sondern davon gibt m. E. auch der fragmentarische, bewußt unsystematische Charakter des Werkes Wittgensteins Zeugnis. Wenn Wittgenstein zu Beginn des II. Teiles der „Philosophischen Untersuchungen“ feststellt, daß nur ein Wesen, das sprechen könne, auch hoffen könne, so könnte darin eine

30 Vgl. oben.

31 *H. v. Hofmannsthal*, Ein Brief, abgedruckt in: Über die Sprache, hrsg. von *K. Daniels* (Bremen 1966) 590.

32 Vgl. *L. Wittgenstein*, A Lecture on Ethics, in: The Philosophical Review 74 (1965) 3–13.

sehr grundlegende Einsicht liegen[33]. Diese würde besagen, daß mit dem Geschehen von Sprache („dieser komplizierten Lebensform“) und durch es auch immer schon die Erfahrung des hoffenden Sichausstreckens nach dem Neuen, noch nicht Eingetretenen gegeben wird.

Der ernsthaft Sprechende weiß einerseits darum, daß er das, was er sagt, sagen muß und verantwortet sagt. Aber gerade darum hofft er auch, daß dies aufgehoben sein möchte in dem, was überhaupt und am Ende zu sagen wäre und was in seiner Fülle rein in der Kommunikation zum Vorschein kommen sollte. Dies freilich kann jetzt nicht – und in der Geschichte vielleicht nie – gesagt werden.

Dichter haben diese Erfahrung zuweilen rein ausgesprochen.

Das Wort, das einzige! Immer suche ich's,
das wie Sesam die Türen der Berge öffnet,
es, durch die gläsern gewordenen Dinge blickend
ins Unsichtbare –
...
Du Wort, einziges, allen Wörtern unähnlich und gemeinsam,
ich vernehme dich in den Farben, horche auf dich im
  Anblick des Laubs,
wie liegst du mir auf der Zunge!
Du, das ich gekannt habe,
du, dessen ich teilhaftig war,
du, das im Schallen des Ohrs ganz nahe ist –
dennoch faß' ich dich
niemals, niemals, niemals![34]

Diese Grenze, an der die ernsthafte, ursprüngliche Sprache lebt, läßt den Sprechenden dennoch jeweils wieder hoffen, diese Grenze zumindest insofern zu überschreiten, als ihm neues Verstehen und eine neue Sprache möglich werden. Und er macht solche Erfahrungen des Sichselbst-Überschreitens in jeweils neue und womöglich wesentlichere Sprache hinein ja auch. Diese Hoffnung befähigt ihn letzten Endes dazu, auf den anderen im Ernst zu hören.

---

[33] Schriften I, 485: „Man kann sich ein Tier zornig, traurig, freudig, erschrocken vorstellen. Aber hoffend? Und warum nicht?... Kann nur hoffen, wer sprechen kann? Nur der, der die Verwendung einer Sprache beherrscht, d. h., die Erscheinungen des Hoffens sind Modifikationen dieser komplizierten Lebensform.“

[34] *G. Eich*, Fragment, abgedruckt in: Über die Sprache, hrsg. von *K. Daniels* (Bremen 1966) 598–599.

Bringt man in Anschlag, daß Sprache immer Sprachhandlung und Lebensform bedeutet, so wird man zudem ernst nehmen müssen, daß In-einer-Sprache-sein auch immer schon heißt ein bestimmtes gesellschaftlich vermitteltes Leben leben. Solches Leben aber findet sich in vielfacher Weise nicht nur als zeitliches, sondern auch als *entfremdetes* Leben vor. Sprache kann gewaltsam verdeckende, den Willen zur Macht durchsetzen wollende und den Menschen in Borniertheiten gefangenhaltende Sprache sein. Und sie ist das faktisch in den konkreten geschichtlichen Umständen. Sie kann gerade in anspruchsvollen Formen, z.B. als Ideologie, die Wahrheit nachhaltig unterdrücken und hintanhalten – damit aber auch das Leben der Sprechenden von seinen wahren Möglichkeiten abschneiden. Deshalb erscheint zu Recht bei Denkern, die vornehmlich von der Gesellschaftlichkeit der Sprache her denken, jene innere Mitte, die das eigentliche Worumwillen des Sprechens ausmacht, in der Figur des „herrschaftsfreien Dialogs", in dem alles, was gesagt würde, dadurch auch schon ganz wahr wäre[35]. Aber auch diese Gedankenfigur stellt offensichtlich zunächst einmal einen formalen Verweis dar auf eine in der Geschichte nicht oder allenfalls nur in Spuren gegebene Weise des Sprechens, in der die Wahrheit als Wahrheit des gesellschaftlich-sprachlichen Daseins rein und unverstellt zum Vorschein kommen könnte.

7. Die Bedeutungsschwere von Sprachhandlungen

Weil der Sprechende in seinem Sprechen sich aber derart dem Geschehen des Sprechens verdankt und in diesem Geschehen auch schon ein Hoffender ist, können bestimmte Sprachhandlungen *mehr* als andere sagen. Sie können im Gefüge der gesprochenen Sprache den Charakter bedeutungsschwerer Sprachhandlungen gewinnen. Weil die Sprache letztlich aus *einer* Wurzel aufsteigt, nämlich der Wurzel des geschichtlichen Menschseins, dem es in seinem Sein um das Sein selbst geht[36], können in der Fülle der Sprachhandlungen bestimmte Sprachhandlun-

[35] Zur Theorie des herrschaftsfreien Dialogs oder der „idealen Sprechsituation" vgl. *J. Habermas* in: *J. Habermas – N. Luhmann*, Theorie der Gesellschaft oder Sozialtechnologie (Frankfurt a.M. 1971) 136ff, und früher schon *J. Habermas*, Technik und Wissenschaft als Ideologie (Frankfurt a.M. 1968) 164.
[36] Vgl. *M. Heidegger*, Sein und Zeit (Tübingen [6]1949) 12ff.

gen zu entscheidenden und enthüllenden Sprachhandlungen werden, in denen ans Licht kommt, wie es im ganzen um einen Menschen steht oder auch worum es einem Menschen im ganzen geht. Beides aber ist immer schon gesellschaftlich, in der Kommunikation da.

Wer aufmerksam auf die gesprochene Sprache hört, wird leicht feststellen, daß es in ihr Sätze gibt, Worte, zuweilen auch kurze Geschichten, Erzählungen, die eine ausgezeichnete Bedeutung erlangen, die unvergeßlich sind und weit über alles andere Gesagte hinausragen. Alles andere, was gesagt wird, scheint sich dann um solche bedeutungsschweren Worte wie um einen Kern zu gruppieren. Das, was hier gesagt wird, hat *vor allem* Bedeutung, vor allem anderen und für alles andere. Es orientiert alles andere[37].

Man kann zu solchen Sprachhandlungen die von J. T. Ramsey beschriebenen signifikanten Tautologien rechnen, aber auch die durch Deutlichkeit (sapheneia) ausgezeichneten bedeutungsschweren Worte der Dichtung, auf die Schadewaldt aufmerksam gemacht hat[38]. Und man wird hier auch an die Beobachtung Wittgensteins erinnern dürfen, daß nämlich der Oberflächengrammatik von Sprache zumeist eine von ihr zu unterscheidende Tiefengrammatik zugrunde liegt[39]. Bedeutungsschwere Worte sind Worte, in denen sich die Tiefengrammatik einer Sprache zu Wort meldet, die Bedeutungstiefe, die Sprache haben kann[40].

Fragt man sich nun, wodurch solche bedeutungsschwere Rede sprachontologisch gekennzeichnet ist, so wird man einmal sagen dürfen: durch die *Nähe zum Ursprung*. In bedeutungsschwerer Rede kommt der Ursprung als das anfängliche Geschehen, aus dem ein ganzes Sprachspiel aufsteigt, wie in *einem* zum Vorschein. Dies gilt besonders

---

[37] In den bedeutungsschweren Worten entwickelt die Sprache ein „integratives Potential". Zum Begriff des integrativen Potentials in anderem Zusammenhang vgl. *B. Welte*, Zeit und Geheimnis (Freiburg 1975) 93ff.

[38] *W. Schadewaldt*, Das Wort der Dichtung. Mythos und Logos, in: Wort und Wirklichkeit, hrsg. von der Bayerischen Akademie der Schönen Künste (München 1961) 90ff. Nach Schadewaldt kann man solche Worte mit dem üblichen Begriff „symbolisch" nicht fassen. Was solche Worte konstituiert, ist vielmehr „*Repräsentation*, *Anwesenheit*, *Parusie* eines höheren umfassenderen Seins und Waltens" (a. a. O. 106).

[39] Philosophische Untersuchungen 664.

[40] *B. Welte* hat in „Zeit und Geheimnis" 172–173 auf solche Bedeutungstiefe aufmerksam gemacht. Vgl. auch meine Ausführungen zu der Bedeutungstiefe von Sprache in: Sprache und Theologie (Freiburg 1975) 123ff.

auch dann, wenn es sich in der bedeutungsschweren Rede um zukunftseröffnende Rede handelt[41].

Man wird zum andern aber sehen müssen, daß solche bedeutungsschwere Rede sehr häufig nicht nur den Ursprung des jeweiligen Sprachgeschehens zum Vorschein bringt, sondern mit jener *Hoffnung* zu tun hat, die wir gerade in jener Sprache, die ihres Ursprungs eingedenk ist, wahrnahmen. Wenn die Sprache immer schon auch aus der Hoffnung auf jene letzte innere Mitte lebt, von der her sie erst reine Sprache in ihrer Fülle und „herrschaftsfreier Dialog", nicht mehr entfremdete Sprache, sein könnte, dann kann es Sprachhandlungen geben, die gerade im Licht dieses Gerichtetseins von Sprache zu bedeutungsschweren Sprachhandlungen werden. Solche Sprachhandlungen wird man *offenbarende* Sprachhandlungen im biblischen Sinne nennen dürfen.

Es scheint mir nun hilfreich, solche Sprachhandlungen von vornherein *bedeutungsschwere erschließende* Sprachhandlungen und nicht symbolische oder allegorische Sprachhandlungen zu nennen. Sowohl der Begriff des Symbols wie der Begriff der Allegorie, die aus dem Kontext des griechischen Denkens stammen, können die Vorstellungen nahelegen, es handle sich bei solcher Sprache um Sprache, die etwas verschlüsselt wiedergibt, was auf einer anderen Ebene unverschlüsselt gesagt werden könnte. Demgegenüber kommt aber alles darauf an, zu begreifen, daß solche bedeutungsschwere Sprache das, was sie sagt, durch sich selber sagt und erschließt – und daß es auch gar nicht anders und besser gesagt und erschlossen werden kann. Was bedeutungsschwere Sprache sagt, erschließt sich in ihr, ihrem konkret geschichtlichen Geschehen. Es erschließt sich durch die geschichtliche Sprachhandlung, die von ihrem eigenen Ursprung Zeugnis gibt. Denen freilich, die den Sinn solcher Rede nicht oder noch nicht erfassen, die in dem notwendig freien, appellativen Geschehen von Sprache auf solche bedeutungsschwere Rede nicht eingehen, erscheint diese als Rätsel. Und sie muß ihnen als Rätsel erscheinen. Denn gerade die bedeutungsschwere Rede hat „ihre Zeit". Sie ist nur da im Geschehen, in Anruf und Antwort.

---

[41] Als Beispiele mögen hier stehen: die revolutionäre Parole, die neue Möglichkeiten schaffende Zusage der Freundschaft, der persönlichen, der ehelichen Treue, der Bericht von einer vernichtenden Niederlage oder einem „Sieg" „unseres Heeres" usf.

III. DAS SPRECHEN JESU

Von den Grundzügen von Sprache her, die sich uns zeigten, fällt nun aber Licht auf das Sprechen Jesu.

1. Denn dann kann etwa angesichts der Einsicht in den grundsätzlich performativen Charakter von Sprache Jesu Reden nicht einfach als Reden *von* etwas oder Reden *über* etwas verstanden werden, sondern man wird sehen müssen, daß Jesu Reden in sich selbst Handeln bedeutet, und zwar in einem umfassenden und grundlegenden Sinn. Das abendländische Denken, das unter der Vorherrschaft der Theorie steht, neigt dazu, Jesu Reden als Reden *von* etwas, z. B. *von* der Herrschaft Gottes, zu begreifen. Dazu mag beigetragen haben, daß Jesus in der christlichen Rezeptionsgeschichte früh als „der Lehrer" im griechisch-hellenistischen Sinn verstanden wurde[42]. Austins Sprachphänomenologie läßt uns aber in einer ganz neuen Weise Zugang zu der Einsicht gewinnen, daß und wie Jesu Sprechen in seiner Wurzel Handeln bedeutet – Handeln, dem es auf etwas ankommt. Jesus nimmt durch seine Sprachhandlungen seine Hörer bei der Hand, um sie in eine neue Wirklichkeit hineinzuführen. Durch diese Intentionalität ist die Tiefengrammatik seines Sprechens bestimmt.

Daß in den biblischen Texten Reden und Handeln in einem anderen Verhältnis stehen als in Texten sonst, ist immer schon bemerkt worden. Die von der Differenz von konstatierender und performativer Sprache ausgehende Sprachphänomenologie Austins bietet meiner Ansicht nach aber sehr gute Ansatzpunkte, dieses spezifische Verhältnis von Reden und Handeln, das biblische Texte jeweils (und zwar durchaus nicht immer in der gleichen Weise) ausmacht, klarer zu fassen. Daß dabei, auch innerhalb der Vielfalt biblischer Texte selbst, im Reden Jesu der Handlungscharakter von Rede noch einmal besonders deutlich und in einer besonderen Weise zutage tritt, darf dabei vermutet werden. Ein schönes Beispiel dafür, in welcher Weise Jesu Reden Handeln bedeutet, bietet uns das Gleichnis von den ungleichen Söhnen, das Rudolf Pesch in diesem Bande auslegt. Es kommt Jesus auf etwas an. Das macht die Tiefengrammatik dieser Sprachhandlung des Gleichniserzählens aus[43].

---

[42] Vgl. *J. Kollwitz*, Das Christusbild des dritten Jahrhunderts (Münster 1953).
[43] Vgl. unten 153f., 156, 167, 169f., 188.

2. Und zwar kommt es Jesus als ihm *selbst* in umfassender Weise auf etwas an. Worauf es Jesus ankommt, dies kommt nicht anders als durch ihn selbst zur Sprache. Es ist *seine* Sache. Es liegt nicht schon irgendwo gleichsam vorformuliert bereit und wird nun nur aus der Vergessenheit hervorgezogen. In diesem Sinne ist die Wahrheit Jesu keine 'α-λήθεια. Vielmehr tritt das, worauf es hier ankommt, erst *durch* Jesus, und zwar ganz und gar durch ihn selbst, in das Dasein. Jesu Sprechen ist ganz und gar Sprechen eines Selbst. Jesus sagt nicht „etwas", sondern er sagt *sich*.

Die ἐγώ-εἰμι-Sätze des 4. Evangeliums[44] wollen, so darf vermutet werden, vermittelt durch die Rezeption der Gemeinde und des Evangelisten, darauf mit allem Nachdruck hinweisen. Was hier neu geschieht, geschieht rein und ursprünglich durch dieses ἐγώ. Und auch die Bemerkung des Volkes bei den Synoptikern, hier rede „einer in Vollmacht"[45], deutet ja wohl darauf hin, daß im Unterschied zum Reden jener, die nur schon Vorhandenes weiter auslegten, Jesu Reden als Reden aus eigenem, von der Sache Gottes her mit Vollmacht versehenem Ursprung erfahren wurde.

In welcher Weise Jesu Sprechen das Sprechen eines Selbst ist, kann konkret wieder an der Sprachhandlung des Erzählens des Gleichnisses von den ungleichen Söhnen abgelesen werden. In dem Außerordentlichen und Ungewöhnlichen des Verhaltens des Vaters bringt „sich Jesus selbst zur Sprache; aber so, daß er Gott zur Sprache bringt"[46].

3. Dies bedeutet nun freilich nicht, daß Jesu Sprechen, durch das er sich sagt, nicht zugleich, wie jedes menschliche Sprechen, in einem zwischenmenschlich-dialogischen und d.h. immer auch schon geschichtlich-gesellschaftlichen Zusammenhang geschähe. Es entspringt im Kontext einer Sprach- und Lebenswelt, die schon gegeben ist. Es spricht im Gefüge einer gesellschaftlichen Umwelt, die so ist, wie sie ist. Es nimmt die Denkweisen und spezifischen Sprachhandlungen dieser bestimmten geschichtlichen Welt, der es sich durchaus auch verdankt, auf. Allerdings nimmt es sie dialogisch auf, nämlich derart, daß durch solches Sprechen im Hinblick auf die geschichtlich-gesellschaftliche Sprachwelt und ihre Sprachhandlungen, die Lebensformen sind, *Neues* geschieht. Die Frage nach den Adressaten eines bestimmten

---

[44] Joh 8,12; 10,7; 10,10; 10,11; 11,25; 15,1.

[45] Mt 7,29; Mk 1,22; Lk 4,32. [46] Vgl. unten 185.

Textes des Evangeliums ist den Exegeten seit langem vertraut. Ich möchte hier aber darauf aufmerksam machen, daß diese Frage nicht nur eine Frage im Sinn einer zuschauenden Hermeneutik sein kann. Vielmehr kommt man in das spezifische Ganze dessen, was im Reden Jesu geschieht, überhaupt erst hinein, wenn man es als geschehende Sprachhandlung zwischen Jesus und den Adressaten und deren Lebensformen begreift. Es geschieht zwischen Jesus und den Adressaten seiner Rede etwas, und zwar etwas, das von unbedingter Bedeutung ist. *Was* zwischen ihnen geschieht, macht *alles anders*. Daß sich das, was hier geschieht, in den Gleichnissen Jesu häufig wiederum in dem Verhältnis zwischen Menschen ausspricht[47], kommt nicht von ungefähr. Denn das Entscheidende geschieht auch schon immer zwischen Menschen.

4. Dabei ist nun darauf zu achten, daß gerade das Reden Jesu seine *eigene Möglichkeit* erst *mit sich bringt*. Jesu Sprechen ist ursprüngliches Sprechen in dem Sinn, daß das, was hier durch Sprachhandlungen in die Wirklichkeit tritt, das Unerhörte ist; das, was vorher niemand sagte. Ursprüngliche Sprache, so haben wir gesehen, wohnt immer „nahe am Nichts". Sie ist ihres Gegebenwerdens eingedenk. Sie erschließt sich aus dem Schweigen als das, was nun ganz neu und ursprünglich gesagt werden kann. Sie erschließt sich als das, was *nun* geschieht und seine eigene Zeit mitbringt. Wenn wir vorhin bei der Erörterung der Zeitlichkeit von Sprache auf Ramseys Begriff der „disclosure" hinwiesen und bemerkten, hier sei ein Ansatz, der die Sprachanalytik zu einem geschichtlichen Denken weiterführen könne, so ist jetzt die Stelle zu markieren, an der dieser Ansatz für das sprachphänomenologische Verständnis des Sprechens Jesu fruchtbar werden könnte. In Jesu Reden geht ursprünglich das Dasein neu auf, und zwar durchaus in der von Ramsey beschriebenen Discernment-commitment-Struktur. Das, was im ganzen und das ganze Dasein und alle seine Verhältnisse betreffend neu aufgeht, wird von einem Selbst ergriffen und zur Sprache gebracht. Wenn uns die Exegese zeigt, daß ein wesentlicher Teil der Sprachhandlungen Jesu darin besteht, daß er selbst in ein liebendes Zuvorkommen einstimmt und appellierend dazu auffordert, in das liebende Zuvorkommen Gottes durch die Umkehr einzu-

---

[47] So das Gleichnis von den ungleichen Söhnen, das vom barmherzigen Samariter, das von den Arbeitern im Weinberg, das vom großmütigen König und dem unbarmherzigen Knecht usf.

stimmen[48], dann können wir daran leicht die Strukturen von sich in discernment und commitment vollziehender Erschließung wiedererkennen. Diese wären allerdings gerade hinsichtlich ihres Verhältnisses zu Zeit noch genauer zu untersuchen.

Hingewiesen werden darf hier auch auf das eigentümliche Verhältnis, in welchem die Sprachhandlung der *Erzählung* zu sich ereignender Zeit steht. In der Erzählung und durch die Erzählung geschieht unvorhergesehen Neues – im ausgezeichneten Fall im umfassenden Sinn Neues. Es kommt deshalb nicht von ungefähr, daß das, was in Jesus geschehen ist, bekennend *erzählt* werden muß, will man ihm gerecht werden und will man es weitergeben[49]. Und es kommt auch nicht von ungefähr, daß Jesu Sprechen, das sich als proklamatorisch-kerygmatische Sprachhandlung, etwa in der Bergpredigt oder in den Streitreden, vollzieht, andererseits in den Gleichnissen selbst zur erzählenden Sprachhandlung wird. Man wird Weinrich recht geben dürfen, wenn er die Gleichnisse Jesu als „fiktionale Erzählungen" begreift[50]. Aber was heißt hier Fiktion? Die Fiktion ist hier die neue Wirklichkeit, die sich als Möglichkeit für menschliches Dasein zuträgt und in Jesu Dasein schon Wirklichkeit hat.

5. Dem Hörer, dem Adressaten des Redens Jesu gegenüber geschieht dieses ganz Neue, das etwa in den Gleichniserzählungen Jesu aufgeht als freier Appell *an Freiheit.* Es stellt eine Einladung dar, „zu sehen, was Jesus sieht", und d.h., „nach diesem Bilde zu handeln" (Lk 10,37) – in der *Umkehr* auf die zuvorkommende Zusage einzugehen[51]. Es ist dieser appellierenden Sprachhandlung eigentümlich, daß sie nicht zwingt. Anhand der Überlegungen, die wir bei Wittgenstein zu Sprachhandlungen des ethischen und ästhetischen Argumentierens fanden, wurde uns aber deutlich, daß gerade umfassende ursprüngliche Sprachhandlungen mit Notwendigkeit diesen Charakter haben. Sie haben eine appellierende Struktur, gerade weil es in ihnen um die umfassende neue Einsicht und Lebensform geht. Diese leuchtet von sich selbst her aber ganz nur ein, insofern sie frei ergriffen wird[52].

---

[48] Vgl. unten 173–175.

[49] Zum Wesen der bekennenden Erzählung vgl. auch meine Darlegungen in: Sprache und Theologie (Freiburg 1975) 178ff.

[50] *H. Weinrich,* Narrative Theologie, in: Concilium 9 (1973) H. 5, 331f.

[51] Vgl. unten 172.

[52] Vgl. dazu unten den Hinweis von Pesch auf den offenen Schluß der Gleichniserzählung, der den, der sich bislang verweigert, nicht festlegt.

6. Zugleich hat das Reden Jesu einen *über sich selbst hinaus verweisenden* Charakter. Und dieser ist mit dem appellativen Charakter eng verknüpft. Denn Jesu Rede ist gerade als appellierende Rede eine Rede, die ihres eigenen Ursprungs eingedenk ist und in diesen hineinverweist. Es ist immer schon aufgefallen, daß Jesu Sprachhandlungen einen Vordergrund haben und einen Hintergrund – eine Bedeutungstiefe, in welche die Sprachhandlung selbst durch den Vordergrund hindurch hineinführen will. Deshalb kommt die Exegese der Sprachhandlungen Jesu gar nicht aus ohne Kategorien wie „symbolisches Reden", „allegorisches Reden", „parabolisch verweisendes Reden", „ironisches Reden"[53] oder auch die Kategorie der Sprachfigur des Rätsels[54]. Die Vielzahl der zumeist der antiken Rhetorik entstammenden Bezeichnungen ist möglicherweise ein Hinweis darauf, daß unmittelbar sprachphänomenologisch noch gar nicht zureichend erfaßt ist, worum es in diesem eigentümlich über sich selbst hinaus verweisenden Reden Jesu geht. Immer ist da ein Sprach-„Vordergrund" mit seiner „Oberflächengrammatik". Versteht man im Sinne Austins die Gleichnisse Jesu etwa als rein lokutionäre Akte, so kann man diese Oberfläche für sich betrachten. Man kann etwa die Gleichnisse Jesu als sprachliche Kompositionen in sich analysieren. Versteht man die Sprachhandlungen Jesu aber als illokutionäre Sprachhandlungen, dann wird man in eine Tiefengrammatik und ihre Intentionalität hineingeführt, die, so scheint mir, von sich selbst nach zwei Richtungen hin zu denken gibt. Zum einen besteht die Intentionalität der Sprachhandlungen Jesu in dem appellierenden Verkündigen. Zum andern aber zeigt sich die Intentionalität der Sprachhandlungen Jesu durchgängig in einem „Sichverdanken". Eine appellierende Sprachhandlung könnte zugleich eine bloß behauptende Sprachhandlung sein. In Jesu Reden zeigt sich aber durchgängig dies, daß Jesus sich mit seinem eigenen Reden dem verdankt, was als die neue Möglichkeit des Menschseins und des Verhältnisses zu dem Letzten aufgeht und sich in seinem eigenen Leben bewährt. „Ich tue nichts von mir aus, sondern wie mich mein Vater gelehrt hat, so rede ich."[55]

Wenn Rudolf Pesch etwa herausarbeitet, daß „die Gestalt, welche

---

[53] Vgl. dazu unten 168f., 183.

[54] Vgl. dazu die Untersuchung von *H. Leroy*, Rätsel und Mißverständnis. Ein Beitrag zur Formgeschichte des Johannesevangeliums (Tübingen 1967).

[55] Joh 8,28.

die Erzählung, die Welt der Erzählung und ihres Lebens trägt" – „durchscheinend" sei „auf den tragenden Grund der Praxis Jesu: auf Gott"[56], so kommt darin dieses Verhältnis zum Vorschein. Die Gestalt des Vaters in dem Gleichnis von den zwei ungleichen Söhnen ist keine Allegorie für Gott. Sie ist vielmehr die Gestalt, in der die (Tiefen-) Intentionalität der Sprachhandlungen Jesu zum Vorschein kommt. Diese Intentionalität aber besteht in einem Sichverdanken. Sie ist als Handlung „durchscheinend auf den tragenden Grund" der eigenen Lebenspraxis Jesu. Und gerade dadurch wird sie ihrerseits auch zu einer Sprachhandlung des bezeugenden Appellierens.

Mir scheint, sprachphänomenologisch gesehen, dies das umfassende und konkrete Grundverhältnis zu sein, durch welches erst exakt bestimmbar wird, was das heißt, daß Jesu Rede über sich selbst hinaus verweisende, allegorische, parabolische, symbolische oder rätselhafte Rede sei. Es ist ja auch nicht so, daß durch Jesu *konkretes* Reden etwas *Abstraktes* bedeutet würde[57], noch auch wird durch Jesu Reden im Sinne eines ἄλλα ἀγορεύειν auf einer Verständnisebene etwas gesagt, was auf einer (als wohldefiniertes und abgeschlossenes Sprachspiel vorliegenden) anderen Ebene etwas anderes bedeutete. Vielmehr erschließt sich im Sprachhandeln Jesu konkret eine konkrete neue Möglichkeit des Daseins, die sich freilich dem im Leben Jesu unbedingt sich gebenden Ursprung verdankt. Auf diesen verweisen die Sprachhandlungen Jesu.

7. In diesem Sinne sind die Sprachhandlungen Jesu auch *bedeutungsschwere* Sprachhandlungen. Indessen bleibt hier näher zu bestimmen, was das heißt. Wenn wir von bedeutungsschweren Sprachhandlungen sprechen, dann gebrauchen wir dabei zunächst einen formalen Begriff. Bedeutungsschwer ist jede Sprachhandlung, die als Kern eines ganzen Sprachspiels, einer ganzen Lebensform erscheint, die künftiges Dasein als künftige Sprache in sich birgt. Deshalb führt jede bedeutungsschwere Sprache auch schon über sich selbst als vordergründig vorliegende hinaus. Sie eröffnet eine Tiefe. Sie läßt hoffen oder befürchten. Sie ist bedeutungsschwer hinsichtlich des *Ganzen des zeitlich sich entfaltenden* Daseins. Nun geht es dem Dasein, das sich

---

[56] Vgl. unten 180.

[57] Vgl. dazu etwa den Artikel „Allegoria" in der Enciclopedia Filosofica I (Florenz ²1967) 190f, der das Wesen der Allegorie, des ἄλλα ἀγορεύω darin sieht, daß durch etwas Konkretes ein abstrakter Gehalt bedeutet wird.

in Sprache verwirklicht, aber nicht nur um dies und jenes. Es geht ihm nicht nur um zunächst umfassend Bedeutsames. Es geht ihm auch nicht nur um das eigene Dasein. Oder vielmehr: Insofern es ihm um das eigene Dasein geht, geht es ihm kraft der grundsätzlich dialogisch-gesellschaftlichen Verfassung des Daseins auch immer schon um das Dasein mit anderen und deren Dasein. Deshalb, dies zeigte sich uns ja im Phänomen des geschehenden Verstehens, wohnt der Sprache von sich her eine Intentionalität inne, die immer auch schon über das, was hier und jetzt im Verstehen zwischen zweien oder mehreren Menschen geschieht, hinausgreift. Es wohnt der Sprache als ursprünglich geschehender Sprache eine Intentionalität inne, die auf jene „Mitte" zielt, von der her alle Sprache überhaupt erst Sprache ist. Die Chiffren, mit denen das gegenwärtige Denken auf diese von ihm inhaltlich nicht zu erreichende Mitte verweist, haben wir genannt[58]. Und es ist hier noch einmal darauf hinzuweisen, daß das ursprüngliche Geschehen von Sprache, insofern es immer eine Praxis bedeutet, sich stets auch in dem Spannungsfeld von entfremdeter und heiler (versöhnter) Praxis entfaltet. In der Sprache, in der es als geschehender Praxis des Menschen dem Menschen in seinem Sein um das Sein selber geht, steht immer schon das Heil auf dem Spiel. Es steht immer schon auf dem Spiel, was sich in dem umfassenden Sinn des Heilseins bewähren würde und dem gegenüber unsere Sprachpraxis doch immer auch schuldig ist. Es steht jene Wahrheit auf dem Spiel, die alleine es wert ist, daß alle Geschlechter den Einsatz ihres Lebens um sie wagen[59]. Es steht der *Sinn* auf dem Spiel, der alles erst sinnvoll machen würde. Daß Dichtung einen im umfassenden Sinn ethisch appellativen Charakter, den Charakter eines verschweigenden Über-sich-Hinausführens haben kann, kommt letztlich daher. Daß, um Karl Kraus hier anzuführen, der „sprachliche Zweifel", nämlich das Wissen der jeweiligen Sprachhandlung um ihr eigenes Versagen, die stärkste „Sicherung im Moralischen"[60] darstellt, kommt letztlich daher. Es geht dem Sprachgeschehen immer schon um das, was *letztlich* gut wäre und *umfassend* gut wäre, jenes, das, ließe es sich sagen, alle Abgründe und Entfremdungen, alles tödliche Ver-sagen offenbar machen würde.

---

[58] Vgl. oben 81–84.
[59] Vgl. *F. Rosenzweig*, Kleinere Schriften (Berlin 1937) 396.
[60] *K. Kraus*, Werke, II: Die Sprache, hrsg. von *H. Fischer* (München 1954) 437.

Weil Sprache als geschehende, offenbarende und verbergende, unterdrückende und vorläufig Freiheit gewährende Sprache aber immer schon im Zug *dieser* Intentionalität steht, kann es Sprachhandlungen geben, die bedeutungsschwer hinsichtlich dieses Letzten sind – in welcher Weise, das können nur die geschehenden Sprachhandlungen selbst zeigen.

Deshalb wird sich denn auch am Ende in dieser Dimension offenbaren, was in dem geschehenden Wort Jesu, durch das er sich selbst sagt, letzten Endes spricht. Es wird sich in dieser Dimension zeigen und bewähren, warum und inwiefern das Sprechen Jesu das Wort des Lebens – und das endzeitliche Wort des Lebens ist.

III
Die Wahrheit Jesu

Klaus Hemmerle, Aachen

1. Die Frage nach der Wahrheit Jesu

Unsere Situation ist gekennzeichnet von einem neuen Interesse an Jesus und zugleich von einer merkwürdigen Ratlosigkeit ihm gegenüber.

Die klassischen Aussagen der Christologie treffen und bewegen kaum; Aussagen über Jesus, die heute gängig und eingängig sind, laufen hingegen leicht Gefahr, mehr über uns, unsere Bedürfnisse und Sehnsüchte als über ihn selbst zu sagen. Es ist zuwenig, ihn durch metaphysische Kategorien in die Landschaft des Seienden einzuordnen; es ist aber auch zuwenig, ihn hineinzuaktualisieren in die Landschaft heutigen Empfindens, Erfahrens und Mögens. Bloß metaphysische Wahrheit akzeptiert der Mensch nicht mehr als *seine* Wahrheit; gegen eine Wahrheit, die *bloß* die seine wäre, hegt er indessen den Verdacht, daß sie nicht die ganze, nicht die wahre Wahrheit sei.

Was es der Botschaft und Gestalt Jesu so schwer macht, mehr als subjektive Erfüllung, als hilfreiches Motiv, als ethischer Impuls, als faszinierendes Ideal zu sein, ist das Verhältnis zur Wahrheit und das Verständnis von Wahrheit im heutigen Bewußtsein. Als wahr wird anerkannt, was den Kriterien moderner Wissenschaftlichkeit entspricht.

Hierbei liegen zwei Grundverhältnisse – teils sich mischend – in Konkurrenz. Das eine ist noch immer geprägt vom Maßstab des „clare et distincte" eines Descartes. Will sagen: Wahr ist, was kontrollierbar, was nur so und nicht anders erklärbar, eindeutig durch diese und keine andere Ursache bedingt, allen Zufälligkeiten bloß subjektiver Beobachtung entkleidet ist, sich ins Kontinuum aller Daten und ihrer Verrechenbarkeit einbringen läßt. Das andere Grundverständnis von Wissenschaft und entsprechend von Wahrheit läßt sich in etwa signalisieren durch die Position des kritischen Rationalismus (Hans Albert): Letzte, unüberholbare Wahrheit kann, ja darf es gar nicht geben; Wissenschaft entwirft je neue Modelle, um die Wirklichkeit je besser, je genauer zu erklären; aber indem sie diese Modelle entwirft, ist sie bereits verpflichtet, sie auch wieder zu falsifizieren, das neue, weiterreichende Gegenmodell vorzubereiten. Es ist müßig, die unzähligen Schattierungen und Abwandlungen auszubreiten, die zwischen diesen beiden Positionen möglich und faktisch mächtig sind.

Zwei Eckdaten im Spektrum solchen Wahrheitsverständnisses blokkieren indessen, erschweren zumindest den Zugang zur Wahrheit Jesu. Wenn nämlich Wahrheit nur so weit reicht wie wissenschaftliche Sicherbarkeit oder wenn der Anspruch bleibender und unbedingter Wahrheit als schlechterdings unvereinbar mit dem Ethos der Wissenschaft und ihres Fortschritts gilt, dann fällt der Anspruch Jesu nicht in den Horizont dessen, was der Begriff Wahrheit abdecken kann.

Drehen wir einmal die Perspektive und gehen nicht vom heutigen Verständnis von Wahrheit, sondern von Jesus und seinem Anspruch aus. Wenn Jesus nur etwas für den Menschen, wenn er nur Hilfe zu seiner Selbstfindung ist, dann enttäuscht er gerade die Erwartung, die in ihn gesetzt wird. Antworten, die sich aus der Frage herausrechnen lassen, sind keine. Aber auch jene Antworten sind keine, die nicht zu ihrer Frage finden. Eine bloß objektive Christologie und ein bloß subjektives Jesuszeugnis vermitteln das nicht, geben das nicht weiter, worum es in ihnen doch geht. Die Wahrheit Jesu ist allein dann Wahrheit, wenn sie integrale Wahrheit ist: Wahrheit, in welcher der Mensch aufgeht, aber zugleich mehr als der Mensch: Gott selbst.

Die Frage heißt: Welcher Art ist solche Wahrheit, und wie kann sie als Wahrheit erschlossen, verständlich, plausibel werden?

2. *Vorbegriff von Wahrheit*

Auch in jenen Verständnissen von Wahrheit, deren Spannung zum Anspruch Jesu und seiner Wahrheit uns auffiel, steckt ein „Überschuß", ein reicheres Vorverständnis von Wahrheit, das sich in den unmittelbar und ausdrücklich gegebenen Elementen der jeweiligen Theorie nicht erschöpft.

Im Fall Descartes' liegt dies auf der Hand; sein Gedanke ist in sich selbst und für ihn selbst differenzierter und hintergründiger, als dies die Rezeptions- und Wirkungsgeschichte vermuten läßt. Hier sei nur an ein in unserem Kontext besonders wichtiges Motiv erinnert. Das „clare et distincte" ist für Descartes untrügliches Kriterium der Wahrheit einer Erkenntnis. Endliches Denken steht unter der Notwendigkeit, alle Möglichkeiten des Zweifels und Irrtums aufzuarbeiten, bis offen wird: Anders kann es nicht sein, also ist es eindeutig so. Darin wird es zugleich seiner eigenen Relativität und der Absolutheit eines Ersten inne, das sich als wirklich bezeugt, will sagen lichtet und im Denken durchsetzt. Wahrheit ist so die Mächtigkeit der Wirklichkeit im Denken und übers Denken.

Weniger reflektiert – vielleicht darf man sagen: gegen das eigene System wirksam – ist im kritischen Rationalismus ein ähnlicher Überschuß der Wahrheit über ihre Faßbarkeit zu verzeichnen. Denn wenn es keine letzten Wahrheiten geben darf und das Denken im je neuen Fassen der Wahrheit immer weiterschreiten muß, dann lebt dieses Denken doch vom Limes einer Entsprechung und somit von einer rufenden Mächtigkeit der Wirklichkeit, die das Denken herausfordert und grundsätzlich sich ihm aufschließt. Und dann gibt es auch nicht nur die eine letzte Wahrheit, daß es keine letzte Wahrheit gibt, sondern auch die andere, daß die letzte Wahrheit die anziehende und herausfordernde Macht in jeder vorletzten ist.

Wenn eine – vielfältige Zwischenüberlegungen auslassende – Schematisierung einmal erlaubt ist: In den beiden herangezogenen Verständnissen von Wahrheit lassen sich drei Momente herausschälen. Einmal ist Wahrheit Offenheit der Wirklichkeit im Denken; Wirklichkeit ist so, daß sie grundsätzlich sich ins Denken hinein auslegt, im Denken aufgeht und anwesend ist. Zum anderen hat das Denken kraft dieser Offenheit der Wirklichkeit einen Verantwortungscharakter; es muß sich der Wahrheit anmessen, ihr annähern, an ihr sich ausweisen. Schließlich ist menschliches Denken endliches Denken, endliches Denken, das in der Entsprechung zugleich seiner eigenen Nichtentsprechung gewahr wird; Wahrheit ist Offenheit der Wirklichkeit im Denken, menschliches Denken aber ist immer nur begrenztes Offenliegen dieser Wirklichkeit, allerdings dergestalt, daß in ihm die eigene Begrenztheit selber offenliegt.

Die gezeichneten Momente reißen in etwa eine Tiefenstruktur des Wahrheitsverständnisses auf, in welchem der Anspruch Jesu und seine

Wahrheit eher zugänglich werden als in der Oberflächenstruktur der eingangs skizzierten Begriffe von Wahrheit im Kontext von Wissenschaftlichkeit. Der Anspruchscharakter der Wirklichkeit, ihr Aufgang von sich her, verbietet es nämlich, im vorhinein methodische Grenzen zu setzen, wie Wahrheit sich zeigen dürfe und wie nicht. Das Denken muß es sich gefallen lassen, je neu und je anders herausgefordert zu werden vom Aufgang der Wirklichkeit. Auch das Postulat, daß es endgültige Wahrheit nie geben könne, weil Denken in seiner Anmessung an den Aufgang der Wirklichkeit grundsätzlich unabgeschlossen ist, verwandelt sich. Es kann, ja muß letzte Wahrheit geben; nur die Weise, wie sie im Denken anwesend ist, kann nie als abgeschlossen gelten; der Prozeß der Annäherung an eine auch bereits gegebene Wahrheit ist unabschließbar.

Es ist hier noch nicht der Ort, auf den Charakter der spezifischen Endgültigkeit einzugehen, die der Wahrheit Jesu zukommt. Insgesamt soll die Wahrheit Jesu, soll sein Unverwechselbares und Einmaliges vorderhand zurücktreten vor der Reflexion auf die Eigenart und die Kriterien solcher Wahrheit, in der Neues aufgeht oder Altes sich von sich her in neuem Licht zeigen darf, die sich also nicht in der Sicherung oder je besseren Fassung eines bloßen Bestandes von Wirklichkeit erschöpft.

Liegt nicht die Grenze des noch so großartigen cartesianischen Verständnisses von Wahrheit darin, daß nur die Erkenntnis des Bestehenden, des Bestandes, nicht aber die des Ereignisses, des Geschehens, der Geschichte erschlossen wird? Und bleibt nicht in seinem Schema der ständigen Progression auch das Wahrheitsverständnis eines kritischen Rationalismus in letzter Konsequenz ungeschichtlich? Denn solche Progression rechnet nur mit der je größeren Annäherung des Denkens ans Gegebene, nicht aber mit einem neuen und anderen Sichgeben des Gegebenen.

3. Kriterien von Wahrheit

Wahrheit, in der Neues aufgeht: Kann es Kriterien für solche Wahrheit geben? Muß sie sich nicht unerrechenbar aus sich selbst bewähren? Hat sie ihren Erweis nicht unmittelbar in ihrem Aufgang? In der Tat, einen Allgemeinbegriff der Wahrheit des Neuen, des Aufgehenden kann es nicht geben und ebensowenig Kriterien, die als mitgebrachte Maßstäbe das beurteilen, was die bisherigen Maßstäbe sprengt. Kein Begriff und kein Kriterium kann es uns abnehmen, den Aufgang eines Neuen aus sich selbst zu verstehen. Doch in seinem Aufgang tritt das Neue ins Verhältnis, ins Verhältnis zu uns, zum Alten, zu allem. In solchem Verhältnis geschieht die Bewährung, in solchem Verhältnis gewinnt die neue Wahrheit ihre Kontur. Ihr Begriff ist also nicht Allgemein-, sondern Differentialbegriff. Ihre Kriterien sind nicht allgemeine Merkmale, sondern Verhältnisbestimmungen. Als Verhältnisbestimmungen sind sie freilich dennoch wahrhaft Kriterien; denn nur wo sie zutreffen, ist ein integrales Verhältnis des Neuen im Kontext des Ganzen gewährleistet.

a) Negation

Was aufgeht, stößt vom Bisherigen ab, es relativiert das Bisherige, rückt es in einen veränderten Kontext. Eine neue Weltsicht – wie die des Kopernikus – macht die frühere nicht einfachhin falsch, entkleidet sie jedoch ihrer Selbstverständlichkeit und Einzigkeit. Auch *nach* Kopernikus geht noch die Sonne auf, und doch hat sich die Mitte der Welt verschoben. Neue Wahrheit läßt alte Wahrheit stehen, aber macht sie zur alten – und so gerade wird das Ganze neu.

b) Stimmigkeit

Der Anspruch, der eine neue Dimension aufstößt, das Zeugnis, das eine neue Wirklichkeit erschließt, das Licht, das neue Perspektiven öffnet, müssen sich in sich selber bewähren. Man muß in der Tat neu sehen, neu gehen, neu sein können, wenn man solchem Anspruch, Zeugnis, Licht sich anvertraut. Eine neue, eigene, in sich stimmige Ordnung muß aufspringen; sie muß ihre Konsistenz, ihre Logik, ihre eigene Qualität haben. Ein ästhetisches Beispiel mag das veranschaulichen: Die Reduktion Mozartscher Stilelemente auf anderes, was es zeitgenössisch in der Musik auch gab, richtet nichts aus gegen die innere Identität von Mozart. Weil Mozart eben Mozart ist, *ist* Mozart etwas. Man könnte abstrakt formulieren: Jede neue Wahrheit hat ihre neue Identität, die scheinbar nur analytisch, weil von innen aufgeht, wenn sie auch noch so viele Elemente von außen assimiliert und integriert. Das eigentlich „Synthetische“, will sagen: Unselbstverständliche, Neue ist nicht ein Einzelnes, sondern das Ganze.

c) Integration

Was neu aufgeht und in sich stimmt, erweist sich freilich als wahr nur dann, wenn es keine isolierte Sonderwelt schafft, sondern wenn durch die Fenster des Neuen das Ganze, alles, was ist, alle Erfahrungen, alle Fragen hereinscheinen in den neuen Innenraum. Wahr ist nur, was es nicht nötig hat, andere Wahrheit zu verfremden, zu verkürzen, zu verdrängen. Wahrheit ist integrativ. Das heißt nicht, daß alte Gewohnheiten nicht durchbrochen, überlieferte Zusammenhänge nicht neu komponiert, überkommene Worte nicht anders gesagt, bislang gültige Reihenfolgen nicht umgeordnet werden müßten. Doch die Veränderung selber muß das integrieren, was sie verändert.

d) Steigerung

Man kann, ja man muß die Sache freilich auch umdrehen: Eine neue Wahrheit ist nur wahr, wenn sie auch wirklich neu ist, anders gewendet: wenn sie das verändert, was sie integriert. Diese Veränderung kann nicht abgeleitet werden, das Ableitbare wäre nicht neu – das richtet eine kritische Anfrage an das Konzept eines linearen oder auch dialektischen Fortschritts- und Evolutionsdenkens. Dennoch kann gesagt werden: Neuer Anspruch, neues Zeugnis, neues Licht bringen eine Steigerung, ein Mehr ins Spiel. Es läßt sich alles sehen, was bislang gesehen wurde, aber es läßt sich zugleich mehr, es läßt sich das Ganze von einem neuen Niveau aus sehen. Pascal hat in seiner Lehre von den Ordnungen (Pensées, Fragment 793, Ed. Brunschvicq) wenigstens indirekt darauf hingewiesen, daß die je höhere Ordnung von der niedrigeren aus nicht in den Blick kommt, wohl aber umgekehrt. Natürlich hat jede Steigerung ihren Preis. Wo innerhalb der Endlichkeit sich Standorte verschieben, wird etwas, was bisher Vorderseite war, Rückseite; aber man sieht ja nicht Seiten, sondern Körper.

Vier Kriterien haben sich uns gezeigt, die zusammentreffen müssen, damit neue Wahrheit sich als Wahrheit erweist: Negation, Stimmigkeit, Integration, Steigerung. Anders gewendet: Neue Wahrheit ist anders; sie ist das, was sie ist; sie läßt alles sein, was es ist; sie läßt alles mehr werden, als was es war, denn sie ist selbst in ihrer Identität ein Mehr. Man könnte von einer verwandelten Restitution der alten Denkfigur des dreifachen Weges sprechen: via negativa, via positiva, via eminentiae.

Die genannten Kriterien haben eines freilich noch außer acht gelassen: das Verhältnis zu uns. Wo wir nur neutral beobachten und registrieren wollten, da könnte wahrhaft Neues sich uns gar nicht aufschließen. Nur wenn wir uns selber einlassen auf das, was aufgeht, kann es uns aufgehen. Wir müssen uns selbst bestimmen lassen von dem, was alles neu bestimmt. Dann aber müssen wir uns selbst ins Spiel bringen; nicht etwas an uns, sondern wir selbst sind das Organ der neuen Wahrheit. Neue Wahrheit ist Wahrheit, die sich gibt und der wir uns geben.

4. Theophanische Wahrheit

Wahrheit, die sich in ihrem Aufgang erschließt – hierfür sind uns nicht von ungefähr zwei Beispiele unterlaufen, das eine betreffend den Umschwung eines Weltbildes, das andere aus dem Bereich der Kunst. Ein weiteres Beispiel, das sich nahelegt, um dieselben Verhältnisbestimmungen und somit Kriterien durchzuspielen, wäre die personale Begegnung. All diese Beispiele spitzen sich indessen zu auf eine äußerste und zugleich umwendende Position: aufs theophanische Ereignis.

Dieser Ausdruck mag unpräzise wirken, er soll aber als Marke stehenbleiben, die das Phänomenfeld des Religiösen in seine schärfste Differenz zu anderen Phänomenfeldern hineinsammelt und zudem unseren Hinblick gerade auf die Religion Israels lenkt, den Hintergrund also, auf dem die Wahrheit Jesu unmittelbar lesbar wird.

Natürlich gibt es bei der künstlerischen Inspiration, bei der Erkenntnis eines neuen Zusammenhangs in der Wissenschaft, gar bei der Begegnung mit einem Menschen den Blitz, das konkrete Einmal, in welchem alles neu wird. Im theophanischen Ereignis, im Blitz des göttlichen Aufgangs aber wird das Licht, in dem ich alles sehe, selber thematisch, tritt es selbst in eine unmittelbare Beziehung zu mir. Ich kann nicht mehr eigentlich über das Licht reflektieren, kann – zumindest in der ersten Unmittelbarkeit – nicht einmal im Medium dieses Lichtes anderes sehen, sondern muß hineinschauen in dieses Licht selbst. Was mir aufgeht, wird in einem phänomenologisch genauen Sinn angeredet als „mein Alles". Darin aber geschieht eine „normaler" Logik unmögliche Synthese: Das Alles, das Umfassende, Bergende, Bewahrende wird zugleich zum Anderen, zum Gegenüber.

Genau dies ist das Ärgerliche des Religiösen, etwa im Unterschied zum Philosophischen. Konkretes wird nicht mehr als die unterbietende, unvermeidliche, indirekte Verdeutlichung des Allgemeinen, sondern als seine indispensable und unmittelbare Gegenwart verstanden. Gott hat sich wirklich gezeigt, an dieser bestimmten Stelle, in dieser endlichen Gestalt hat mich das Unendliche und Unbedingte angerührt; ich darf es nicht mehr mit meinen Gedanken darüber suchen, sondern habe es darinnen anzunehmen.

Die Souveränität des Sichgebenden, das von sich her die vorgegebenen Verhältnisse zwischen allgemein und einzeln, universal und konkret sprengt, ist der Grundcharakter des heiligen Geheimnisses in seinem Aufgang.

Spezifische Zeitlichkeit

Keine andere Wahrheit ist zeitlicher als die des Religiösen. Erscheinung, Offenbarung, Berufung – Ereignisse also des Durchbruchs – sind nicht nur äußerliches Stiftungs-, sondern innerliches Ursprungsgeschehen von Religion. Das theophanische Ereignis ist nicht nur Zugang zur Religion, sondern ihre Sache selbst; denn das Göttliche, das heilige Geheimnis treten ins Interesse der Religion nicht in einem abstrakt betrachtbaren An-sich, sondern in einem konkreten Für-uns – und gerade dieses Für-mich, Für-uns ist nicht Verfügung vom Menschen her, sondern reiner, souveräner Aufgang des Heiligen.

Das theophanische Ereignis ist an sich selbst – dies kennzeichnet seine spezifische Zeitlichkeit – Koinzidenz von reinster Gegenwart mit schärfster Differenz. Nur Gott ist da, die Schwingen der Seraphe oder die Wolke erfüllen den ganzen Raum – und zugleich bin ich zu Boden geworfen, erfahre ich mich als Staub und Asche, breche aus ins Wehe-mir.

Vergangenheit, Gegenwart und Zukunft verknoten sich auf eine einmalige, unverwechselbare Weise im theophanischen Ereignis. Es geschieht jetzt, zur bestimmten Stunde, innerhalb des Ablaufs von Zeit. Doch in diesem innerzeitlichen Jetzt trifft ein anderes Jetzt ein, das entzogene Jetzt des unbedingten Anfangs. Es passiert nicht etwas unter anderem, es passiert „das Ganze", „alles". Was war, steht insgesamt zur Disposition. Es hat kein Recht, sich gegen dieses Jetzt zu wenden; denn – auch wenn nicht ausdrücklich darauf reflektiert wird – das jetzt Aufgehende zeigt von seinem inneren Rang her, daß es des Ganzen mächtig, daß es der Ursprung, daß es der alle Geschichte gewährende, überholende Anfang ist. Schöpfungsgeschichte ist kein zufälliger Zusatz zur Offenbarungsgeschichte.

Nicht nur mittelbar wie die absolute Herkunft, sondern unmittelbar wird im theophanischen Jetzt die absolute Zukunft offen. Geschichte kann nicht mehr so weitergehen wie bisher. Wo der Gott erscheint, wo er spricht und ruft, ist es schlechterdings fraglich, ob es überhaupt weitergeht. Es liegt an ihm, an ihm allein. Ich habe keine Möglichkeiten und Titel des Rechnens, Rechtens und Erwartens in der Hand. Zukunft ist seine Zukunft, oder sie ist nicht.

Verwandlung der Kriterien

Der Zukunft zur Disposition stellende Ereignischarakter suspendiert aufs erste Integration und Steigerung als Kriterien von Wahrheit. Gegen das theophanische Ereignis kann ich nicht die Frage ins Spiel bringen, ob alles, was ist, wenngleich verwandelt, bleiben dürfe. Der unbedingte Ursprung hat das unbedingte Recht zum neuen Anfang und zum radikalen Ende. Von mir, von meinem Zusehen und Erwarten her, von unten her gibt es keinen Einspruch gegen das Ereignis der totalen Krisis. Integration könnte nur als Restitution, Steigerung nur als neue Schöpfung, beides nur als Charis, als reine Gabe, von oben geschehen.

Hier macht sich nochmals der Unterschied zwischen philosophischer und religiöser Wahrheit geltend. Gegenüber einem philosophischen Anspruch muß ich mein Ja von der Prüfung abhängig machen, ob er alles, was ist und wahr ist, zu integrieren vermag, ja ob er auf alles, was ist und wahr ist, ein neues Licht wirft, mehr Licht wirft.

Dem theophanischen Ereignis gegenüber wäre solcher Rekurs Verfehlung. Religion, die sich als Mittel zur Selbstfindung oder Daseinssteigerung verstände, verlöre ihre Identität und geriete notwendig unter den Verdacht der Ideologie, der Projektion.

Zu den führenden Kriterien theophanischer Wahrheit werden somit Negation und Stimmigkeit. Negation: ich selbst, alles, was ist, findet sich betroffen, angegangen, in Frage gestellt vom theophanischen Ereignis. Darin erweist es sich als Aufgang des heiligen Ursprungs. Stimmigkeit: sein Aufgang bringt eine eigene, von außen schlechterdings unbeurteilbare Ordnung hervor. Nur wer sich auf sie einläßt, versteht sie. Sie ist absolut apodiktisch, nicht argumentativ vermittelbar. Sie rechtfertigt, läßt sich aber nicht rechtfertigen. Ja, sie vereint gerade das Gegensätzliche, vereint es jedoch konkret, nicht in spekulativer, aufhebender Vermittlung.

Sofern der Mensch das heilige Geheimnis an es selbst freigibt, sofern er alle Ansprüche und Erwartungen hinter sich läßt, sofern also sein Dasein in die Linie des soli deo einschwingt, gewinnen – unmachbar und unberechenbar – die suspendierten Kriterien der Integration und der Steigerung ihr neues Gewicht. Begriffe wie „Heil“ und „Erlösung“ sind religiöse Grundbegriffe; ihnen entspricht das religiöse Grundinteresse des Menschen. Dieses Interesse und seine Erfüllung kommen indessen paradox zum Zuge: Der Mensch muß sein Interesse verschenken, um seine Erfüllung sich schenken zu lassen. Integration und Steigerung, Restitution und neue Schöpfung, nicht nach des Menschen, sondern nach Gottes überbietendem Maß, sind in der Logik des Theophanischen stets der zweite Akt.

5. Aufgang der Wahrheit Jesu

Wir nähern uns vom Aufgang theophanischer Wahrheit her dem Spezifikum der Wahrheit Jesu. Dies hat einen doppelten Grund. Einmal kann keine Deutung Jesu daran vorbeigehen, daß die Mitte seiner Botschaft und seines Weges der Vater ist. Er redet nicht nur über den Vater, er verweist nicht nur auf ihn, er erfüllt nicht nur einen Auftrag, den der Vater, davor und darüber bleibend, ihm gibt, sondern im Dasein Jesu gewinnt der Vater selbst neues Da-Sein. Ja, man kann sagen: Jesus ist Theophanie des Vaters. Zum anderen wird gerade vom Vorbegriff der Theophanie her – dieser ist dem Ausgeführten nach als Differential-, nicht als Allgemeinbegriff zu verstehen – das Eigene, Andere, Neue *der* Theophanie sichtbar, die in Jesus geschieht, damit aber das Eigene, Andere, Neue der Wahrheit Jesu.

Das Thema „die Wahrheit Jesu“ meint in letzter Konsequenz integrale Christologie, will sagen: den Aufgang der Wahrheit Gottes *und* den Aufgang der Wahrheit des Menschen im einen Aufgang der Wahrheit Jesu. Die folgenden Ausführungen können ein solches Postulat nicht einlösen. Der Aufriß einer solchen Christologie – wie auch die Bereitstellung der biblischen und systematischen Elemente – ist Sache des Exegeten und Dogmatikers. Wohl aber soll gefragt werden: In welchen Bahnen des Denkens kann der Aufgang Gottes und des Menschen in Jesus, kann der Aufgang Jesu von Gott und vom Menschen her gesehen, gesagt und seine Plausibilität erschlossen werden? Anders gewendet, es geht um die Sehbedingungen, die Sehrichtungen und die Sichtkriterien, deren das Denken bedarf, um solchen Aufgang wahrzunehmen und wahrnehmbar zu machen.

Die Differenz Jesu

Theophanie Gottes in Jesus – hier stößt der Gedanke spontan in verschiedene Richtungen. Zunächst vielleicht zu jenem Wort des Johannesprologs: Wir haben seine Herrlichkeit gesehen, die Herrlichkeit des Eingeborenen vom Vater (Joh 1,14). Und mindestens genauso rasch zur Aussage des 2. Korintherbriefes, die von der Herrlichkeit Gottes auf dem Antlitz des Gekreuzigten spricht (vgl. 2 Kor 4,6). Doch nicht nur die doxa des auferweckten oder des in seinem ewigen Gottgeheimnis angeschauten Jesus, auch Leben, Botschaft und Wirken Jesu vor Ostern assoziieren sich: die Botschaft vom Reich, von der Herrschaft Gottes zumal, als das Zentrum seiner Predigt, sein Sprechen vom Vater, in dem er ihn vollmächtig verkündigt und in dem sein einzigartiges Verhältnis zu ihm mit in die Aussage kommt.

Dabei treten vorösterliches Sprechen und Handeln Jesu und seine österliche Gegenwart im Geist in einen eigentümlichen Bezug zueinander. Jesus gibt auf unvergleichliche Weise bereits vor Kreuz und Auferstehung vom Vater Zeugnis, und dieses Zeugnis bezeugt gerade in seiner reinen Konzentration auf den Vater auch ihn selbst. Und doch kommt er selbst und mit ihm zugleich seine Botschaft vom unbedingten Vertrauen auf den Vater durch das Kreuz in die äußerste Krise. Jesus nimmt in keiner Weise die Gültigkeit seiner Botschaft, die Gültigkeit dessen zurück, was vor Ostern bereits für jene, die ihm folgten, erfahrbar wurde; dennoch werden er selbst und seine Botschaft im ganzen sozusagen aus der Theophanie zurückgenommen in die Gottesfinsternis, ins Verschwinden des Vaters und in die Entleerung und Entäußerung des eigenen Selbsts. Erst die österliche Bestätigung und Verwandlung macht endgültig und überbietend deutlich: Jesus hat nicht nur vom Vater und von sich selbst Kunde gebracht, nein, der Vater ist in ihm da, und er ist im Vater. Der Weg Jesu und in diesem Weg er selbst ist Theophanie.

Hierin aber zeigt sich das Neue, Andersartige, die Differenz Jesu an. Es ist nicht nur der brennende Dornbusch, in dem Gott erscheint, nicht nur das Säuseln des Windes, in welchem Gott kommt, nicht nur die Feuersäule oder die Wolke seiner Herrlichkeit. Sein Verhältnis zum Vater, der in ihm erscheint, hebt das Ereignis Jesu ab von jeder anderen Theophanie. Er ist eben selbst diese Theophanie. Und damit wird zum Ort der Theophanie nicht ein Etwas, sondern ein menschliches Leben und Schicksal selbst. Man könnte von einer horizontalen Theophanie sprechen, davon, daß Gott im Neben-uns und Mit-uns, daß er in unserem Eigenen aufgeht. Nicht als ob er sich darin auflöste, als ob Menschenleben, Profanität, Weltlichkeit zum Gott proklamiert würden. Nein, Gott kommt hinein, die Differenz bleibt in der totalen Identifikation bestehen. Und zugleich bleibt die Differenz der Beziehung zwischen Jesus und dem Vater: Er ist die Theophanie des Vaters, aber er ist nicht der Vater. Doppelte Identifikation und doppelte Differenz sind so kennzeichnend im Ereignis der Theophanie Gottes in Jesus: Identifikation Gottes mit dem Worin seines Erscheinens, mit Jesus, und in Jesus Identifikation Gottes mit uns, mit unserem Schicksal. Zugleich aber Differenz zwischen dem Vater und dem Sohn, zwischen dem Sohn und dem Menschenleben, das er annimmt, das er mit uns teilt, das er zu dem ganz und gar seinen macht.

Die Differenz Jesu ist die Totalität Gottes, die sich in ihm ganz gibt und in ihm uns, das Menschliche, ganz annimmt. Endgültigkeit und Unüberbietbarkeit der Theophanie Gottes in Jesus – diese Titel sind reine Selbstauslegung dessen, was hier geschieht: Gott gibt sich selbst und ganz, Gott nimmt uns selbst und ganz an. Der Geschehenssinn von Theophanie öffnet so einen neuen Zugang zu dem, worum es in den metaphysischen Versuchen, das Geheimnis Jesu zu fassen, von Erfahrung und Impuls des Glaubens her ging, und öffnet zugleich Möglichkeiten einer neuen Übersetzung.

Ineinander der Ebenen

Theophanie, in der sich Gott nicht nur zeigt, sondern selbst gibt, ist die „reinste" Theophanie. Bei ihr liegt am meisten alles allein an Gott. Und doch hat nicht minder das gegenläufige Moment ein Gewicht. Diese Theophanie stiftet Beziehung, ist Beziehung, verbindet unterschiedliche Ebenen.

Zugänglich ist die Theophanie Gottes in Jesus für uns nur im Zeugnis, und das Zeugnis hat seinen Ort in der Nachfolge – dieses Wort verstanden im doppelten Sinn des unmittelbaren vorösterlichen Mitziehens mit Jesus aufgrund seines Rufes und der nachösterlichen Sendung, des nachösterlichen Anschlusses an den auferstandenen Herrn in seinem Geist. Solche Nachfolge ist nicht äußere, zusätzliche Verstehensbedingung zur Sache, zur Wahrheit Jesu, sondern konstitutiv für sie selbst. Jesus ruft zur Nachfolge, sein Wort identifiziert sich nur, indem es angenommen wird, indem es sich geben darf und andere sich ihm geben. Erst in der Nachfolge kommen Jesu Werk, Wort und Weg bei sich selber, bei seinem Ziel an. Und in einem nehmen Wort, Werk und Weg Jesu das Fleisch, die Wirklichkeit derer an, die ihm nachfolgen: Welt und Mensch sind durch die Nachfolge in der Wahrheit Jesu integriert, kommen in der Wahrheit Jesu in ihre eigene Wahrheit.

Das aber, worauf sich Nachfolge bezieht, ist eben nicht nur Botschaft, die neutral ausrichtbar wäre, sondern Botschaft, die einen Weg auslegt, die ein Weg ist. In der Botschaft Jesu begegnen wir ihm selbst – und dies meint keine Reduktion Jesu auf das Kerygma, sondern umgekehrt die Identifizierung der Botschaft am Weg Jesu, an dem, was er tut, erfährt, ist.

Und dieser Weg ist nochmals nicht eine zusätzliche „Anwendung" dessen, was Jesus an sich selber wäre, eine zufällige Nachgeschichte zu seinem Wesen. Sein Weg eröffnet sein Geheimnis, in seinem Weg geschieht sein Geheimnis. *Gott*, den Jesus kündet, den er handelnd, liebend, lebend und sterbend verherrlicht, *der Mensch*, dem Jesus dient, den Jesus übernimmt, der Jesus ist, und *Jesus*, der sich gebender Gott und sich gebender Mensch, von Gott angenommener Gott und von Gott angenommener Mensch ist, gehen nur gleichzeitig auf. Es bestätigt sich: Die Wahrheit Jesu ist integral.

Die vier Ebenen – Nachfolge, Botschaft, Weg, Geheimnis Jesu –, auf denen sich jeweils dieses Ineinander vollzieht, spielen so selbst ineinander.

Verwandlung der Kriterien

In den Kriterien neuer, aufgehender Wahrheit läßt sich unschwer der Rhythmus der Wahrheit Jesu auf allen ihren Ebenen ablesen.

a) In einem ersten, sozusagen naiven Durchgang zeigt sich nahtlos: Den Anfang setzt die Negation. Verlaß alles, verkauf alles – so hebt der Ruf der Nachfolge an. Nicht du, nicht deine Interessen, nicht deine Familie, nicht einmal ich, dieser Jesus, sondern Gott allein, sein Reich, seine Gerechtigkeit – dies die innere Stimmigkeit eines Lebens allein vom Vater, allein von der Herrschaft Gottes her. Sie ist der positive Inhalt, der in die entleerte Schale des Abschieds, der Negation, der Hingabe gesenkt wird. Wer aber alles verläßt und ihm nachfolgt, der wird – dies die Integration – schon in diesem Leben Hundertfältiges, wenn auch unter Verfolgung, erben und dann das ewige Leben besitzen. Das neue Leben, die neue Gerechtigkeit, der neue Himmel und die neue Erde sind indessen das je Größere und je Andere als all unsere Vorstellungen, gerade durch diese Steigerung schockierte Jesus die Seinen. So läuft die Nachfolge und so kündet die Botschaft.

So löst es aber auch der Weg Jesu selber ein. Er ist Weg, der von sich selber hinwegführt, der vom Ende her gelesen unter dem Vorzeichen der Negation, will sagen der Entäußerung, des Gehorsams, der Selbsthingabe steht. Er zentriert sich nicht in Jesus, sondern in dem, der allein gut ist, dessen Wille allein gilt. Die Stimmigkeit dieses Weges offenbart sich gerade durch den Bruch, ja durch die Katastrophe des Kreuzes hindurch. Sie heißt: Jesu Weg ist Kommen vom Vater und Gehen zum Vater. Dieses Gehen ist letztlich nicht Untergehen, sondern von der Auferweckung durch den Vater her integrierende Restitution, ja Steigerung. Nicht nur die Sache Jesu geht weiter, er selber ist der Lebendige, der Bleibende und im Bleiben der je Größere, der zum Vater aufsteigt und von ihm her im Kommen bleibt.

Auch die vierte Ebene, das Geheimnis Jesu, erschließt sich uns in denselben Momenten. Der Vater ist größer als Jesus, Jesus geht nicht auf im Vater, er bleibt in der Distanz, gegenüber dem Vater, unter dem Vater: Negation. Aber gerade sein Gehorsam ist vollmächtiger Gehorsam, ist authentische Auslegung, ganze Vermittlung des Vaters. In der Niedrigkeit Jesu geht seine Herrlichkeit, in der Differenz seine Ebenbürtigkeit auf. Diese neue, in sich stimmige Struktur der göttlichen Communio, der Communio, die Gott selber ist, Vater und Sohn einander sich gebend, gegenseitig sich verherrlichend im Heiligen Geist, integriert die scheinbar unversöhnbaren Momente des Anders und des Gleich, des Darunter und des Daneben zwischen Vater und Sohn. Daß Gott selber sich in Jesus gibt, daß in ihm Gott seine Geschichte hat, integriert die ganze Geschichtlichkeit Jesu, sein Menschsein, das keine künstlichen Ausnahmeregelungen nötig hat, sondern gerade in seiner Armut eine Anwesenheit der sich schenkenden Liebe ist, welche Gott selber ist. So aber geht in Jesus Christus der ganze Mensch, der Mensch in seiner Einheit mit Gott und in seiner Differenz von Gott und Gott selbst als Communio, als Sichgeben auf. In Jesus, in seinem Geheimnis wird Gott „reicher", weil nun auch unsere Armut ihm gehört, und wird unsere Armut, ohne uns gestohlen zu werden, Reichtum, weil sie Gott selbst gehört: äußerste Steigerung nicht nur des Menschen, sondern Gottes selbst.

Zumal die Aussagen der vierten Ebene bedürfen exegetisch und dogmatisch einer reichen Differenzierung und Vermittlung, auf die in unserem Kontext verzichtet werden muß.

b) Einen zweiten Durchgang drängt uns die Frage auf, was denn im Fall der Wahrheit Jesu anders ist als bei der theophanischen Wahrheit. Sind wir nicht gar hinter ihre Dynamik zurückgefallen, indem wir alle vier Kriterien gleichgewichtig an alle Ebenen der Wahrheit Jesu anlegten? Bei näherem Zusehen zeigt sich jedoch: Der theophanische Bruch verschärft sich sogar.

Zwar geht die Intention Jesu von Anfang an auf die Ehre des Vaters und das Heil der Menschen zugleich. Er verheißt bereits vorösterlich die Integration der menschlichen Unheilserfahrung in der Vergebung der Sünden, in der Überwindung aller Mächte des Todes und der Isolation und in der Ansage grundlosen und grenzenlosen Erbarmens. Doch nicht das menschliche Mögen und Erwarten, sondern allein das Maß, das der Vater von sich her setzt, bestimmt die neue Ordnung. Ihre

Stimmigkeit ist nicht von außen, sondern nur von innen, vom vorbehaltlosen Ja zum Willen des Vaters her einsehbar. Der Sohn kann nur den Kelch verheißen, nicht aber das Sitzen zu seiner Rechten und Linken vergeben, und er selbst muß den Kelch trinken und wird nicht aus der letzten Verlassenheit heraus- und vom Kreuz heruntergeholt. Die theophanische Krisis wird zum absoluten Ernstfall, der Nullpunkt kommt nicht nur in Sicht, sondern er wird von der Linie des Geschehens passiert. Die Negation wird in dem Ausmaß führend, daß sich das Geschehen zum Gegenteil der Theophanie zu pervertieren scheint. Was in Tod und Verlassenheit Jesu offenbar wird, ist die reine Abwesenheit Gottes, ist die Vormacht der gegengöttlichen Mächte, der bloße Entzug Gottes.

Und doch geschieht gerade hier der reine Aufgang Gottes aus sich selbst. Gott wird offenbar als der, der er ist: absolute Liebe, die alles, auch noch ihr Gegenteil, integriert und verwandelt. So hebt bereits hier Integration an. Der äußerste Abstand vom Göttlichen, das Gegenteil des Göttlichen wird hineingenommen in den Aufgang des Göttlichen. Die Liebe erfährt ihre Steigerung bis zum äußersten, bis zu dem, über das hinaus nichts Größeres, ja nichts Absoluteres mehr gedacht werden kann. So sind Negation und Stimmigkeit von innen her aufs innigste mit einer universalen Integration und unüberbietbaren Steigerung zusammengespannt – und zugleich treten beide total auseinander, wird ihre Einheit zum reinsten Ereignis göttlich sich gebender Freiheit. Das Ineinander von Negation und Integration im Kreuz nivelliert indessen nicht den Hiatus zwischen Karfreitag und Ostern. Am Karfreitag ist die Integration präsent in der Gestalt der Negation, an Ostern ist die Negation präsent in der Gestalt ihrer Überwindung, in der Herrlichkeit der verklärten Wundmale.

c) In der Wahrheit Jesu erhalten – und dies betrifft alle Ebenen ihres Geschehens – die zwei Momente der Integration und der Steigerung einen eigentümlichen, von anderen Theophanien qualitativ sich abhebenden Charakter. In einem dritten Durchgang sei darauf noch eigens reflektiert. Der Grund für diese Verwandlung der Kriterien ist ein doppelter: zum einen die Radikalität der Negation, zum anderen die Totalität, in der Gott sich in Jesus Christus offenbart und gibt.

Die Integration, die in Jesus geschieht, ist universal. Gewiß haben auch andere Theophanien – es sei zumal an das Alte Testament erinnert – den Zug zur Universalität: Jahwe ist der Gott, der Himmel und

Erde erschaffen hat, und zum Zionsberg werden im eschatologischen Frieden alle Völker pilgern. In Jesus aber ist auch die Welt des Todes, ist sogar das Widergöttliche, die Schuld hineingenommen in den theophanischen Aufgang – und dies nicht nur auf die Weise der Verheißung einer endzeitlichen Überwindung, sondern bereits in der geschehenden Geschichte Jesu, die Anfang unserer Geschichte und Verheißung für sie ist. Nichts von Mensch und Welt bleibt draußen aus solch universaler Integration.

Doch auch nichts von Gott bleibt draußen. Was er in Jesus tut, tut er endgültig, er bindet seine eigene Zukunft, seine eigene Freiheit ein ins unwiderrufliche Ja und Amen, das Jesus ist. Dieses Ja und Amen verschlingt freilich nicht Gottes Zukunft und Freiheit in ein totes Perfektum hinein; aber die je offene Zukunft und Freiheit Gottes ist und bleibt Freiheit und Zukunft des ein für allemal gesprochenen Ja. Und gerade das macht die erregende Offenheit und Unabschließbarkeit der Geschichte dieses Gottes und mit diesem Gott aus. Wie auch die Geschichte einer menschlichen Liebe, auf die ich mich verlassen darf, an deren Treue ich nicht zu zweifeln brauche, offener, erregender, überraschungsreicher zu sein vermag als die Geschichte einer Liebe, die sich etwas vorbehält.

Gottes Freiheit ist drinnen in der totalen Integration. Und auch unsere eigene Freiheit. Der Zeuge der Theophanie wird von ihr beschlagnahmt, überfallen, enteignet – aber gerade dies läßt ihn allein, überfordert ihn. In Jesus hingegen ist unsere Freiheit, ist unser Innerstes und Eigenstes übernommen. Er spricht sein Ja zum Vater an unserer Stelle, in ihm ist uns vom Vater gesagt: Du bist mein geliebter Sohn. Natürlich trägt uns das die Schicksalsgemeinschaft mit Jesus ein, die einsamer und verlassener sein kann als Prophetenschicksal. Doch selbst solche Einsamkeit und Verlassenheit wird Communio mit Jesus. Übernommene Freiheit ist allerdings nicht ausgelöschte, sondern freigegebene Freiheit. Stellvertretung gängelt nicht, ersetzt nicht, sondern ermächtigt und setzt frei.

So ist die universale Integration nicht System eines sicher klappenden Heilsmechanismus. Christliche Erlösung ist nicht Apokatastasis, christliche Hoffnung mehr und anderes als eine Sicherheit, die sich in sich selbst beruhigt, weil ihr nichts mehr passieren kann. Sie ist Freigabe an den, der sich und damit alles gegeben hat.

Das Kriterium der Integration trägt in der Struktur der Wahrheit

Jesu das Kennmal der Universalität, das Kriterium der Steigerung jenes der „Einsetzung". Indem Jesus den Vater allein verherrlicht und der Vater in ihm allein und ganz aufgeht, wird nicht nur alles zur Offenbarung und zur Stätte der Herrlichkeit, will sagen der Liebe des Vaters, sondern in letzter Konsequenz wird darin der Sohn vom Vater verherrlicht, wird er eingesetzt als der „Sohn", mehr noch: tritt er an die Stelle des Vaters, wird er „Vater der neuen Schöpfung". Gerade darin ist der Vater ganz groß, daß der Sohn gleich groß ist – und doch verschwindet der Vater nicht hinter dem Sohn, wird er nicht überflüssig im Sohn; das schlechterdings Unzerstörbare ist die *Beziehung* zwischen Vater und Sohn.

Dieses Verhältnis wiederholt sich im Verhältnis zwischen Jesus und uns. Nachfolge ist nicht nur Weggemeinschaft mit Jesus, sondern wird zur Seinsgemeinschaft mit ihm. Wir werden, was er ist. Wer ihm glaubt, darf die Werke tun, die er tut, ja noch größere als sie. Der Jünger wird zum „alter Christus", und doch ersetzt der alter Christus den unus Christus nicht. Es gibt Nachfolge Christi, aber keinen Nachfolger Christi.

Integration als Universalität, Steigerung als Einsetzung, als Einholung des von der Theophanie Betroffenen in den theophanischen Aufgang selbst: solche Verwandlung der Kriterien macht sie zu Marken einer Geschichte, Wahrheit Jesu wird als Geschichte Gottes und als Geschichte mit Gott offenbar. Diese Geschichte Gottes und mit Gott aber enthüllt sich als Universal- und Menschheitsgeschichte.

Diese Geschichte ist *eine* Geschichte und ist doch alles eher als ein spannungsloses Kontinuum. Vor dem Ereignis der Integration und Steigerung begegnet der Abbruch, der Hiatus – im Leben Jesu wie in unserem Leben mit ihm. In diesem Hiatus aber geschieht gerade Beziehung, er ist der Freiraum, in welchem das Göttliche Gottes aufgeht, die Mitte des theophanischen Geschehens. Hier ist die Stelle des Pneuma, des Geistes. Er gewährt Einheit und Unterschied zwischen dem Vater und dem Sohn, zwischen Jesus und uns. In ihm geschieht Hingabe und Verherrlichung. Ein Letztes: in ihm will sich zwischen uns dieselbe Geschichte wiederholen wie zwischen Vater und Sohn, wie zwischen dem Sohn und den Söhnen: Einheit miteinander, wie der Vater und der Sohn eins sind (vgl. Joh 17,21).

Spezifische Zeitlichkeit

Die Kriterien von Wahrheit haben sich uns im Blick auf die Wahrheit Jesu zu Stationen von Geschichte verwandelt. Welches sind die Grundzüge der Zeitlichkeit, die im Ereignis des Aufgangs Gottes in Jesus waltet?

In der Nachfolge angeschaut: Entscheidend ist das Jetzt. Laß die Toten ihre Toten begraben – du aber folge mir. In diesem drängenden, neuen Jetzt bricht die Vergangenheit ab, sie wird irrelevant – und doch wird sie integriert, aufgenommen, verwandelt. Was immer war, wird neu in der vergebenden, heilenden Macht Jesu. Die Zukunft ist im Jetzt verschlungen. Petrus folgt unmittelbar, und erst hernach stellt er die Frage: Uns aber, die wir alles verlassen haben und dir nachgefolgt sind, was wird uns dafür zuteil? Die Zukunft ist Jesus, das ist ihre unbedingte Gewißheit und ihre unverfügbare Offenheit zugleich. Wer jetzt folgt, der ist in diesem Jetzt in seine eigene Zukunft schon eingetreten, und er hat in einem damit seine Zukunft verkauft, aus der Hand gegeben.

An der Botschaft Jesu, an der Botschaft von der Herrschaft Gottes angeschaut: Jetzt ist Gottes Herrschaft am Kommen, jetzt gilt es, sich auf sie einzulassen. Die Zeitlichkeit verwandelt sich im Herankommen dieser Herrschaft. Zentrum ist nicht mehr der Mensch, der von sich aus seine Zukunft plant und dabei doch immer die Ohnmacht erfährt, daß er alles, nur das eine nicht vermag: daß auch nur der nächste Augenblick ist. Jener, der die Quelle aller Zukunft ist, bricht herein in diese Geschichte, eröffnet von sich aus seine Zukunft im Menschen. Dies ist Gericht für den, der seine eigene Zeit festhält, dies ist Heil für den, der bereit ist, seine Zukunft aus der Quelle aller Zukunft, aus Gott her, zu empfangen. Zukunft fängt an, Gegenwart zu sein. Das verschlingt, überholt und erfüllt alle Vergangenheit. „Erfüllt ist die Zeit." Zukunft aber ist nicht Verlängerung ihres Anbruchs in der Gegenwart; denn diese Gegenwart ist Weggenossenschaft mit dem Gott, der am Kommen bleibt. Alles Vergehen muß noch dahinein vergehen, daß Gott alles in allem wird.

An der Gestalt Jesu, an seinem Weg und Geheimnis angeschaut: Im gegenwärtigen Jesus, in dem, der verkündet, wirkt, leidet, begegnet ein Geheimnis, das über den Augenblick hinausweist: Wer ist dieser? In ihm erfüllt sich etwas, in ihm kommt etwas, kommt einer an, man liest ihn in den Titeln der großen Erwartung und Verheißung. Die Vorgeschichte löst sich ein in seiner Gegenwart. Und mehr als sie. In ihm erkennen alsdann die Jünger im Geist: Er ist das Wort, in dem alles erschaffen ist. Der Sinn von Welt, die Herkunft von Welt, das von Gott in der Schöpfung Gedachte und Zugedachte tritt ein in den Horizont der Geschichte. Das Wort, das er ist, aber wird er auf seinem Weg neu. Denn er wird auch dem Sprachlosen, Dunkeln, dem, was nichts von Gott, ja wahrhaft das Gegenteil von Gott sagt, zum Wort. Aus dem Verstummen des Todes und aus dem Warum der Frage und Anklage sagt er sein Du zum Vater und verwandelt so alles zum Wort der göttlichen Liebe.

Er ist jener, der kommen soll. Seine Gegenwart löst nicht nur Verheißung ein, in ihr bricht Zukunft an, Zukunft Gottes, die aber an ihn gebunden bleibt, die seine Zukunft ist. Gerade deswegen schockiert es, daß er wieder geht, daß er in sein Gehen gekommen ist. Bis dann offenbar wird, daß er in sein Kommen geht. Und als der, der kommen wird, ist er jetzt da, jetzt in unserer Mitte.

In solcher horizontalen Geschichte spielt die vertikale: sein Hersein vom Vater, sein Hinsein zum Vater. Vater und Sohn haben einander zur Zukunft in der Gegenwart des einen Geistes. Um dogmatische Ausdrücke zu bemühen: Ökonomische Trinität ist kein Anhängsel an die immanente, immanente löst sich nicht auf in die ökonomische. Und doch geschehen beide ineinander. Beide sind die eine Geschichte Gottes und mit Gott. Und wieder gilt: Diese Geschichte ist geschehen, und sie geschieht weiter, sie ist endgültig und offen zugleich.

6. Die Plausibilität der Wahrheit Jesu

Geben wir uns knapp Rechenschaft über den zurückgelegten Weg. Wahrheit, die sich im Bestand erschöpft, Wahrheit, in der Neues aufgehen darf, hat ihre eigenen Kriterien. Diese Kriterien erhalten ihre besondere Kontur, wo es sich um theophanische Wahrheit, wo es sich um den Anspruch des Aufgangs Gottes, des heiligen Geheimnisses handelt. Und nochmals verwandeln sie sich im Blick auf die „Theophanie" in Jesus.

Wie sie sich verwandeln, versuchten wir zu beschreiben. Kann Beschreibung aber genügen, um Wahrheit als Wahrheit glaubwürdig werden zu lassen? Unsere „Beschreibung“ geschah indessen aus der Perspektive des Glaubens. In der Sprache der von uns angewandten Kriterien gesagt: Die Negation, das Aufgeben und Verlassen einer bloß zuschauenden epoché, ist die immanente Voraussetzung des Dargestellten. Von dieser Position aus erschließt sich allerdings die innere Stimmigkeit der aufgewiesenen Wahrheitsstruktur. Diese Struktur möchte den Mitdenkenden einladen, auch selbst den Vorentscheid der Negation, des Sichverlassens und Sicheinlassens zu treffen. Alsdann wird die Struktur zu mehr als einem formalen In- und Auseinander von Ebenen und Bestimmungen. Sie wird zum Ort, an dem wir Mensch und Welt und Gott, unsere Erfahrungen und unsere Fragen in der Wahrheit Jesu integriert finden, die als neue, gesteigerte, verwandelnde Wahrheit offenbar wird.

Diese Aussage und unsere Ausführungen insgesamt sind zwar thetisch, sofern sie sich ihrer philosophischen Tragfähigkeit anfänglich gewiß und sofern sie sich theologisch ihrer Glaubenswahrheit fundamental gewiß sind. Sie bleiben aber hypothetisch hinsichtlich der Leistbarkeit einer solchen Christologie im konkreten Aufarbeiten der einzelnen Materialien; hypothetisch heißt, in ihrer Durchführung angewiesen auf den korrektiven Dialog mit den verschiedenen theologischen Disziplinen, aber auch mit Philosophie, Wissenschaft und Erfahrung insgesamt.

Fragen wir uns abschließend nach dem Schlüsselwort, das unser Verständnis von Wahrheit und insbesondere unser Verständnis der Wahrheit Jesu leitet. Immer wieder klang es an: Sichgeben. Gottes Geheimnis heißt Sichgeben; der Gott, der sich gibt, ist die christliche Alternative zur unbedingten Substanz, zur bloßen reditio in se completa unendlichen Geistes. Aber auch das Geheimnis des Menschen heißt Sichgeben. Nur darin überschreitet der Mensch sich selbst, daß er sich geben kann. Dies ist seine Gottbildlichkeit *und* seine Angewiesenheit auf Gott, daß er sich selbst nur gegeben ist, wenn er sich Gott gibt und wenn Gott sich ihm gibt. Dies schließlich ist das Geheimnis Jesu: in ihm gibt sich Gott ganz dem Menschen, und zugleich ist er der ganz an Gott gegebene Mensch; somit aber ist Jesus die Identifikation des Menschen und Gottes, ihr Aufgang in ihre eine ungetrennte und unvermischte Wahrheit. Sichgeben aber ist nicht nur Inhalt dieses dreifachen Geheimnisses, sondern auch unser Zugang zu ihm.

IV
Menschsein als Handeln Gottes

Theodor Schulz, Freiburg i. Br.

I. THESE UND LESEHILFE

Es geht im folgenden um das Verständnis der christologischen Grundaussagen. Sie sollen indessen nicht von einer Metaphysik des Wesens, sondern vom Grundphänomen des Handelns, der Freiheit gelesen werden. Wie kann das Leben Jesu, sein Werk als freies menschliches Handeln und zugleich, ja dieses begründend, als Handeln Gottes verstanden werden?

Vielleicht ist gerade eine fundamentale Phänomenologie des Handelns imstande, das Ineinander von Bedingtem und Unbedingtem, ihren anthropologisch grundlegenden Zusammenhang und so auch die „Möglichkeit" ihres theologischen Zusammenhangs, will sagen die Verständnismöglichkeit der Aussage, daß Gott in einem endlichen Handeln der Handelnde ist, zu erschließen.

Die Aufgabe einer solchen fundamentalen Phänomenologie des Handelns läßt sich freilich nicht auf wenigen Seiten leisten, erst recht nicht die Vermittlung einer solchen Phänomenologie mit den Aussagen des Glaubens, die sie neu verständlich machen soll. Dennoch soll gewagt werden, ein abstraktes Gerüst einer solchen Phänomenologie des Handelns aufzustellen, und dies im bewußten Hinblick auf die bezeichnete theologische Aufgabe.

Könnten die Linien weiter ausgezogen werden, so würde als ihr Ergebnis deutlich: Die Weise, wie Jesus Mensch ist und als Mensch handelt, die eigentümliche „Totalität" seiner Hingabe und seines Einsatzes, bringt von sich her den unbedingten Hintergrund, die unbedingte Möglichkeit menschlichen Handelns mit ins Spiel; ja dies in einem solchen Ausmaß, daß das unbedingte, göttliche Handeln als der Grund, der handelnde Grund im menschlichen Sein und Handeln Jesu aufscheint. Dieses göttliche Handeln wiederum, der göttliche Grund, der in Jesus da ist und wirkt, läßt göttliches Handeln und füglich göttliches Sein in sich als gemeinsames Handeln, als etwas wie Communio, dogmatisch gesprochen, als dreifaltiges Leben hervortreten.

Zur Begrifflichkeit und zu den Gedankenschritten des Folgenden seien noch einige Lesehilfen geboten. Ausgangspunkt ist eine merkwürdige, bei näherer Analyse aber unausweichliche Doppelung im Handeln: Es ist immer Weggang von sich selber, Selbstüberschreitung, also Selbstentäußerung und zugleich Aufgang des Selbst, Setzung des Selbst, Vollzug des Selbst. Nur die strenge Parallelität und Implikation beider Linien jeweils ineinander macht Handeln überhaupt verstehbar.

Sodann ist Handeln immer mein Handeln, will sagen Handeln eines Handelnden und zugleich Handeln, das auf anderes Handeln hingeht und auf das anderes Handeln eingeht. Aktion ist grundsätzlich untrennbar von Interaktion, Selbstsein untrennbar von Gemeinschaft.

Weiter ist endliches Handeln immer umfangen, getragen, ermöglicht von unendlichem, unbedingtem Handeln; immer kommt unendliches, unbedingtes Handeln im Endlichen als dessen überragender Grund zum Vorschein, ohne daß beide ineinanderfielen.

Schließlich muß im endlichen Handeln jeweils die Überwindung einer je spezifischen Negativität und das Stigma dieser spezifischen Negativität gesehen werden, die im unendlichen, unbedingten Handeln nur als die je schon überwundene, als bloßes Nicht aufscheint.

In das Geflecht dieser vier phänomenologischen Grundeinsichten tritt der nachfolgende Versuch einer spekulativen Vorbereitung zur Phänomenologie des Handelns und zum theologischen Verständnis des Menschseins Jesu – als göttliches Handeln.

II. SKIZZE EINER SPEKULATIVEN DURCHFÜHRUNG

1. Selbstentäußerung und Selbstvollzug

Handeln nennen wir jene Weise des Wirkens, in der es ganz zu dem wird, was es ist: Geschehen der Wirklichkeit. Wenn irgendwo, muß in ihm Freiheit im eigentlichen Sinne und als solche hervortreten. Dies zeigt sich – obgleich es um die eine, unteilbare Wirklichkeit des Handelnden geht – in einer zweifachen Hinsicht: das Handeln ist, wie alles Wirken, stets zwiefältig artikuliert: als Entäußerung *und* Selbstvollzug, Aktualisierung von Differenz *und* Identität, diffusives Sichverschwenden *und* konstitutives Sich-in-sich-Eingründen, Hingabe *und* Bei-sich-Sein, Vergehen *und* Zukunft des nur so Gegenwärtigen zumal.

Die dem Handeln als solchem eigentümliche Freiheit erweist sich jedoch darin, daß der Handelnde sich im Vollzug der Identität von der Differenz „betreffen“ läßt, d. h., daß er, insofern er sich in seinem Selbstsein vollzieht, einerseits dem Anspruch der *Entäußerung* Raum gibt, und zwar so, daß die Differenz im Modus der Einheit „west“ und dadurch im Selbstvollzug ursprünglich die diffusio ermöglicht. Infolgedessen bricht der Handelnde aber – andererseits – gerade aus seiner Einheit mit sich in die unbeschränkte Weite einer Hingabe auf, die in ihrer Unbeschränktheit ihn sogar in seinem Selbstsein, im innersten und eigensten Vollzug der Identität einbegreift und damit zur Selbsthingabe wird.

Eine derartige Entäußerung bedeutet das Walten einer unendlichen Macht der Differenz. Da aber Selbstentäußerung nur denkbar ist, falls der Handelnde sie selbst vollbringt (sie kann nicht „von außen“ aufgezwungen werden), und ferner ihrem Sinn nach fordert, daß der Sichentäußernde eben sein Selbst nicht irgendwie zurückhält, d. h., sich über sein Selbstentäußern hinaus entäußert, muß in der hier zu erörternden Entäußerung die Gegenüberstellung zwischen einer vom Handelnden ausgehenden und einer ihn „überkommenden“ Entäußerung, zwischen Entäußern und Entäußertwerden überholt sein. Dies impliziert jedoch auch, daß in der Entäußerung – in der Blickrichtung, in der wir sie jetzt betrachten – die Unterscheidung zwischen einer endlichen und einer unendlichen Form überboten ist. Die Entäußerung geht „wie von selbst“ in ihr Äußerstes, oder, anders ausgedrückt, sie durchgreift von ihrer äußersten Ausspannung her jede begrenzte Weise und hebt den Entäußerten über alle Begrenzung hinweg und hinaus. Nur so kann von Selbstentäußerung die Rede sein.

Daher läßt sich die Selbstentäußerung eines endlichen Handelnden nur als Einbezogensein in die *Selbstentäußerung eines unendlichen (göttlichen) Handelnden* überhaupt verstehen.

Geht der Handelnde gemäß seinem Selbstsein aber dergestalt in der Entäußerung hervor, dann wird diese zur „*Verallgemeinerung*“ – keineswegs freilich als abstreifende Abstraktion, sondern als unumschränkte und vorbehaltlose Mitteilung, als „Allen-gemeinsam-werden-Lassen". Das Selbstsein tritt damit in den Modus der Differenz, d. h., es west in seiner Allgemeinheit. Es kommt darin auf eine eigenartige Weise mit allen in ihrem Selbstsein Entäußerten überein; die Selbsthaften gehen ineinander und durcheinander hervor, und zwar im Heraufgang eines überragenden Selbstseins, das wiederum in seiner Allgemeinheit nur angemessen gedacht ist, insofern auch für es der Charakter einer ihm angemessenen Übereinkunft gilt.

Allein in dieser Weggabe in die Allgemeinheit ist eine gegenseitige „Berührung" von Selbstseienden in ihrem Selbstsein überhaupt verständlich zu machen.

Unter einem zweiten – dem soeben diskutierten komplementär zugeordneten – Aspekt erscheint die Freiheit des Handelns darin, daß der Handelnde sich gerade in der äußersten, sein Selbstsein einbeziehenden und als solches beanspruchenden Entäußerung aus der Weite seiner Allgemeinheit sich auf sich hin zu sammeln und in den *Vollzug der Identität*, ins *Selbstsein* zu gelangen vermag. Nicht weniger als der Aufbruch der unbedingten Hingabe mitten im Vollzug des Selbstseins ist das Hervortreten der lebendigen Identität aus der abgründigen Weggabe der Entäußerung das Geschehen der Freiheit.

Dieses ursprüngliche, d. h. das Selbstsein entspringen lassende Ermöglichen des Selbstvollzugs muß als ein *Vermitteln* aufgefaßt werden. In diesem Zusammenhang wird deutlich, daß „Wesen" hier im Grunde ein gegenläufiges, ebenso unableitbares wie untrennbares Ermöglichen oder Ermächtigen besagt: die Differenz „wesend" im Modus der Identität bedeutet das Entspringen der Entäußerung im Herzen des Selbstvollzugs; die Identität „wesend" im Modus der Differenz bedeutet das unableitbare, originäre Entspringen des Selbstseins im Abgrund der Entäußerung. „Wesen" meint das Ermöglichen beider „Bewegungen" jeweils in der höchsten Steigerung des Gegenläufigen und somit ihre grundsätzliche Verschränkung. Die innere Einheit des Wesens liegt gerade in dieser Verschränkung.

Erneut zeigt sich aber auch auf der Seite des Vermittelns ins Selbstsein eine eigentümliche Zusammengehörigkeit dieses Vermittelns mit einem es zugleich durchdringenden und überragenden Handeln: Denn wiederum kann die Vermittlung ins Selbstsein den Selbstvollzug nur ermöglichen, insofern sich der Selbsthafte selbst vermittelt und vermittelt wird. Und wiederum involviert diese Überbietung des Gegensatzes von Vermittlung und Vermitteltwerden, daß die Vermittlung des endlichen Handelnden, was sein Selbstsein angeht, irgendwie jenseits seiner Endlichkeit erfolgt.

Das heißt: Das Vermitteln des Handelnden in den Vollzug des Selbstseins gehört in die Einheit eines Vermittelns, das das Vermitteln aller endlichen sich dergestalt Vermittelnden dadurch zusammenführt, daß es dieses in ein überragendes Vermitteln von Selbstsein im Handeln eines unendlichen Handelnden aufnimmt und damit konsequenterweise in die Selbstvermittlung des überragenden Selbstseins einbezieht. Aus diesem Vermitteln aber erhält das in die Entäußerung heraufgegangene Selbstsein des endlichen Handelnden die Vollmacht, nicht nur den Handelnden zum Vollzug seiner Identität mit sich zu ermächtigen, sondern darin zugleich das Vermitteln aller Handelnden so auf ihn hin zu vereinen, daß die Freigabe des Handelnden auf sein Selbstsein hin jeweils Freigabe aus der Einheit aller (endlichen) Handelnden und damit vor allen und in bezug auf alle ist.

Ja, man muß diesen Gedanken – in Anknüpfung an das früher schon Gesagte – noch etwas weiterführen. Stellten wir oben fest, daß Allgemeinheit notwendig Übereinkunft in der Entäußerung sei, so muß die Vermittlung ins Selbstsein notwendig als „gegenläufig" angesehen werden. Denn Vermittlung wäre nicht Vermittlung ins Selbstsein, wenn nicht im Selbstsein der Anspruch der Differenz zur Geltung käme. Das Vermitteln vermittelt infolgedessen so ins Selbstsein, daß darin ein „Wesen" ins Walten kommt, das den Selbsthaften aus seinem Selbstsein heraus über sich hinausbezieht. Dies ist aber wiederum nur möglich, wenn es – aus der Einheit der Vermittlung ins Selbstsein – die „Andersheit", das „Gegenüber" eines Selbstseins gibt, auf das sich der sein Selbstsein Vollziehende beziehen kann.

In diesem Sinne entspricht dem Heraufgang in die Allgemeinheit des Entäußertseins die Ein-fachheit oder Ein-falt, d. h. das alle und alles ins Eine – aber ins aus sich heraus geöffnete Eine – Wendende der Vermittlung ins Selbstsein.

2. *Die Differenz zwischen endlichem und unendlichem Handeln*

a) In der Selbstentäußerung

Die Entäußerung darf jedoch nicht allein unter dem Blickwinkel eines positiven, „verallgemeinernden" Heraufgehens der Handelnden in ihrem Selbstsein gesehen werden. Sie bedeutet immer auch die Einbeziehung jener Gestalt der Einheit der Wirkenden, in der sich diese als exklusives An-sich-Halten, als Nicht-Mitgeteiltheit und Nicht-Mitteilbarkeit vorstellt, d. h. als *Individualität.* Mit ihr kommt die der Einheit zugehörige *Endlichkeitsverfassung* ins Spiel.

Das bedeutet aber: Die Entäußerung wird der Eigentümlichkeit des Wesens, der Allgemeinheit des Selbstseins in der Weggabe nur gerecht, wenn sie das Thema der Endlichkeit der Handelnden auf ihrem Wege „aufgreift". „Wesen" hat nämlich immer und „wesentlich" ein Verhältnis zum Nichtsein.

Der Austrag dieses Verhältnisses in der Entäußerung ist folgendermaßen zu denken: Entäußerung bedeutet nur dann das positive Heraufgehenlassen der Handelnden gemäß ihrem Selbstsein – das sich in seiner Unbeschränktheit dem Walten der Differenz ja gerade keineswegs widersetzt –, wenn in ihm auch die Negation der Individualität geschieht und beides, positives Heraufgehenlassen in die Allgemeinheit und Negation der Individualität, aufeinander bezogen werden. Wäre der Handelnde dieser allein überantwortet, so könnte er sich zur Entäußerung nur verhalten, indem er sie als bloße Zerstreuung ins Viele abwiese. Wird sie jedoch in der Entäußerung und d. h. in bezug auf den positiven Heraufgang in die Allgemeinheit negiert, so kommt ihre Nichtigkeit überhaupt erst als solche zum Vorschein. Dies kann freilich nur geschehen, wenn der Freilegung der Negativität in der Verneinung die Entschränkung des in der Individualität – sie ist ja eine Weise der Einheit – immer „verschlossenen", an sich aber positiven Gehaltes über alle Ausschließlichkeit hinaus entspricht. In Wahrheit ist jene reductio in nihilum, die in der Verneinung das Nichtsein überhaupt auftauchen läßt, das Ausschließen der Negativität aus der Wirklichkeit, ja in dieser entschränkenden und positiven Reduktion fundiert und auf eine die Trennung und Entgegensetzung der Gehalte überholende „Aufhebung", in der das Individuelle seinem positiven Gehalt nach zur Geltung kommt, zurückbezogen.

Dies hängt damit zusammen, daß sich in der Negation einer Negativität unter der Form der Verneinung eine Bejahung verbirgt. Dadurch erhält die bejahende Richtung der Entäußerung und damit die in ihr heraufgehende Allgemeinheit einen neuen Zug: es geht nicht nur um die „Ausbreitung nach allen Seiten", um das „Weggegebensein aller an alle und in allen", sondern auch um das entschränkende Einbegreifen positiver und unterschiedlicher Gehalte – die Allgemeinheit erweist sich in diesem Betracht als complexio oppositorum.

Bedenkt man jedoch, daß eben Individualität jene Gestalt der Einheit wäre, die sich allein von der Differenz her deduzieren ließe, so bestätigt sich unter dem Gesichtspunkt der Negation der Individualität und ihrer derart geschenkten Einbeziehung in die Entäußerung gerade die Freiheit und Unableitbarkeit des Heraufgangs des Selbstseins in ihr.

Dies alles gilt naturgemäß auf eine einzigartige Weise für das Handeln, in dem sich die Wirklichkeit eines schlechterdings und unbeschränkt Wirklichen, d.h. Gottes, artikuliert. In seiner Entäußerung ist jede Individualität einfachhin ausgeschlossen. Dieser Ausschluß ist in bezug auf das „Wesen" in der Allgemeinheit nur denkbar, wenn in der Allgemeinheit des überragenden Selbstseins jede auch nur mögliche Opposition positiver Gehalte überboten ist. Hier verweist die Ausschließung in der Entäußerung die Individualität in ein Negativum, das „nichts als Nichts" ist. Das heißt: In der Entäußerung des überragenden Selbstseins eröffnet sich die „Dimension" des nihil tantum als des völlig Bedeutungs- und Beziehungslosen angesichts der reinen Wirklichkeit.

In der Selbstentäußerung des endlichen Handelnden – wir betrachten das menschliche Handeln – zeigt sich demgegenüber ein fundamentaler Unterschied, ohne daß das früher Ausgeführte über das Entäußertwerden des endlichen Handelnden in seinem Selbstsein dazu im Widerspruch stünde.

Zwar bedeutet auch im Handeln des endlichen Handelnden, also etwa des Menschen, Negation der Individualität Ausschluß aus der Wirklichkeit; dennoch besitzt hier die Negation neben dem positiven Heraufgang ein eigenes Maß – sie fällt weder ihrem Negationssinn nach einfach mit der Reduktion in das nihil tantum noch ihrem Zum-Zuge-kommen-Lassen einer positiven Entschränkung nach mit dem Heraufgang der unendlichen Allgemeinheit zusammen. Man muß vielmehr sagen: Positives Heraufgehen des Selbstseins in die Entäußerung und Negation der Individualität als Endlichkeitsform der Einheit stehen nicht ohne weiteres auf gleicher Höhe.

Gewiß gehören Ja und Nein auch hier untrennbar zusammen; und gewiß „decken" sie sich in der Entsprechung ihres je unendlichen Gewichtes. Aber gleichwohl öffnet sich in ihrer „Deckung" oder „Entsprechung" die Möglichkeit eines offenen Abstandes. Dem unendlichen Gewicht des Ja muß ein unendliches Gewicht des Nein entsprechen. Während jedoch Unendlichkeit auf der Linie des Ja erst erreicht ist, wenn alle Einschränkungen überwunden und ausgelöscht sind, kommt die unbedingte Überwindung der Negativität in jeder noch so beschränkten Negation einer Negativität zur Geltung. Das Nein ist ganz, wenn es so groß ist wie das zu Verneinende, das Ja ist erst ganz, wenn es positiv grenzenlos, wahrhaft unendlich ist.

Daher eröffnet die Negation der Individualität grundsätzlich unendlich viele begrenzte Verneinungen von Individualität, in denen doch, wenn sie überhaupt geschehen sollen, die Individualität im Ganzen negiert ist.

In der Handlung in ihrer Endlichkeit handelnder Menschen beobachten wir daher eine Konstellation relativer Ausschließlichkeit oder Individualität in der Kontraposition konträrer Bestimmtheiten („Gehalte") der Handelnden. Ihre Negativität wird sichtbar, insofern die Handelnden in der leeren, d.h. nichtigen Allgemeinheit eines gemeinsamen Negierens übereinkommen. Sie beziehen sich darin in einer Ununterschiedenheit und Unentschiedenheit auf die positive, entschränkende Aufhebung der in der Ausschließlichkeit „verstrickten" Gehalte oder Bestimmungen. In dieser Unbestimmtheit wird die Negation der Individualität zur Eröffnung einer Disponibilität für ein selbsthaftes Handeln, in welchem die Handelnden handelnd ihre Einheit vollbringen.

Mit anderen Worten: Die Handelnden entäußern sich selbst in der Handlung nur, insofern sie positive Sachverhalte, über die sie verfügen, einbringen und in der Handlung zur Entscheidung stellen. Daher geht es im Handeln der Menschen als in ihrer Endlichkeit Handelnder stets um Sachliches, um die Sache, über die, in der gehandelt wird, um einen sachhaft angebbaren Einsatz, in dessen Zur-Disposition-Stellen sich das Engagement der Handelnden selbst in einem endlichen, umschriebenen Kompetenzraum darstellt. Dieser Raum ist nur auf den untersten Stufen des Wirkens starr; er ist ein Spielraum des Verfügens. Das

Maß, der Rahmen und Umfang dieses Spielraums aber wird in der Handlung, gerade insofern sie Selbsthingabe ist, als Verfügung einer überlegenen Freiheit entgegengenommen.

Um dies zu verstehen, muß man bedenken, daß die begrenzte Negation der Individualität zwar den Bezug auf die positive entschränkende Aufhebung der von der Individualität – so wie sie hier in der Relation zwischen endlichen Handelnden negiert wird – betroffenen Gehalte in der Übereinkunft ihrer Allgemeinheit involviert. Allerdings ist aber auch diese relative und begrenzte Negation von Individualität nur möglich, insofern in ihr eine Negation der Individualität überhaupt zum Zuge kommt. Indem die dieser zugrunde liegende allumfassende positive Aufhebung und Entschränkung jedoch die der begrenzten Negation unmittelbar entsprechende positive Aufhebung dergestalt übersteigt, daß sie von dieser her nicht mehr ermessen werden kann, bemißt sie ihrerseits – das ist eigentlich nur die Kehrseite des Verhältnisses – diese frei von sich her in dem ihr zugemessenen Spielraum.

Daher bewegt sich das Zur-Disposition-Stellen von Sachlichem im endlichen Handeln innerhalb bestimmter Grenzen. Wir erwähnten schon, daß diese nur auf der Ebene des „mechanischen Wirkens" als starre Gesetze auftreten, im menschlichen Handeln jedoch den Charakter freier Spielräume haben, die in der Handlung zu akzeptieren die Bedingung der Selbsthingabe ist, die also gerade um der Teilnahme am Entäußern des unendlichen Handelns willen entgegengenommen werden müssen.

Darin wird offenkundig, daß die Übereinkunft des Selbstseins der endlichen Handelnden mit dem göttlichen Selbstsein in der Entäußerung nicht mit einer auflösenden Verschmelzung verwechselt werden darf. In der zur Allgemeinheit gehörenden „Durchdringung" erscheinen die endlichen Handelnden zugleich unendlich transzendiert. Man könnte vielleicht sagen: Während die endlichen Handelnden gemäß ihrem Selbstsein in Gott entäußert sind, ist Gott dergestalt in ihrer Allgemeinheit entäußert, daß darin eben seine absolute Souveränität und Ursprünglichkeit ans Licht kommt.

b) Im Selbstvollzug

Wir können einen korrespondierenden Gedankengang auch hinsichtlich des Selbstvollzugs anstellen.

Die Handelnden sind vermittelt und vermitteln sich in einen Identitätsvollzug, der nur dann vollendet ist, wenn in ihm – durch das „Wesen" der Differenz im Modus der Einheit – eine Beziehung ermöglicht wird, die den seine Identität in sich Vollziehenden einem „Anderen" gewissermaßen zuwendet. Die eine Vermittlung ins Selbstsein vermittelt so von sich her gerade in den Bezug auf einen selbsthaften „Gegenüber", und zwar in dem Ermächtigen durch ein schlechthin ungeteiltes Wesen, so daß der Beziehung „hinüber" diejenige „herüber" entgegenkommt und umgekehrt. In dieser Unbeschränktheit ist die Freigabe Teilnahme am göttlichen Freigeben.

Aber auch auf dem Feld der Vermittlung ins Selbstsein erscheint die dem Wesen eigentümliche Auseinandersetzung mit dem Nichtsein. Und wiederum ergibt sich unter diesem Aspekt ein gravierender Unterschied.

Die dem im Selbstvollzug waltenden Wesen entsprechende Endlichkeitsform ist jene Gestalt der Differenz, die sich vom Identitätsvollzug her entwerfen läßt: die in ihm ausgeschlossene beziehungslose *Zerstreutheit* vieler, die bloße *Dispersion.*

Erneut bedeutet der Selbstvollzug des unendlichen Wirklichen die reine Abweisung der Dispersion in ihre schlechthinnige Nichtigkeit. Gott stellt sich darin positiv dar als Inbegriff alles In-Beziehung-Setzens und aller daraus folgenden Bezogenheit.

Die Ausschließung hat jedoch im Handeln der Endlichen wiederum eine andere Weise der Zuordnung des Ja und Nein als im göttlichen Handeln.

Erneut muß an die oben bereits angestellte Betrachtung über den Unterschied der Bedeutung von Unendlichkeit im Sinne der unmittelbaren Steigerung ins Positive und der Negation eines Nichtigen erinnert werden.

Als Ausbildung des Nein, des Negierens in der Vermittlung in den Selbstvollzug des endlichen Handelnden zeigt sich eine zum „Wesen" der Differenz im Modus der Einheit gehörende, jedoch von ihrer Positivität abgehobene Gestalt: eine im Selbstvollzug in dessen gemeinsamem Vermitteltsein gesetzte begrenzte Nicht-Vielheit, Nicht-Gleichgültigkeit, Nicht-Beziehungslosigkeit: Eine beschränkte Zahl Handelnder wird in eine sie aus der gleichgültigen Vielheit herauslösende Relation zueinander gebracht. Wiederum kann sich diese begrenzte Negation der Endlichkeit – in der auch hier eine reductio ad nihilum geschieht – nur in der wechselseitigen Beziehung Handelnder zueinander ausbilden. Und auch hier ist die Negation der Endlichkeitsform nur möglich, wenn sich in ihr eine positive und irgendwie entschränkende Aufhebung verbirgt. Diese liegt darin, daß das Aufeinanderbezogensein dem Selbstsein des jeweils „anderen" Handelnden überantwortet ist. Das bedeutet aber, daß sich die gegenseitige Relation in bestimmten, einander ergänzenden, im Sachgehalt beschreibbaren und aufeinander verweisenden „dramatischen Rollen" darstellt, die in der Vermittlung der Selbstseienden in ihren Selbstvollzug gesetzt sind.

Auch an dieser Stelle muß freilich die Überlegung angestellt werden, daß sich die Negation der Negativität in der in ihr implizierten Rückbeziehung auf eine die Negation tragende Positivität nicht einfach nur auf das Selbstsein der endlichen Handelnden bezieht, sondern zunächst – eben als Negation von Negativität – auf jene Positivität hinbewegt, in der alle Beziehungslosigkeit schlechthin überwunden ist. Und wiederum muß man sagen, daß sie – weil dies ein Verhältnis ohne Maßstab ist – in einen begrenzten Raum von Setzung eingewiesen wird, während dieser durch frei verfügtes Voraus-Setzen vorweg bestimmt ist. Gerade in dem in der Voraussetzung erschlossenen Raum von Setzungs- und Bestimmungsmöglichkeiten, von Rollenzuweisungen verweist das Handeln symbolisch auf jene es freigebende und zugleich determinierende Macht.

Dabei ist freilich erneut zu beachten, daß die Zuweisung der Rolle eben nicht bedeutet, daß der endliche Handelnde zum bloßen Vollstrecker vorausfixierter Gesetze wird. Wie sich in der Entäußerung ein – mit dem Rang des Wirkens steigender – offener Rahmen möglichen Einsatzes ergab, so gilt, daß mit dem Rang des Wirkens auch die Offenheit, die Geräumigkeit und Pluripotenz der zugewiesenen Rolle zunimmt. Der Spielraum möglicher „Ausfüllungen" und „Interpretationen" wächst. Und doch bleibt auch hier ein begrenzter Bewegungsraum; es gibt diese Rolle in dieser und eine andere in einer anderen Handlung. Keine entspricht – selbst nicht in ihrer endlichen Weise – der Fülle dessen, was im Selbstsein befaßt ist. Immer wird so – im Verhältnis zum Nichtsein, das zum Wesen gehört – der Abstand der endlichen Handelnden gerade in ihrem Selbstsein zur göttlichen Vermittlung in den Identitätsvollzug deutlich.

3. Menschsein als Handeln Gottes: Ausblick auf die Inkarnation

a) Unendliche Selbstentäußerung

Es liegt in der Konsequenz des Gedankens der freien, von Gott her eröffneten Spielräume des menschlichen Handelns, daß Gott diesen Spielraum des sachlichen „Einsatzes" aus der Freiheit seines Heraufgangs erschließt. Vom endlichen Handeln her gibt es jedoch keinen Grund dagegen, daß dieser Spielraum unbeschränkt wird. Dies schlösse einerseits die freie Wahl verschiedener Hinsichten innerhalb dieses Spielraums nicht aus. Andererseits aber wären die darin gegebenen Implikationen von größter Tragweite. Wäre der Spielraum – um bei diesem Sprachgebrauch zu bleiben – unbeschränkt, so hätte der in seiner Endlichkeit Handelnde sich in der Totalität jener Inhaltlichkeit zur Disposition gestellt, in der sich seine Individualität nach jeder Richtung hin ausprägt. Er käme einfachhin als „dieser Mensch" mit dem ganzen Inhalt seines Menschseins zum Einsatz.

Die hier geforderte, in der Negation der Individualität heraustretende leere, d.h. negative Allgemeinheit wäre nicht nur alle endlichen Wirkenden übergreifend, sondern sie könnte überhaupt nur aufgefaßt werden als eine Übereinkunft des Negierens, in der alle Wirkenden insofern übereinkommen, als darin Gott in seinem Negieren mit jenem Handelnden in dieser leeren und nichtigen Allgemeinheit übereinkommt. In einer Negation der Individualität, die alle ihre Gehalte umfaßt, müßte sich diese gewissermaßen „adäquat" auf die unendliche complexio aller im Endlichen unterschiedlichen Inhalte beziehen. Das schlösse jedoch ein – immer gemäß dem oben Ausgeführten –, daß das Selbstsein dieses endlich Handelnden in seiner „Allgemeinheit" mit demjenigen Gottes zusammenfällt. Oder anders ausgedrückt: Eine derartige Entäußerung wäre nur denkbar, wenn Gott sich auf menschliche Weise so auf sein Entäußertsein bezöge, daß er auf die Weise des Handelns des Endlichen, des Menschen, dergestalt in die Entäußerung einginge, daß er über sich selbst die tiefste Exinanitio verfügte, die sich denken läßt.

b) Unendlicher Selbstvollzug

Versuchen wir eine analoge Grenzüberlegung auf der Seite des Vermittelns in den Selbstvollzug.

Auch hier geschieht eine Negation des bloß Vielfachen und in seiner Vielheit gleichgültig Zerstreuten, und zwar in endlichem Rahmen. Die in der Negation der Negativität – hier der Setzung relativer Bezogenheit und Zuordnung – liegende „Ergänzung" ist wiederum als Negation von Negativität auf eine unendliche Andersheit (im positiven Sinne des „Anderen") bezogen zu denken, ohne daß dieser in seinem „Gegenüber" vom Endlichen her bemeßbar wäre.

Wiederum gilt aber auch, daß sich aus dieser äußersten Entschränkung die freie Verfügung der Zuordnung der endlich komplementären Rollen im Selbstsein der endlichen Anderen ergibt. Das heißt: diese sind in der Selbstvermittlung zugleich in ihre Rolle *eingesetzt* und damit zum Gegenüber geworden. Insofern unterscheiden sie sich in der einen Freigabe ins Selbstsein zugleich vom schlechthin unendlichen Selbstsein.

Wird nun jedoch in der Selbstvermittlung eines endlichen Handelnden nicht nur eine bestimmte Rolle in einer umfassenderen Voraussetzung gesetzt, sondern wird die Gesamtbestimmung vielmehr des Menschseins dieses Menschen als seine Rolle gesetzt, so muß das göttliche Setzen als Negation der bloßen gleichgültigen Vielheit, als Setzen ins Gegenüber mit der Setzung im endlichen Handeln einerseits (auf eine zweifelsohne noch näher zu erörternde Weise) übereinkommen; andererseits aber kann sich das Selbstsein, auf das sich das Setzen als die Positivität des Anderen bezieht, nicht mehr vom göttlichen Selbstsein unterscheiden. Das heißt: dieses Bestimmtsein in eine Rolle ist nicht mehr nur „symbolisch" vermittelter Ausdruck von Selbstsein, sondern es ist die Weise, wie das überragende Selbstsein sich in seiner unbeschreiblichen Fülle und Innigkeit im Endlichen offenbart; und es ist darin zugleich der äußerste im Endlichen hervortretende Verweis auf den Anderen in Gott.

V
Im Anfang

Zweiunddreißig Thesen zum Schöpfungsbericht in rechtstheologischer Absicht

Ernesto de Guereñu, Bilbao

Vorliegende Studie sucht, soweit möglich, eine Sicherstellung von exegetischem Material. Sie ist als Grundlage für eine gedankliche Ausarbeitung im Hinblick auf das Problem einer biblisch fundierten lex aeterna gedacht. Der Studie zugrunde gelegt sind vordergründig der priesterschriftliche Schöpfungsbericht (Gen 1, 1–2, 4a) und die komplementär entsprechenden priesterschriftlichen Teile aus Kap. 5–9, die als dessen Ergänzung, ja z. T. als eine Umkehrung der Schöpfung aufgefaßt werden können.

Die Beschränkung auf die priesterschriftliche Fassung hat den Sinn, anderweitige theologische Motive oder Traditionen aus J und E, die die Kohärenz des priesterlichen Gedankenguts stören könnten, möglichst auszuschalten, um zu versuchen, das eine Becken altjüdischer Theologie in seiner ihm eigenen Auffassung der Schöpfung zu umreißen, ohne dadurch koinzidente Einblendungen anderer Hagiographen oder von P verwerteter älterer Traditionen präjudizieren zu wollen.

Jedes Streben nach Vollständigkeit ist von vornherein vermieden worden, ja der Nachdruck der Untersuchung muß gerade auf seiner Bruchstückhaftigkeit liegen, die teils durch die Entzogenheit der Sache selbst nahegelegt, teils durch die Kürze der Zeit geboten war. Der anvisierte Befund wird in Form von Thesen bzw. von mehr oder weniger losen Gedankengängen dargeboten, die in keiner Weise Anspruch auf Unumstößlichkeit erheben, vielmehr vom Autor zum guten Teil als Hypothesen – wie denn anders – aufgefaßt werden. Im Zuge der thetisch skizzierten Formulierung ist vielerorts auf eine lückenlose Beweisführung, soweit diese überhaupt möglich, sowie auf sonstige nähere Angaben verzichtet worden, die vielmehr in einer umfangreicheren Erörterung ihren angemessenen Platz haben sollten.

Eine letzte Intention schwebt der Studie vor: die hier fern und archetypisch winkende καινὴ κτίσις in Jesus, der „das Ebenbild des unsichtbaren Gottes, der Erstgeborene der ganzen Schöpfung" ist (Kol 1,15). Jesus beruft sich ausdrücklich auf das „Im Anfang" (Mt 19,8).

I. STOICHEIOLOGIE

1. Die Aussagen, die die Grundelemente der Schöpfung betreffen, sind einem sicheren Griff am meisten widerspenstig. Ihre Umrisse verdunsten und rücken in den nebligen Hintergrund des ursprünglich Mythischen. Sind sie einerseits abgeschlagenes Geröll ehemals feststehender Glaubensblöcke, so ist andererseits ihre hypothetische Ureigentlichkeit dem bedachten Dichter gleichgültig, dessen Augenmerk ausschließlich Gottes Schöpfungswerk gilt. Ihr Aufspüren muß also hauptsächlich von diesem her wie aus ihrem Gegenbild anfangen und von diesem auf jene wie e contrario schließen. Als direkte Aussage verfügen wir ja lediglich über die die Erzählung einrahmenden Verse 1, 1–2 und 2,4a, ja genaugenommen nur über 1,2, wo der Urbestand dieser Elemente flüchtig aufgezeichnet wird. „Himmel" und „Erde" sind ja neue Namen einer neuen Wirklichkeit.

2. Der Halbschatten, den der Verfasser, nachlässig und bewußt zugleich, diesen Urelementen zugemessen hat, erlaubt deren sichere Aufzählung nicht. Von der Schöpfung am wenigsten berührt und in ihrer Ursprünglichkeit belassen sind die Urflut (t^{e}hom) und die Finsternis (hôsæk). Ihnen werden als Dämme und Gegenkräfte der Himmel, die Erde, das Licht entgegengestellt. Bestenfalls vom Licht könnte man eine creatio ex nihilo im Sinne des Verfassers annehmen. Völlig auszuschließen ist eine Erschaffung aus dem Nichts der Urflut und der „Erde" (vgl. 1,2 und 9). Weish. 11,17 „creavit orbem terrarum ex materia invisa" (ἐξ ἀμόρφου ὕλης) liegt dem priesterschriftlichen Gedanken näher als die in ihrer Wirkungsgeschichte glücklichere Stelle aus 2 Makk 7,28 „quia ex nihilo fecit illa Deus" (οὐκ ἐξ ὄντων). Die „Erschaffung" dieser Urelemente besteht vielmehr in ihrer Auseinanderlegung und Einschränkung, ihrer Bereitstellung und ihrer grundlegenden Umgestaltung zu *Prinzipien des Lebens.*

3. Den größeren Raum und die vorzüglichere Aufmerksamkeit, die die in der Endgestalt frühere griechische Theologie eines Hesiod oder

die weitaus spätere römische Dichtung des Ovid als Sammelbecken früherer Traditionen einerseits und die altorientalischen, Israel um- und ihm vorliegenden Kosmogonien andererseits, demselben Gegenstand schenken, ist, obwohl längst bekannt, nicht weniger augenfällig. Die Einstellung des nüchternen priesterlichen Berichts kommt, im Vergleich zu jenen, einer Entmythologisierung der Naturkräfte gleich, um die Transzendenz des Einen Gottes herauszustellen und sie sicherer zu gewinnen. Ist diese Einstellung insofern ikonoklastischer, so betont sie zugleich den Menschen als einmaliges Ebenbild Gottes. Als dessen gottgeschaffenes Ebenbild darf der Mensch aber nicht sich selbst zum selbststehenden Ersatz seines Urbilds emporheben, was einer umkehrenden Verfälschung, einer Gottesleugnung und einer Selbstzerstörung gleichkäme. Die Identität und die Differenz zwischen Urbild und Nachbild müssen *in einem* festgehalten werden. Die stete Gefährdung dieses dialektischen Verhältnisses ist die ratio legis des Bilderverbots.

4. Die priesterschriftliche Hinwendung zum Diesseits des Mythischen gilt der Betonung des jenseitigen Gottes und der Erklärung des Diesseits nicht durch die spontane Entwicklung inwendiger Naturkräfte göttlichen Attributs, sondern durch den souveränen Entschluß des jenseitigen Herrscherwillens Gottes. Dabei ist gleichzeitig das Schöpfungswerk ein jeweils anders geartetes und abgestuftes Nachbild und eine Entsprechung seines Wesens und Wortes.

5. Die LXX-Wiedergabe des als tôhû wabôhû beschriebenen Urbestands der „Erde" durch ἀόρατος καὶ ἀκατασκέναστος, diesseits jedes wohl sachbegründeten Anklangs an mythologisch-kosmogonische Vorstellungen der Nachbarvölker und unweit des sonst gängigen Sinnes von „wüst und leer", ist ohne Zweifel griechisch gedacht, eröffnet aber gleichzeitig einen vertieften Sinn der Schöpfung, der auch dem näheren Kontext gerecht wird.

ἀόρατος korrespondiert mit v. 9, wo das „Trockene" „sichtbar gemacht" wird. ἀκατασκέναστος präludiert e contrario das Ordnende der Schöpfung, soweit sie Gestaltung, Aussonderung, Scheidung, Unterscheidung, Bestimmung und Namengebung, Anordnung und Ausführung und schließlich *bereitstellende Urverfassung* des Lebendigen ist. Der mitschwingende juristisch-politische Sinn von κατασκενή erweitert und vertieft diesen Sinn ins Rechtstheologische.

6. Die Urfinsternis und die Urflut bleiben genaugenommen in einem vindikativen Hinterhalt erhalten, werden nur durch das schaffende

Wort Gottes in Schranken gewiesen und Ihm und dem Lebendigen durch Ihn verfügbar gemacht. Sie sind keine gottfeindlichen und/oder gottebenbürtigen Wesen, die diesem Gott gegenüberstünden. Ihre urtümliche chaotische Gewalt – das ihnen immerzu eigene δεινόν – werden durch die Erschaffung des Lichts und das „Erscheinen" des Trockenen nicht nur eingedämmt, sondern zu Prinzipien des „Guten", des καλόν, gemacht. Die stoicheiologische Gestaltung Gottes besteht in der konstitutiven, antitaktischen Erschaffung von Gegengewichten und Wechselkräften und/oder in der protaktischen und hypotaktischen Rangierung derselben unter sich.

7. Diese Gestaltung der Elemente, diese Ordnung hat einen *medialen* Charakter. Sie ist nicht die Widerspiegelung des Eigentlichen des Gottes, worin Gott sein Ebenbild in reiner, obwohl kreatürlicher Identität im Anderssein anschauen und als „valde bona" ansprechen könnte. Sie hat, bei aller Erhabenheit als Gotteswerk und bei aller Unerloschenheit der präkreativen Urgewalt der Elemente, nur einen *dienstlichen* Charakter im Hinblick und Ausblick auf Förderung und Erhaltung des Lebendigen überhaupt. Erst mit der Erschaffung des Lebendigen und erst recht mit der Erschaffung des Menschen als dessen Spitze ist die Eigentlichkeit des *lebendigen* und *mächtigen* Gottes in seinem Werk nachgebildet und wie im Spiegel als tob me'ôd anschaubar.

8. Die blinden und leblosen Urstoffe werden durch Gottes Geheiß zu Prinzipien des Lebens (vgl. 1,11–12.20.24), zu Koordinaten und „Zeichen" der lebendigen Abfolge der Geschlechter (vgl. 1,14; 2,4; 5,1–32), zum Bezugsgefüge der Erretteten in der Arche (vgl. 7,6.11–14; 8,3–5.13–14) und zu Zeichen für das kultische Gedenken an das handelnde, ruhende, rettende Urmodell (vgl. 1,14; 2,1–3; 9,12).

II. TAXEOLOGIE

9. Schon in seiner äußeren Gestalt ist der priesterliche Schöpfungsbericht, zumal in seiner endgültigen Fassung, von einem auf Ordnung und Plan absehenden Kompositionswillen durchwaltet, der sicherlich die möglicherweise aus älterem Traditionsgut herkommende Asymmetrie gewisser Teile nicht hat völlig glätten können noch wollen.

Der Dispositionswille ist dennoch klar erkennbar. Der erste und der letzte Vers des Schöpfungsberichts (1,1 und 2,4 a) bilden den die Erzählung jeweils im Anheben und Ausklingen zusammenfassenden äußeren Rahmen.

Das eigentliche Corpus der Erzählung wird dann in einem Heptaemeron abgewickelt, das die Schöpfungshandlungen nicht nur in einer zeitlichen, linearen Abfolge disponiert, sondern zugleich der Akme der Erschaffung des Menschen entgegenstrebt, die dann in den auf die Vollkommenheit der gesamten Schöpfung rückschauenden, geheiligten Siebten Tag einmündet und in ihm ausklingt. Mit dieser ersten retrospektiven Gesamtschau Gottes wird auch der Grundstein für die kultische Anamnese gelegt.

10. Die Analyse der Aussagen selbst und ihr gegenseitiges Abwägen bringt, bei näherer Betrachtung, einen mehrschichtigen Ordnungsgedanken zutage. Der prägnante Ausdruck wekol-seba'am am Schluß der Erzählung (2,1) steht vereinzelt da, doch die rekapitulierende Absicht des Verses, worin er seinen einmaligen Platz in der Perikope findet, macht ihn hierzu besonders aussagekräftig. Er deutet einerseits die Vielfalt, die Fülle, die Unzahl sowohl der Gestirne wie alles Lebendigen an, zugleich aber und nicht weniger hörbar die Geordnetheit und Rangabstufung, die man anschaulich in einem Heer antreffen kann. Es ist die organisch gedachte Fülle des lebendigen Alls. Es ist hierzu lehrreich, daß der alte Diasporajude καὶ ὁ κόσμος αὐτῶν dafür geschrieben hat, was hier die Ordnung des Weltalls und nicht dieses selbst namhaft machen soll, was ja aus dem vollen Wortlaut des Verses zu erschließen ist[1].

11. Gott schafft durch die Dienstbarmachung der Elemente ein Koordinatensystem für Ursprung, Entwicklung, Gedeihen und Zeitigung der Geschlechter. Diese sind syntaktisch-diataktisch koordiniert und synchronisch gesamtbezogen durch die großen Koordinaten Himmel, Erde, Wasser, Sonne, Mond, Gestirne.

12. In das zyklische Aufeinanderfolgen des von der schöpferischen Scheidung gesonderten Lichtes und der Finsternis und ihrer Gestirne

[1] Das unmittelbar vorausgehende hassammajim weha'ares ist ja der hebräische terminus technicus für das Weltall. Einen beides in einem Wort aussprechenden Terminus wie κόσμος gibt es im Hebräischen bekanntlich nicht. Wir dürfen im ursprünglich militärischen Rechtsbegriff τάξις ein vermittelndes Bild für die LXX-Wiedergabe sebaot κόσμος sehen. Aber auch die im Hebräischen gängigen Ausdrücke für Ordnung aus den Wurzeln ʿrk, sdr, sdr fassen überwiegend das Militärische ins Auge.

ist das lineare Zeitigen und Gedeihen von Pflanzen, Tieren, Mensch, ihrer Gattungen, Geschlechter und Werke auch *diachronisch* eingebettet. Der Akt der Scheidung läuft somit im Uranfang wie in der Geschichte einem Optimum entgegen, wenn wir den 2, 1–2 angelegten sensus plenior exemplarisch urgieren wollen.

Der priesterschriftliche Grund- und Bezugsbegriff *toledot*, vom Verfasser nicht nur auf das gemeinhin Organische, sondern auch auf die gesamte Schöpfung angewendet (2,4a) und die ständige Betonung zeitlicher Bestimmungen sowohl im Schöpfungsbericht und in den Ahnenreihen wie auf andere Weise im Sintflutbericht als negatives Gegenstück der Schöpfung zeugen auch dafür.

13. Nicht weniger wichtig und nicht weniger intendiert als die koordinierende, horizontale und die diachronische ist für den priesterlichen Verfasser die vertikale, *teleologisch-hierarchische Ordnung*.

Gott schafft über die Vielfalt der Geschöpfe hinaus je immer Rangabstufungen und Kompetenzunterschiede unter ihnen, die ihr Wirken und Sollen im Gesamtgefüge jeweils anders bestimmen.

14. Eine eigentümliche Stellung zwischen der alles überragenden Macht Gottes und der stellvertretenden Macht des Menschen über die Lebewesen nehmen die Elemente des Grundgefüges: Erde, Wasser, Himmelwesen, als Werkzeuge des lebendig machenden Gottes ein. Gott gegenüber stehen sie in einem betont hypotaktischen Bezug. Zeigen sie bisweilen gottähnliche schicksalsmächtige Züge (6,13.17; 8,1–2), so waltet ihre Urgewalt über die Schöpfung doch immer nur nach Gottes Geheiß.

Nach Gottes Geheiß werden sie, die ehedem leblose Urflut und das „Trockene" aufgefordert, zu Prinzipien des Lebens zu werden (1,11f.,20,21,24,25) und zu lebenstilgenden Vollstreckern von Gottes Gericht über die Verdorbenheit der Schöpfung.

Die Vermutung liegt nahe, daß der Verfasser, trotz des ausschließlich göttlichen Prädikaments bara' die Schöpfungswerke Gott nur radicaliter, attributive und eminenter zuschreibt, die nähere Ausführung derselben aber diesen nur silhouettenartig personifizierten Machtwesen überläßt auf dem Hintergrund eines orientalischen König-Beamten-Modells[2].

---

[2] Es wäre zu überlegen, ob der Ausdruck mela'k · tô, mit dem 2,2 die „Werke" Gottes zusammengefaßt, außer dem gängigen Sinn von Arbeitsleistung, Werk, nicht doch seinen

15. Himmel, Erde, Wasser sind durch Gottes Geheiß dem Leben und dem Menschen dienstbar gemacht, die Erde gar dem Menschen ausdrücklich unterworfen (1,26f.). Sinn und Grenze dieser Unterwerfung ist nicht deutlich abgezeichnet. Es scheint aber, daß sowohl die Erde wie auch die anderen Urelemente, als Gesamtgefüge und Prinzipien des Lebens, unantastbar sind; daß sie also nicht zur Gefährdung des Lebensguts oder zur Störung des integrativen Grundgefüges dem Menschen verfügbar sind[3]. Anders als die ihnen entsprossenen Lebewesen sind sie ihm nicht „in seine Hände gegeben" (vgl. 9,2).

16. Das „Heer" der Lebewesen, genauer „alles Fleisch", ist dem Menschentum unterworfen, ja dessen Schicksal durch eine sonderbare Sippenhaftung verbunden. Das der lebendigen Schöpfung zuwiderhandelnde Menschentum reißt diese lebendige Welt in sein Verderben mit (7,21).

17. Die gottverliehene Herrschaft des Menschen über die Schöpfung zusammen mit seiner diese Herrschaft beinhaltenden Gottesebenbildlichkeit ist, neben dem lebendigen Ganzen, das dominierende Stakkato sowohl des Schöpfungsberichts wie des Restitutionsberichtes nach der Sintflut (vgl. 9,7, wo das zweite Mal wohl uredu anstatt urebu zu lesen ist).

18. Der Zweck des handelnden Gottes, seine *teleologische* Ordnung wird ohne weiteres sichtbar. Die Himmelskörper werden geschaffen ut luceant, ut dividerent lucem ac tenebras, ut praesint diei ac nocti. Die Lebewesen: ut habeant (die Menschen) ad vescendum, sint vobis in escam. Der Mensch: ut praesit der Gesamtheit der Lebewesen und der ganzen Erde. Der Sinn der Arche wird lapidarisch prototypisch als lehaḥajjot, ut possint vivere, zusammengefaßt (6,20).

ursprünglichen und auch sonst üblichen Sinn von „Auftrag" hier beibehalten hat. Von seiner Wurzel her bedeutet er ja, jemanden mit einem Auftrage schicken. Geschäfte im Dienste eines Königs oder die von königlichen Beamten verrichteten werden auch mit diesem Substantiv bezeichnet (vgl. 1 Sam 8,16; Esth 9,3 [„Hofbeamte" werden da umschrieben als ʿose hammelaʾka ʾaser lammelek]). Der Entscheid darüber hängt natürlich mit der nicht von der Hand zu weisenden Frage nach dem eventuellen pluralen Sinn von elohim für manche Stelle aus unserer Perikope zusammen (vgl. 1,26). Das müßte aber Gegenstand einer eigens darauf abzielenden Untersuchung sein, der wir augenblicklich nicht nachgehen können. Aus ihr könnten manche Einblicke und Einblendungen für unser Thema gewonnen werden.

[3] Vgl. hierzu *B. Welte*, Der Kult in integrierten und in fortschrittlichen Gesellschaften, in: Zeit und Geheimnis (Freiburg i. Br. 1975) 93–106, dem diese Arbeit viel Anregung verdankt.

Die Schöpfung im ganzen bildet demnach eine Kette von Zwecken, die alle in der Erhaltung des (doch irgendwie göttlichen) Lebens als höchsten Gutes ihre Krönung haben.

Die *Gewalttat* erscheint als der *Urfrevel* gegen die Schöpfung, der die präkreativen chaotischen Mächte aus ihrem vindikativen Hinterhalt heraufzubeschwören vermag (s. vor allem 6,13).

19. Aus dem Schöpfungsbericht ist eine Reihe von Entsprechungen herauszulesen, die im einzelnen und in ihrer Gesamtheit auf eine *exemplarische Ordnung* hinweisen.

20. *Gottes Wort* und *Gottes Wirklichkeit.* Der schöpferische Spruch Gottes zeigt seine Macht und Voll-kommenheit darin, daß er im je Neugeschaffenen seine Entsprechung erfährt. Dieses Entsprechen kommt im sechsmaligen „et factum est ita" zum Ausdruck. Diese Einholung des heißenden Schöpferspruches durch den konstituierten geschöpflichen Rückspruch ist das, was der Schöpfer jedesmal „gut"-heißt. Am siebten Tage sind Gottes Wort und Werk voll-bracht. Die Einspannung der modellhaften Schöpfungstaten Gottes in eine Siebenzahl hebt den Vollkommenheitscharakter hervor.

21. Die *Gottesebenbildlichkeit* des Menschen wird nicht nur ausdrücklich hervorgehoben, sie ist vielmehr der Mittelpunkt der Erzählung, der am sorgsamsten vorbereitet und ausgeschmückt und auf den immer wieder zurückgegriffen wird (vgl. etwa 5,1–2; 9,6).

22. Die Gottesebenbildlichkeit ist zunächst ohne Zweifel realistisch-konkret, das heißt hier *lebendig*, wie aus den nahen Parallelstellen zu ersehen ist, aufzufassen: wie der Sohn eine Entsprechung seines Vaters ist (5,3). Daraus ergibt sich, daß das Leben des Menschen, weil gottesebenbildlich, unantastbar ist, auch nach der Sintflut (9,6). Gottesebenbildlichkeit ist somit Erbgut für alle Generationen.

23. Sie ist aber gleichzeitig eine *exousiastische* Ebenbildlichkeit, die Gottes Macht geschöpflich nachbildet. Der Mensch ist Gottes Abbild und Nachbild auch darin, daß er Geheiß und Gewalt übt über die Geschöpfe an Gottes Statt. Das *dominium terrae* ist nicht nur Folge, sondern wesentlicher Inhalt dieser Ebenbildlichkeit, nach Gottes Beschluß ihr wesenskonstitutiv mitgegeben, nicht „auf Grund des besonderen Segenswortes" Gottes[4]. Der Segen soll die rechte „Aus-

---

[4] Siehe *F. Horst*, Gottes Recht. Gesammelte Studien zum Recht im Alten Testament (München 1961) 226.

übung“ des göttlichen Mandats sichern, das immer der Gefahr der Machtüberschreitung des hybrischen theomorphen Menschen einerseits und der Gefährdung des göttlichen Ebenbildes im Menschen von seiten der menschengemachten Idole anheimgegeben ist[5].

24. Das Walten des Menschen über die gottgeschaffene Ordnung des Lebendigen ist, weil nicht iure proprio, sondern κατ' εἰκόνα Θεοῦ geübt, so gefährdet und gefährdend, daß der gesamte ornatus (vgl. 2,1 Vg) des Weltbildes rückgängig gemacht werden kann, daß das blinde Walten der Urelemente aus den bändigenden Schranken von Gott herausgerufen und „alles Fleisch“ unter dem Himmel und auf Erden und diese als bereitgestellter Lebensraum hinweggefegt werden können (6,13).

25. Der Segen, mächtig wie jedes Gotteswort, wird nicht in seiner Macht verwirkt. Er wirkt vielmehr, aus seinem dialektischen Verhältnis zum ebenbildlichen Verwalter der Lebensordnung Gottes heraus, den vielen zum Fluch, den anderen wenigen zur Verheißung und Rettung.

26. Nicht nur die Stellen, die das dominium terrae betreffen, auch der eben dargelegte nähere taxeologische Kontext sprechen für diese exousiastische Auffassung der Gottesebenbildlichkeit. Eine rein physikalisch aufgefaßte wäre eine dürftige, unterinterpretierte, flache Deutung eines Textes, der ein so differenziertes hierarchisch-teleologisches Denken verrät.

27. Die Darstellung von Gottes Sechstagewerk hat unverkennbar ein *Urmodell* für das Handeln des Menschen aufstellen wollen. Auch Menschenwort und Menschenhandeln dürfen und sollen über die Geschöpfe schöpferisch und gebieterisch verfügen: Scheiden, Sammeln und Sammelnlassen, Namengeben, Bestimmen, das Geschaffene Werten, Segnen, Lebenspenden, Leben „lassen“, und schließlich nach gottgefügter, wohlgetaner Arbeit die Ruhe heiligen, die Feste feiern. Alles muß aber in dieses vorgegebene Urmodell und nach dieser gottgewollten Welt- und Lebensgesetzlichkeit in diesen Dienst am Leben eingebettet sein. Die Herrschaft des Menschen darf nicht eigenmächtig ein irgendwie neugeartetes bzw. degradiertes Koordinatensystem gegen das von Gott aufgestellte aufrichten. Ziel seiner Herrschaft ist nicht

[5] Vgl. zu diesem Gedankengang vor allem *B. Welte,* Vom Wesen und Unwesen der Religion (Frankfurt a.M. 1952) und *ders.*, Nietzsches Atheismus und das Christentum (Darmstadt 1958).

eine Herrschaft gegen das Leben oder für ein wurzelloses, aus dem lebendigen Gefüge des Ganzen herausgerissenes Leben. Die Zeichen des Himmels (vgl. 1,14), die den natürlichen Rhythmus des lebendigen Ganzen bestimmen, sind für den Menschen be-deutend und richtungweisend (vgl. These 7 und 14).

III. DAS LEBENSGUT ALS ZWECK DER ORDNUNG

28. Die Schöpfung ist für den priesterlichen Erzähler ein *lebendiges*, sakrales *Ganzes* und Gott ein *lebendiger Gott*. Es ist eine gewisse Verflachung, den in These 12 bereits angeschnittenen priesterlichen Grundbegriff toledot 2,4a als „Entstehungsgeschichte" wiederzugeben[6].

29. Die ruaḥ elohim, die über den Wassern schwebte (1,26), ist möglicherweise nicht *rein* physisch-konkret wie ein „Gottessturm" oder gewaltiger Wind, noch elohim demnach in *diesem* Kontext als ein Superlativ, etwa „gewaltig" zu verstehen[7]. Es hat womöglich, im Kontrast zu 1,2a, einen vorbereitenden Zusammenhang mit der daraufhin in V. 3 einsetzenden Erschaffung des Lebensgefüges. Folgende Deutung versucht keine Rückinterpretation aus späteren Pneumatologien – keinen neuen Wein in alte Schläuche zu füllen –, sie wird u.E. vielmehr durch naheliegende Stellen aus P anempfohlen. Ruaḥ elohim muß dabei in Zusammenschau mit ihrem Tätigkeitsattribut meraḥefet gesehen werden. Ruaḥ elohim wird als eine Gegenkraft gegen die als leblos dargestellten Urelemente, als programmatische Ankündigung des Kommenden eingeführt. Diese Gegenkraft erscheint noch einmal, als bei der Restitution nach der Sintflut die Schöpfung und das Leben wiederhergestellt werden sollen. Gott läßt wiederum eine oder die ruaḥ über die Flut ziehen (vgl. 8,1).

30. 1,2b ist die Wirkung der ruaḥ nicht in actu, sondern noch „brütend" oder „die Flügel schützend ausbreitend", wie die semitische Wurzel von meraḥefet anzudeuten scheint. Ist diese ruaḥ elohim 1,2 in ihrer proteischen, doch noch unbestimmten Potenz angesprochen,

---

[6] Siehe *G. von Rad,* Das erste Buch Mose. ATD 2/4 (Göttingen 1953) 50.
[7] Vgl. hierzu *G. von Rad,* a.a.O. 37.

so bricht sie gleich darauf aus ihrer Unbestimmtheit heraus und wird zur schöpferisch bestimmten ruaḥ seines Mundes. Ähnlich der Psalm 33,6: „Der Himmel ist durch das Wort Jahwes gemacht und all sein Heer durch den Hauch seines Mundes (beruaḥ piu)."

31. Jeweils anders formuliert klingen immer wieder wie ein Basso ostinato der Erzählung entlang jene Worte und Wendungen, die die verschiedenen Ebenen, Dimensionen und Abfolgen des Lebens betreffen. Omnis, caro, animam viventem, iuxta semen suum, secundum genus suum, in oder iuxta species suas, facientem semen, facientem fructum, schließlich die Errettung der Sippschaft Noahs und seiner Tiere ut possint vivere. Alle diese Ausdrücke zeigen uns in den einzelnen Lebenssphären, im Ordnungsgefüge dieser untereinander und aller in ihrer Gesamtheit das eigentliche „Gut" der Schöpfung, d. h. eine teleologische Totalität, deren höchstes Gut deswegen nicht immanent und in sich selbst kreisend ist, weil alles ein gottbezogener Entspruch des ihn ins Leben rufenden lebendigen Gottes ist und Gott durch den Menschen sein eifersüchtiger Herr und Rächer ist (vgl. Thesen 12,15,16,18,22,24).

32. Gerechtigkeit als Gottesebenbildlichkeit. Ist „Frevel" und Gewalttat ein Überschreiten der von Gott in der Ebenbildlichkeit angelegten Herrschaft – die je stellvertretende Herrschaft des verlebendigenden Allherrschers und nie mörderische Gewalttat gottebenbildlicher Mitmenschen ist (6,11 ff.) –, so ist das „Gerechte" (ṣaddiq) tätiges Sich-Fügen in den Weg und in die Planung Gottes und „Wandeln mit Gott" (6,9). Noah hat ein heiles, schöpfungsgerechtes Verhältnis zu Gott und seinen Geschöpfen und wird dadurch – mit seiner Sippschaft – vom allgemeinen Untergang errettet. Als *Antityp* seiner umgekommenen Zeitgenossen und in seinem Lebenswandel als weggenössisches *Nachbild* Gottes ist er zugleich als solcher ein herausgerufener, auserwählter Erretteter und Retter zugleich und dadurch auch ein *Prototyp* und Ahn nachkommender gerechter Gestalten.

VI
Zur Exegese Gottes durch Jesus von Nazaret

Eine Auslegung des Gleichnisses vom Vater und den beiden Söhnen (Lk 15, 11–32)

Rudolf Pesch, Frankfurt a. M.

In der christologischen Reflexion des letzten Verses der hymnischen Einleitung des Johannesevangeliums (Joh 1,18) wird Jesus Christus als der *Exeget* Gottes, den „niemand jemals gesehen" hat, vorgestellt. Im selben Evangelium läßt der Evangelist Jesus auf die Bitte des Philippus „Herr, zeige uns den Vater" (Joh 14,8) hin antworten: „Wer mich gesehen hat, hat den Vater gesehen" (Joh 14,9). Der Evangelist formuliert hier einen Basissatz christlicher Tradition: Jesus von Nazaret ist *der Ort* der Gotteserfahrung, durch ihn lernen wir Gott kennen, er erscheint im Glauben „als Erweis der Gottheit Gottes"[1], er ist der Exeget Gottes.

Heutige Theologie und Christologie ist gehalten, die Basissätze christlicher Tradition mit dem Leben Jesu von Nazaret selbst historisch-kritisch zu vermitteln, Jesus von Nazaret als *den Ort* der Gotteserfahrung in der Auslegung seines Wirkens in Wort und Tat, seines Lebensganzen und seines Todes, seiner Wirkung und Wirklichkeit auszulegen. „Im Glauben darf nichts über Jesus ausgesagt werden, was nicht Anhalt am historischen Jesus selbst hat."[2] Inwiefern erscheint der irdische, der historische (historischer Forschung und damit geschichtlichem Verstehen wie theologischer Würdigung zugängliche)

---

[1] Vgl. dazu: *F. Mildenberger,* Herr, zeige uns den Vater! Jesus als Erweis der Gottheit Gottes (CH 108) (Stuttgart 1970). – Siehe auch den interessanten Versuch von *K. H. Ohlig,* Jesus, Entwurf zum Menschsein. Überlegungen zu einer Fundamental-Christologie (Stuttgart 1974); zu Lk 15, 11–32 erinnern an Joh 14, 8f: *C. H. Giblin,* Structural and Theological Considerations on Luke 15, in: CBQ 24 (1962) 15–31, hier S. 25, und *E. Rasco,* Les Paraboles de Luc, XV. Une invitation à la joie de Dieu dans le Christ, in: *I. De la Potterie* (Hrsg.), De Jésus aux Évangiles (BiblETL 25) II (Gembloux 1967) 165–183, hier S. 182.

[2] *P. Knauer,* Jesus als Gegenstand kirchlicher Christologie, in: *F. J. Schierse,* Jesus von Nazareth (Mainz 1972) 156–166, hier S. 159.

Jesus als Exeget Gottes bzw. *der* Exeget Gottes? Unser Versuch einer Beantwortung dieser Frage geht vom Wort Jesu aus, einem Gleichnis, genauer von einer Parabel; denn gerade die Parabeln haben im Unterschied zu den reinen Gleichnissen in besonderer Weise „die Person Jesu und sein Wirken" zum Inhalt[3]. Der Text Lk 15, 11–32 muß zunächst als Jesusgut historisch-kritisch gesichert werden (I), bevor nach einer möglichst einläßlichen Interpretation (II) die Auslegung Gottes durch Jesus im Gleichniswort und die Autorität Jesu als des Exegeten Gottes erörtert werden können (III).

I. DAS GLEICHNIS VOM VATER UND DEN BEIDEN SÖHNEN (Lk 15, 11–32) – EIN GLEICHNIS JESU

Soll die Wirklichkeit Jesu als des Ortes der Gotteserfahrung geortet und erörtert werden, so muß gefordert werden, daß der Text, welcher der Erörterung zugrunde gelegt wird, ein Text Jesu ist, sein authentisches Wort, nicht ein Jesus im Zuge seiner Kanonisierung in der Christologie zugeschriebener Text. Diese Forderung gilt deshalb, weil eine Erörterung der Wirklichkeit Jesu gerade den Grund seiner Kanonisierung als *des* Ortes der Gotteserfahrung, den Grund des christologischen Bekenntnisses zu Jesus in Erfahrung zu bringen, auszulegen sucht. Das theologisch-christologische Interesse muß also um der eigenen Interessiertheit willen die Geduld für eine historisch-kritische Erörterung der Überlieferungslage aufbringen. Ist der Text, den wir zur Auslegung ausgewählt haben, authentisches Jesusgut? Um diese Frage zu klären, ist eine literarkritische Prüfung der Einheitlichkeit des Textes (1), eine überlieferungskritische Prüfung von Alter und Herkunft des Textes (2) sowie eine redaktionskritische Prüfung eventueller Überarbeitung des gegebenenfalls älteren Gleichnisses (3) notwendig. Formkritische Einsichten, die in Vorbereitung der Interpretation erarbeitet werden müssen (II. 1–5), werden bei den literar- und überlieferungskritischen Analysen soweit wie nötig schon vorausgesetzt.

---

[3] Vgl. *H. Frankemölle*, Hat Jesus sich selbst verkündet? Christologische Implikationen in den vormarkinischen Parabeln, in: BibLeb 13 (1972) 184–207, hier S. 186, 205.

1. Lk 15, 11–32 – ein einheitlicher Text

Eine literarkritische Prüfung vermag im Gleichnis keine Spannungen, Widersprüche, störenden Wiederholungen, Divergenzen in Stil und Vokabular etc. aufzuspüren, welche die Einheitlichkeit des Textes in Frage stellen könnten und zu literarkritischen Operationen berechtigen würden. Die bisherige Diskussion um die literarische Einheitlichkeit des Gleichnisses hat sich an seiner ungewöhnlichen Länge und insbesondere seiner „Zweigipfligkeit", sodann an Interpretationen der in den beiden Söhnen gegenübergestellten Typen entzündet und sich fast ausschließlich mit der Frage beschäftigt, ob die zweite Texthälfte (Vv. 25–32) ursprünglicher Bestandteil des Gleichnisses oder sekundäre Erweiterung sei.

Das Argumentationsarsenal der seit langem andauernden Debatte ist zuletzt von L. Schottroff gesichtet worden; sie formuliert als Ergebnis ihrer Sichtung: „Die Diskussion einer literarkritischen Scheidung zeigt zwar zu Recht Schwierigkeiten für die Interpretation des Textes auf, diese Schwierigkeiten sind als Argumente für eine literarkritische Operation jedoch nicht überzeugend. Man wird mit der literarischen Einheitlichkeit von Lk 15, 11–32 rechnen können."[4] Läßt sich dieses Urteil festigen, *muß* man mit der literarischen Einheitlichkeit des Textes rechnen?

Die Argumente, die in der bisherigen Diskussion gegen die Einheitlichkeit des Textes und für die sekundäre Anfügung der zweiten Gleichnishälfte vorgebracht wurden, erwiesen sich als nicht durchschlagskräftig und wurden widerlegt.

Die *stilkritische Argumentation* mit ungleicher Verteilung semitisierender Sprache, deren Konzentration in der ersten Gleichnishälfte (wo auch reiche jüdische Sachparallelen zu den einzelnen Versen beigebracht werden könnten), führte E. Schweizer sogar zur Rekonstruktion einer Quelle, die sich nicht einmal mit der ersten Gleichnishälfte deckt[5]; charakteristisch lukanische Formulierungen wurden dabei nicht als Textüberarbeitungen, sondern als Texterweiterungen aufgefaßt[6]. J. Jeremias zeigte in einer Entgegnung, daß Schweizers

[4] *L. Schottroff*, Das Gleichnis vom verlorenen Sohn, in: ZThK 68 (1971) 27–52, hier S. 37.

[5] *E. Schweizer*, Zur Frage der Lukasquellen, Analyse von Luk. 15, 11–32, in: ThZ 4 (1948) 469–471.

[6] *E. Schweizer* (S. 470) formuliert als Ergebnis: „Die stark semitisierenden Verse berichten also (nach Ausscheidung von typisch Lukan.) etwa folgendes: ‚Ein Sohn sprach zum Vater: Vater, gib mir den mir zufallenden Teil des Vermögens. Und er teilte ihm

Argumentation zunächst daran scheitert, „daß das *ganze* Gleichnis mit Semitismen durchsetzt ist"[7]. E. Schweizer seinerseits hielt in einer weiteren Antwort noch entschiedener fest, daß die zweite Hälfte ursprünglich nicht zum Gleichnis gehöre und, so entwickelte er seine Hypothese weiter, angesichts sonst beobachtbarer lukanischer Verfahrensweisen und der Lukanismen im Text eine lukanische Bildung sei[8]. Die Hypothese, Lk 15, 25–32 (bzw. 15,24c–32) sei lukanisch-redaktionelle Bildung, wurde von J. T. Sanders wiederaufgegriffen, der sich dafür vor allem auf zehn „distinctly Lukan traits" berief[9]. In einer sorgfältigen Nachprüfung konnte J. Jeremias nur eine Wendung unter den zehn Belegen als typisch lukanisch anerkennen; der verdiente Gleichnisforscher hat die Gelegenheit der Widerlegung Sanders' wahrgenommen, Lk 15, 11–32 im Blick auf die Scheidung von Tradition und Redaktion sprachlich zu prüfen; er kommt zum Ergebnis: „Das Gleichnis vom Verlorenen Sohn ist vom Evangelisten nur ganz leicht stilistisch überarbeitet worden. Es kann keine Rede davon sein, daß der zweite Teil redaktioneller Zusatz wäre."[10] Nach Jeremias hat auch J. O'Rourke nach einer Überprüfung der sprachlichen Eigenarten, besonders der Aramaismen des Textes, gegen J. T. Sanders festgestellt, daß die Argumentation gegen die Einheit der Erzählung ohne Beweiskraft sei: „on the other hand one can argue for a *Sitz im Leben Jesu*"[11].

Neben der stilkritischen spielte in der bisherigen Diskussion auch eine *juristische Argumentation* eine Rolle: Der Text erweise sich im Blick auf die vorausgesetzten Rechtsverhältnisse als uneinheitlich, die zweite Hälfte setze eine andere Rechtslage voraus als die erste. Denn der ältere Sohn werde so behandelt, als habe der Vater sein Erbe nicht verteilt (vgl. Vv. 29–31 mit V. 12): „V. 12 impliziert, daß der Ältere sein Erbteil auch zur Verfügung bekam, V. 25–32

---

seinen Besitz zu. Und er ging weg und verschleuderte seine Habe in liederlichem Leben. Und er ging hin und hängte sich ... an einen (?). Und er schickte ihn auf seine Äcker, die Schweine zu hüten. Und er begehrte, seinen Bauch zu füllen mit Johannisbrotschoten, die die Schweine fraßen, und niemand gab sie ihm.' Den Schluß können wir nicht mehr sicher rekonstruieren, da Luk. ihn völlig neu gestaltet hat." Dieses magere Ergebnis, das nur ein torsoartiges Erzählgerippe übrigläßt, hätte schon gegenüber dem Subtraktionsverfahren kritisch machen müssen. E. Schweizer wies auf achtmaliges Vorkommen des reihenden καί cons. in den Vv. 12–13.15–16 hin, übersah aber offensichtlich, daß in der vorgestellten Rede Vv. 17–19 dafür kein Raum war, daß allein in V. 20 hingegen reihendes καί erneut viermal begegnet, ferner in den erzählenden VV. 25–26. Im übrigen besteht das Gleichnis nur noch aus Dialogen! Vgl. zur formalen Analyse u. 151–170.

[7] *J. Jeremias,* Zum Gleichnis vom verlorenen Sohn, Luk. 15, 11–32, in: ThZ 5 (1949) 228–231, hier S. 228. – Vgl. auch schon *A. Jülicher,* Die Gleichnisreden Jesu II (Tübingen 1910 = Darmstadt 1963) 360. Ferner: *K. Beyer,* Semitische Syntax im Neuen Testament, I: Satzlehre (Göttingen 1962) (Index S. 308).

[8] *E. Schweizer,* Antwort, in: ThZ 5 (1949) 231–233.

[9] *J. T. Sanders,* Tradition and Redaction in Luke XV. 11–32, in: NTS 15 (1968/69) [433–438.

[10] *J. Jeremias,* Tradition und Redaktion in Lukas 15, in: ZNW 62 (1971) 172–189, hier S. 181.

[11] *J. O'Rourke,* Some Notes on Luke XV. 11–32, in: NTS 18 (1971/72) 431–433, hier [S. 433.

jedoch, daß er nur die Anwartschaft darauf hat."[12] Doch abgesehen davon, daß der Erzähler des Gleichnisses offenbar nicht daran interessiert ist, daß Rechtsverhältnisse zutreffend geschildert werden[13], ist auch in der ersten Hälfte des Textes ein Bruch in der Vorstellung der Rechtslage impliziert, worauf z. T. D. Daube aufmerksam gemacht hat[14]: Der Vater verfügt bei der Rückkehr des jüngeren Sohnes über den Erbteil des älteren (Vv. 22f)! Der jüngere Sohn redet von den Tagelöhnern seines Vaters (Vv. 17. 19)! Der Erzähler spricht von des Vaters Knechten (V. 22a)!

Von J. Wellhausen und J. T. Sanders, die sich der juristischen Argumentation bedienten, wurde ferner *ein formkritisches Argument* benutzt: Die zweite Gleichnishälfte enthalte im Unterschied zur ersten allegorische Züge[15]. Doch ist das Vorkommen allegorischer Züge kein literarkritisches Indiz; abgesehen davon, kann man außer in den Vv. 29.31 auch in den Vv. 14f. 24 ebenso allegorische Züge entdecken.

Die Einheitlichkeit des Gleichnisses kann also nicht bestritten werden, sie kann vielmehr noch durch positive Hinweise erhärtet werden. Der Erzähler exponiert sein Gleichnis in V. 11 als Geschichte von einem Mann und *zwei* Söhnen und spannt damit die Erwartung der Hörer nicht nur auf Verhalten und Geschick des jüngeren (V. 12 ὁ νεώτερος αὐτῶν), sondern auch des älteren (V. 25 ὁ υἱὸς αὐτοῦ ὁ πρεσβύτερος); daß der Sohn, der den ihm zufallenden Teil des Erbes verlangt, als der jüngere (V. 12) und nicht einfach als einer der beiden eingeführt wird, weckt ebenfalls beim Hörer die Erwartung, daß auch vom älteren noch die Rede sein wird. Diese Erwartung wird sodann verstärkt durch die auffällige Wiederholung in V. 13: ὁ νεώτερος υἱός. Schließlich ist der ältere Sohn nicht nur V. 11 im Erzählanfang, sondern auch noch V. 12 in der näheren Exposition mit im Blick des Erzählers; der Vater teilt beiden Söhnen (αὐτοῖς) das Vermögen. Eine erzählpsychologische Analyse der Exposition der Erzählung ergibt also, daß die zweite Gleichnishälfte von vornherein mitangelegt, mit im Blick des Erzählers ist. Das Gleichnis kann, soll es die Hörer befriedigen, nicht

[12] So faßt *L. Schottroff* (S. 36) die Beobachtungen von *J. Wellhausen*, Das Evangelium Lucae (Berlin 1904) 83, aufgenommen bei *J. T. Sanders* (S. 436), zusammen. Vgl. auch schon *A. Loisy*, L'Évangile selon Luc (Paris 1924) 402f.

[13] Guter Nachweis bei *L. Schottroff*, 39–44.

[14] *D. Daube*, Inheritance in Two Lucan Pericopes, in: ZSavRG Rom. Abt. 72 (1955) 326–334, der S. 334 feststellt: „It appears, therefore, that the elimination of the final section of the parable as a later growth creates more problems than it solves."

[15] *J. Wellhausen* (S. 83) verwies auf V. 31; *J. T. Sanders* (S. 436) argumentierte mit V. 29. – *L. Schottroff* (S. 37) weist mit Recht noch *redaktionsgeschichtliche Argumente* ab; dazu wäre jetzt insbesondere *J. Jeremias* (s. Anm. 10) zu vergleichen.

mit V. 24 enden. Und die sonst streng beachtete Erzählökonomie wäre nicht gewahrt, würde der Erzähler zwei Söhne einführen, ohne von beiden zu erzählen.

Wir können also festhalten: Lk 15, 11–32 ist ein einheitlicher Text!

2. *Lk 15, 11–32 – ein Gleichnis Jesu*

Das Gleichnis vom Vater und den beiden Söhnen – bzw. bei Bestreitung seiner literarischen Einheitlichkeit, die, wie gezeigt, freilich nicht bestritten werden sollte, dessen erste Hälfte – gilt der Forschung fast unisono als ein Gleichnis Jesu. Zuletzt hat I. Broer gezeigt, daß „die Parabel sehr gut zu Jesu Botschaft" paßt[16]. Freilich ist mit dem Nachweis der literarischen Einheitlichkeit noch keineswegs der Nachweis authentischer Jesusüberlieferung erbracht; und L. Schottroff hat die neuere Diskussion mit dem Vorschlag, „Lukas für den Verfasser dieses Gleichnisses anzusehen"[17], zu genauerer Echtheitsprüfung veranlaßt, zumal sie E. Käsemanns vor bereits zwanzig Jahren erhobene Grundsatzforderung wieder geltend machte: „Aufgrund der formgeschichtlichen Arbeit hat sich unsere Fragestellung derart zugespitzt und erweitert, daß wir nicht mehr die etwaige Unechtheit, sondern gerade umgekehrt die Echtheit des Einzelgutes zu prüfen und glaubhaft zu machen haben."[18] Wenn auch der Versuch L. Schottroffs, Lk 15, 11–32 anhand einer Untersuchung der lukanischen Soteriologie und Christologie als lukanische Bildung zu erweisen, als gescheitert anzusehen ist[19], so bleibt doch einem Beitrag, der den Text zur Erschließung der Wirklichkeit Jesu als des Ortes der Gotteserfahrung beanspruchen möchte, die Aufgabe gestellt, das Gleichnis als Gleichnis Jesu im Maß des historisch-kritisch Möglichen zu sichern.

---

[16] *I. Broer*, Das Gleichnis vom verlorenen Sohn und die Theologie des Lukas, in: NTS 20 (1973/74) 453–462, hier S. 462. [17] *L. Schottroff*, 51.

[18] *E. Käsemann*, Das Problem des historischen Jesus, in: Exegetische Versuche und Besinnungen I u. II (Göttingen 1964) 187–214, hier S. 203.

[19] *J. Jeremias* (s. Anm. 10) hat den Nachweis geführt, daß die Sprachgebung des Textes überwiegend nicht lukanisch-redaktionell ist: „Vollends scheitert die Hypothese, Lukas sei der Verfasser des ganzen Gleichnisses, am sprachlichen Befund" (S. 181). – *I. Broer* hat gezeigt, daß auch die Argumentation von der lukanischen Soteriologie her – nach *L. Schottroff* ist Lk 15,7 „eine Kurzfassung der Soteriologie des Lukas" (S. 51) – nicht durchschlägt: „Als vorläufiges Ergebnis bleibt festzuhalten, daß Lk XV. 11–32 und

Die Diskussion um Methode und Kriteriologie der Rückfrage nach dem historischen Jesus ist zwar noch nicht in der wünschenswerten Intensität geführt worden, hat sich in den letzten Jahren aber wieder belebt[20] und hat sich überdies ohnehin stets mit besonderer Aufmerksamkeit der Wortüberlieferung[21] angenommen. Wir setzen unsere Echtheitsprüfung bei Orientierung am Stand der kriteriologischen Diskussion an, ohne auf diese selbst thematisch einzugehen; wir tragen in gebotener Kürze die Argumente vor, die Lk 15, 11–32 als ein Gleichnis Jesu sichern.

XV. 7 durchaus auf einer Ebene liegen, daß sie aber nicht die richtige und die falsche Haltung der Menschen einander gegenüberstellen, sondern von der Freude der Buße handeln. Da V. 7 keineswegs als luk. Redaktion erwiesen werden kann, ist die sachliche Übereinstimmung zwischen XV. 7, 11–32 kein Hinweis auf redaktionelle Abfassung des Gleichnisses vom verlorenen Sohn durch den dritten Evangelisten, vielmehr spricht die Kongruenz der Parabel mit dem vorluk. V. 7 eher für vorluk. Abfassung unseres Stückes" (S. 460). – Gegen die Argumentation von *L. Schottroff* wäre weiterhin u.a. einzuwenden: Die in Lk 15, 11–32 implizierte Soteriologie hat nicht die Buße, sondern die zuvorkommende Vergebung zum Zentrum! L. Schottroff (S. 48) interpretiert klar *gegen* die Inszenierung der Erzählung: „Nicht mehr Sohn, nur noch einer der Sklaven will er sein und empfängt darum die Liebe des Vaters als ein Geschenk." Der Erzähler pointiert anders: Bevor der Sohn mit seinem Sündenbekenntnis zu Wort kommt, hat ihm der Vater vergeben; die Bitte des Sohnes um eine Position als Lohnknecht wird nicht wiederholt. Die Liebe des Vaters hat kein „darum"! – L. Schottroff leugnet auch wenig überzeugend die Verschränkung mit der Situation der Kritiker Jesu im zweiten Teil der Parabel, wenn sie S. 49 schreibt: „Die Geschichte ist nicht polemisch oder apologetisch an eine konkrete Gruppe von Menschen gerichtet, die sich im Älteren wiedererkennen soll. Sie ist insgesamt eine Einladung zur Buße, eine Paränese: Laß das Rechnen, laß Dir schenken." Die Erzählung will so gerade nicht auf ein „tertium comparationis" abgezogen werden!

20 Vgl. zuletzt den Sammelband, herausgegeben von *K. Kertelge*, Rückfrage nach Jesus. Zur Methodik und Bedeutung der Frage nach dem historischen Jesus (QD 63) (Freiburg i.Br. 1974), mit Beiträgen von *F. Hahn, K. Kertelge, F. Lentzen-Deis, F. Mußner, R. Pesch* und *R. Schnackenburg* (dort umfangreiche Lit.-Angaben). Siehe ferner: *W. C. Walker*, The Quest for the Historical Jesus: A Discussion in Methodology, in: AnglThRev 51 (1969) 38–56; *M. D. Hoocker*, Christology and Methodology, in: NTS 17 (1970/71) 480–487; *D. G. A. Calvert*, An Examination of the Criteria for Distinguishing the Authentic Words of Jesus, in: NTS 18 (1971/72) 209–219; *H. K. McArthur*, The Burden of Proof in Historical Jesus Resarch, in: ExpTim 82 (1970/71) 116–119; *N. J. McEleney*, Authenticating Criteria and Mark 7, 1–23, in: CBQ 34 (1972) 431–460.

21 Vgl. neben der Anm. 20 genannten Literatur noch *J. Jeremias*, Neutestamentliche Theologie. Erster Teil: Die Verkündigung Jesu (Gütersloh 1971): Kapitel I: Zur Frage nach der Zuverlässigkeit der Überlieferung der Worte Jesu; *O. Lührmann*, Die Frage nach Kriterien für ursprüngliche Jesusworte – eine Problemskizze, in: *J. Dupont* (Hrsg.), Jésus aux origines de la christologie (Bibl. ETL XL) (Gembloux 1975) 59–72; *J. A. Fitzmyer*, Methodology in the Study of the Aramaic Substratum of Jesus' Sayings in the New Testament, ebd. 59–72. – Grundsätzlich darf festgestellt werden: Der fundamentale Unterschied von Wortüberlieferung und Taten erzählender Überlieferung ist damit gegeben, daß Worte durch bloßes Wiederholen tradiert werden können. Von daher ergibt sich, daß formale Struktur und Merkbarkeit bei Wortüberlieferung wichtige Kriterien sind!

Daß das Gleichnis (in den verschiedenen Ausprägungen dieser Gattung[22]), auch das „zweigipflige" Gleichnis, eine Form der Verkündigung Jesu ist, gilt als unbestrittene Tatsache[23]. Die Erzählung Lk 15, 11–32 hat eine einfache, leicht merkbare Fabel, deren klar gegliederte und durchdacht zugespitzte Ausgestaltung sie gut tradierbar macht (vgl. unten unter II, 1–3). Die zahlreichen Semitismen, die den ganzen Text durchsetzen, erweisen ihn als Übersetzung eines semitischen Originals[24]. Die in die Erzählung eingegangene „Welt", die in ihr implizierten Vorstellungen wie die vom Erzähler entworfene Perspektive (Reise eines jungen jüdischen Mannes in ein fernes, heidnisches Land) lassen den palästinischen Standort des Erzählers erkennen[25]. Die im Gleichnis ausgesprochenen wie unausgesprochen vorausgesetzten Einzeltheologumena (z. B. die Umkehr in der tiefsten Erniedrigung; die Versündigung εἰς τὸν οὐρανόν; die Metaphorik von Tod und Leben; der Gesetzesgehorsam) erweisen, daß der Erzähler in jüdischer Tradition steht. Nachösterliche Christologie oder Soteriologie ist nicht thematisiert, gegen ein pharisäisch verengtes jüdisches Gesetzesverständnis wird polemisiert (Anwendung des „kritischen Aussonderungsprinzips")[26]. Steht so vom erhobenen Befund *nichts gegen* die von der Tradition behauptete Herkunft des Gleichnisses von Jesus, so ist noch positiv auf Korrelationsmöglichkeiten mit anderen historisch gesicherten Daten des Wirkens, insbesondere der Verkündigung Jesu, hinzuweisen.

---

[22] Vgl. dazu zuletzt die Darstellung bei *E. Linnemann*, Gleichnisse Jesu. Einführung und Auslegung (Göttingen [5]1969).

[23] Daß Jesu Gleichnisse freilich im breiteren Rahmen antiker Gleichnistradition geortet werden müssen, ist in jüngerer Zeit nachdrücklicher bewußtgemacht worden; vgl. *J. B. Bauer*, Gleichnisse Jesu und Gleichnisse der Rabbinen, in: ThpQ 119 (1971) 297–307; *K. Berger*, Materialien zur Form- und Überlieferungsgeschichte neutestamentlicher Gleichnisse, in: NovT 15 (1973) 1–37; auch *L. Schottroff*, Die Erzählung vom Pharisäer und Zöllner als Beispiel für die theologische Kunst des Überredens, in: Neues Testament und christliche Existenz. FS H. Braun, hrsg. von *H. D. Betz – L. Schottroff* (Tübingen 1973) 439–461; ferner: *H. Röhr*, Buddha und Jesus in ihren Gleichnissen, in: NZSystThRph 15 (1973) 65–86; *K. Berger*, Zur Frage des traditionsgeschichtlichen Wertes apokrypher Gleichnisse, in: NovT 17 (1975) 58–76.

[24] Für den Nachweis vgl. *J. Jeremias* (s. Anm. 7).

[25] Zu den einzelnen Vorstellungen, welche die „Welt" der Erzählung konstituieren, vgl. die Einzelexegese unter II, 3.

[26] Zum „kritischen Aussonderungsprinzip" vgl. die Anm. 20 genannte Literatur. – Zur Auseinandersetzung mit *L. Schottroff* über die im Gleichnis vorgetragene Soteriologie vgl. Anm. 19 sowie unsere Auslegung unten.

C. E. Carlston hat folgendes Kriterium entworfen: „An ‚authentic' parable will fit reasonably well into the eschatologically based demand for repentance that was characteristic of Jesus' message"[27], und im Blick auf das Gleichnis geurteilt: „The data do fit reasonably well with both Jesus' message and his situation. The eschatologically based demand for repentance is present, though only indirectly, in certain of the details: the banquet is a well-known eschatological symbol; the words: ‚Thou art always with me, and all that I have is thine', show that the time within which the elder brother is something like Jesus' eschatologically based warning – though these details are very far from being identical with the eschatological demand. The *direct* connection with the center of Jesus' message is probably to be found rather, as in the 'entering' passages, in what the parable says about the conditions of entering the Kingdom: broadly speaking, it defines the difference between religion and repentance."[28]

Der Konflikt mit den Anwälten der Gesetzesobservanz, der sich in der zweiten Gleichnishälfte spiegelt, ist eine typische Situation des Lebens Jesu – und unter dem Aspekt der unbegrenzten Vergebungsbereitschaft innerhalb des jüdischen Volkes nicht ebenso ein Problem der Urkirche. Mit Recht schließt C. E. Carlston: The parable of the Prodigal Son, therefore, meets reasonably well the dual test of conformity to Jesus' eschatological message and compatibility with the pre-resurrection situation, and it may be accepted as authentic."[29] Schon Lukas hat in der Einleitung seines Gleichniskapitels Lk 15, 1–2 die hier zusammengestellten Gleichnisse mit Mk 2, 15–17 (par Lk 5, 29–32) korreliert; die Szene vom Zöllnergastmahl im Hause Levis läßt sich als authentische Jesusüberlieferung sichern[30], und der hier überlieferte Spitzensatz des Sendungsbewußtseins Jesu οὐκ ἦλθον καλέσαι δικαίους, ἀλλὰ ἁμαρτωλούς spiegelt sich deutlich in Thema und Bewegung der Gleichniserzählung. Der offene Schluß des Gleichnisses, das bewußt in der „gehandelten Welt" der Hörer mündet (s. dazu unten II, 1–3), verrät, daß es dem Erzähler um die Bewegung des in der Figur des älteren Bruders gezeichneten religiösen Standpunktes geht, wie Lukas in Lk 15, 1–2 zutreffend interpretiert hat. Auch mit Form und Thematik weiterer Gleichnisse Jesu läßt sich unser Text

[27] *C. E. Carlston*, A Positive Criterion of Authenticity?, in: BiblRes 7 (1962) 33–44, hier 34. S. 36 stellt er zu Lk 15, 11–32 mit Recht fest: „No special Lukan interests are immediately evident."

[28] *C. E. Carlston*, 38. Vgl. auch *J. Giblet*, La Parabole de l'accueil messianique (Luc 15, 11–32), in: BibVieChr 42 (1962) 17–28.

[29] *C. E. Carlston*, 39.

[30] Vgl. *R. Pesch*, Das Zöllnergastmahl (Mk 2, 15–17), in: Mélanges offertes à Béda Rigaux (Gembloux 1970) 63–87.

korrelieren[31], so daß kein begründeter Zweifel an der Authentizität unserer Gleichniserzählung bestehen kann.

Wir können also festhalten: Lk 15, 11–32 ist ein Gleichnis Jesu.

3. Lk 15, 11–32 – ein überarbeitetes Gleichnis Jesu?

Daß im Traditionsprozeß authentischen Jesusgutes in der frühen Kirche der Stoff überarbeitet werden konnte, wird grundsätzlich nicht bestritten. Allein der Vorgang des Übersetzens bedeutet eine Bearbeitung, u. U. auch eine Verschiebung von Gesichtspunkten des Stoffes. Läßt sich eine Bearbeitung der Überlieferung in Lk 15, 11–32 erkennen?

E. Schweizer hat z. B. die Erwähnung des fernen Landes (V. 13: εἰς χώραν μακράν) als lukanische Zufügung erklärt[32], er hat jedoch übersehen, daß V. 13c (ἐκεῖ) ebenso wie Vv. 14.15 (τὴν χώραν ἐκείνην/τῆς χώρας ἐκείνης) diese Erwähnung voraussetzen, die somit als ursprünglich zu gelten hat. J. Jeremias kam bei seiner Untersuchung von Tradition und Redaktion des Textes zum Ergebnis, daß das Gleichnis „vom Evangelisten nur ganz leicht stilistisch überarbeitet worden" sei[33]. Lassen sich die von Jeremias notierten Lukanismen eher weiter einschränken als vermehren[34], so wird klar, daß die Hypothese von K. H. Rengstorf, wonach Lukas das ursprünglich königliche Milieu des Gleichnisses Jesu im Interesse seines Leserkreises in ein großbürgerliches Milieu umgewandelt habe, wenig Stützung durch den Textbefund

---

[31] Ich verweise auf Mt 18, 23–35; 20, 1–16; 21, 28–32 (die Erklärung von Mt 21, 28–32 als mattäische Bildung durch *H. Merkel*, Das Gleichnis von den ‚ungleichen Söhnen' [Matth. XXI. 28–32], in: NTS 20 [1973/74] 254–261, ist nicht überzeugend); Lk 7, 41–43; Mt 18, 12–14/Lk 15, 4–7; Lk 15, 8–10; 18, 9–14. Siehe ferner unten II, 8.

[32] *E. Schweizer*, Zur Frage 469f; *ders.*, Antwort 233. Rekonstruktion durch Eliminierung lukanischer Formulierungen ist in der Lukasanalyse nicht möglich, da Lukas (wie im Mk-Vergleich lernbar ist) Stoffe überarbeitet!

[33] *J. Jeremias*, 181 (s. Anm. 10).

[34] Die Redeeinleitung Lk 15, 11a (εἶπεν δέ) spielt für die Beurteilung des Gleichnisses selbst keine Rolle. Die Litotes μετ' οὐ πολλὰς ἡμέρας (Lk 15, 13) – zur Litotes vgl. *F. Rehkopf*, Grammatisches zum Griechischen des Neuen Testaments, in: Der Ruf Jesu und die Antwort der Gemeinde. FS J. Jeremias (Göttingen 1970) 213–225, hier S. 220–225 – ist nicht zwingend als lukanisch zu erweisen, obwohl der Vergleich mit Apg 1, 5 für lukanische Redaktion spricht. – Daß die stilistische Überarbeitung sachlich nicht gravierend ist, kann man sich an Jeremias' letztem Beispiel klarmachen; Lk schreibt 5, 32 ὑγιαίνω diff. Mk 2, 17 ἰσχύω; aber es ist zu bedenken, daß für Lk 15, 27 vorlukanisch nicht ἰσχύω vorausgesetzt werden kann, so daß Lk 5, 32 im Blick auf Lk 15, 27 redigiert sein könnte, dieser Vers also nicht lukanisch überarbeitet wäre!

erfährt[35]. Die vom Erzähler supponierten Rechtsverhältnisse (s. unten II, 3) sind nicht durchgehalten, und es scheint fraglich, ob der Erzähler die rechtlichen Grundlagen der von ihm erzählten Welt überhaupt als „Grundlagen" gelten lassen wollte. Auf die Vorstellbarkeit der Rechtsakte, Rechtsbeziehungen und Rechtsverhältnisse kam es offenbar weder Jesus noch der sein Gleichnis tradierenden Urkirche, noch der lukanischen Redaktion an. Auf dieser Ebene des Textes ist keine Verschiebung durch Überarbeitung des Textes wahrzunehmen.

Da sich keine durch Textüberarbeitung zustande gekommenen bedeutenden Änderungen der Gleichniserzählung namhaft machen lassen, ist Skepsis gegenüber der Annahme, daß wir in Übersetzung und ganz leichter stilistischer Übermalung (ohne sachliche Änderungen) *das Gleichnis Jesu* überliefert haben, nicht angebracht.

Wir können festhalten: Lk 15, 11–32 ist ein authentisches Gleichnis Jesu.

II. ZUR INTERPRETATION DES GLEICHNISSES VOM VATER UND DEN BEIDEN SÖHNEN (Lk 15, 11–32)

Eine einläßliche Interpretation des Gleichnisses vom Vater und den beiden Söhnen – unsere möglichst neutrale Benennung, die der Interpretation nicht vorgreift, ist am Erzähleinsatz V. 11 und an den beiden Hälften der Erzählung (Vv. 12–24.25–32) orientiert – wird möglichst vielseitigen Zugang zum Textverständnis suchen und sich am gegenwärtigen Stand der Exegese und der Gleichnisforschung[36] insbeson-

[35] Zu *K. H. Rengstorf*, Die Re-Investitur des Verlorenen Sohnes in der Gleichniserzählung Jesu Luk. 15, 11–32 (AFLNW 137) (Opladen 1967) 61.

[36] Vgl. hierzu insbesondere neben den Standardwerken (*A. Jülicher, C. H. Dodd, J. Jeremias, E. Linnemann, G. Eichholz*) die weiterführenden Arbeiten von *E. J. Tinsley*, Parable, Allegory and Mysticism, in: Vindications. Essays on the Historical Basis of Christianity, ed. *A. Hanson* (London 1966) 153–192; *E. Jüngel*, Paulus und Jesus. Eine Untersuchung zur Präzisierung der Frage nach dem Ursprung der Christologie (Hermeneutische Untersuchungen zur Theologie 2) (Tübingen ³1967) 87ff; *D. O. Via*, Die Gleichnisse Jesu. Ihre literarische und existentiale Dimension (BEvTh 57) (München 1970); *E. Güttgemanns*, Die lingustisch-didaktische Methode der Gleichnisse Jesu, in: studia linguistica neotestamentica (BEvTh 60) (München 1971) 99–183; *H. Frankemölle*, Hat Jesus sich selbst verkündet? Christologische Implikationen in den vormarkinischen Parabeln, in: BibLeb 13 (1972) 184–207; *R. Dithmar* (herausgegeben, eingeleitet und kommentiert), Fabeln, Parabeln und Gleichnisse (dtv WR 4047) (München ²1972); *J. D. Crossan*, Parable as Religious and Poetic Experience, in: JR 53 (1973) 330–358; *W.*

dere ausrichten. Aufbau (Struktur) und Form[37] der Erzählung (1), ihr dramatischer Ablauf (2), die Inszenierung (in einläßlicher Exegese Vers um Vers) (3) und die Konfiguration (Beziehung der Personen) (4) müssen besprochen werden, bevor nach einer Besinnung auf die Gattung[38] des Gleichnisses (5) dessen Existenzverständnis (6) erhoben und eine theologische Interpretation (7) gewagt werden kann. Wird in den ersten sieben Schritten noch von Jesus als dem Sprecher des Gleichnisses abgesehen, so muß dann nach der Situation der Verkündigung Jesu als dem Kontext der Erzählung (8) gefragt werden. Die Rückschlüsse auf die Kompetenz des Sprechers, den Glauben Jesu, können dann nach der Erörterung der Auslegung Gottes durch Jesus in Teil III unserer Untersuchung folgen, in dem von Jesus als dem Ort der Gotteserfahrung gehandelt werden soll.

1. Aufbau und Form der Erzählung

Nach einer kurzen Exposition (Vv. 11–12), in welcher der jüngere Sohn mit seiner Forderung, welcher der Vater entspricht, das erzählte Geschehen auslöst, folgt zunächst in 5 Abschnitten (Vv. 13.14–16.17–19.20–21.22–24) die Geschichte des jüngeren Sohnes (V. 13: ὁ νεώτερος υἱός), dann in 3 Abschnitten (Vv. 25–28.29–30.31–32) die (unvollständige) Geschichte des älteren Sohnes (V. 25: ὁ υἱὸς αὐτοῦ ὁ πρεσβύτερος).

In der *Exposition* sind zunächst beide Söhne des Vaters im Blick (V. 11: δύο υἱούς; V. 12: αὐτοῖς). Der Text setzt mit einem typischen Parabelanfang asyndetisch ein (vgl. unter 3. zu V. 11); mit καί ist die Schilderung der das Geschehen auslösenden Forderung des jüngeren Sohnes angeschlossen, mit δέ die der Forderung entsprechende Reaktion des Vaters eingeführt. Mit vier kurzen Sätzen, drei Erzählsätzen und einem Redesatz (Imperativ), ist die Erzählung in Gang gebracht. Als Erzähltempus, das vom Erzähler in der ganzen Erzählung beibehalten wird, ist das Präteritum gewählt; es kennzeichnet

---

Harnisch, Die Sprachkraft der Analogie. Zur These vom ‚argumentativen Charakter' der Gleichnisse Jesu, in: StTh 28 (1974) 1–20; auch *ders.:* Die Ironie als Stilmittel in Gleichnissen Jesu, in: EvTh 32 (1972) 421–436.

[37] Wir unterscheiden mit *W. Richter*, Exegese als Literaturwissenschaft (Göttingen 1971), und *E. Zenger*, Ein Beispiel exegetischer Methoden aus dem Alten Testament, in: *J. Schreiber* (Hrsg.), Einführung in die Methoden der biblischen Exegese (Würzburg 1971) 97–148, persönliche „Form" und „Gattung" (= typische Form) des Textes.

[38] Vgl. die vorige Anmerkung. Ferner die Anm. 36 genannte Literatur.

die Gleichnisgattung „Parabel". *Die Geschichte des jüngeren Sohnes* (Vv. 13–24) setzt in καί-Reihung (V. 13 zweimal) mit der einzigen Zeitangabe der Erzählung ein: μετ' οὐ πολλὰς ἡμέρας. Der erste Abschnitt (V. 13) rückt in knapper Schilderung die Voraussetzungen für die Entwicklung der größeren Szenen in den folgenden Abschnitten in den Blick. Ein längerer Satz mit Part. conj. schildert zwei vorbereitende Aktionen, der zweite Satz macht die Hauptaussage, die alles weitere exponiert: der Sohn verschleudert sein Vermögen. *Der zweite Abschnitt* (Vv. 14–16), der zweite reine Erzählabschnitt ohne Redeeinheiten, setzt mit Gen. abs. und δέ neu ein und entfaltet in sechs kurzen Sätzen mit fünfmaliger καί-Reihung das Bild des Elends des Sohnes im fernen Land. *Der dritte Abschnitt* (Vv. 17–19) ist das Zentrum der fünf Abschnitte der Geschichte des jüngeren Sohnes, bringt, mit δέ eingeleitet, im Part. conj. formuliert, die Peripetie (εἰς ἑαυτὸν δὲ εἰσελθών) und ist ein Redeabschnitt, enthält das Selbstgespräch des Sohnes mit der Konzeption (Futur ἐρῶ) der Rede an den Vater nach der Heimkehr. Eine Antithese setzt die Vorstellung der Zustände beim Vater gegen das Elend im fernen Land (ὧδε), begründet den Heimkehrentschluß (Futur πορεύσομαι) und die Konzeption der Rede, in der Vergangenheit (ἥμαρτον), Gegenwart (εἰμί) und Zukunft (Imperativ ποίησον) des Sohnes erwogen werden. *Der vierte Abschnitt* (Vv. 20–21) setzt mit der Ausführung des gefaßten Entschlusses ein: καί-Reihung, Part. conj., Verb in genauer Entsprechung zu V. 18a. Die Perspektive wechselt dann zur zuvorkommenden Aktion des Vaters (eingeleitet durch Gen. abs. mit δέ), die in vier chrakteristischen Handlungen bei dreifacher καί-Reihung erzählt ist. Der Abschnitt gipfelt in der (vorgenommenen) Rede des Sohnes, eingeführt mit εἶπεν δέ (vgl. V. 22.27.29.31); V. 19b wird nicht wiederholt[39]. *Der fünfte Abschnitt* ist ein durch direkte Rede, die von zwei kurzen Erzählsätzen (Einführung mit εἶπεν δέ in V. 22a; καί-Reihung in V. 24c) gerahmt ist, belebter Erzählabschnitt. Die Anordnungen des Vaters (Imperative ἐξενέγκατε, ἐνδύσατε, δότε, φέρετε, θύσατε) münden in der Aufforderung zum Feiern (εὐφρανθῶμεν), die im Doppelsatz (synthetischer Parallelismus) begründet wird. Der Schlußsatz schildert die Ausführung der Aufforderung, die Erledigung der Anordnungen präsumierend. Der Abschnitt behält die beim Vater zentrierte Perspektive bei.

Die Geschichte des jüngeren Sohnes, zentriert bei seinem Selbstgespräch, *geht* in der zweiten Hälfte (Abschnitt 4 und 5) *in eine Erzählung von seinem Vater über,* genauer: Es ist eine Geschichte der Beziehung von Vater und Sohn, die im Selbstgespräch des Sohnes besprochen und in den Erzählabschnitten inszeniert ist. Der Vater erweist sich als die zentrale, tragende Figur, ohne selbst eine Geschichte zu haben. Auf die Leitworte υἱός und πατήρ, die sorgfältigen Fügun-

---

[39] Viele Schreiber (ℵ B D X 33^{vid} 700 1195 u. a.) haben, die Pointe dieser Auslassung verkennend, V. 19b nachgetragen.

gen, Wiederholungen, Steigerungen etc. des umsichtig, mit viel Übersicht erzählenden „allwissenden" Erzählers ist bei der Interpretation sorgfältig zu achten. Das Genus der Geschichte läßt sich als dramatische Erzählung (mit gezielter Verwendung der Partikel δέ zu Beginn der Abschnitte Vv. 14.17.20.22 und zur Redeeinführung V. 21), die in knappen Sätzen entwickelt wird, zutreffend beschreiben.

Die Geschichte des älteren Sohnes (Vv. 25–32), setzt mit Beginn des Festes ein, eingeleitet mit der die Vorstellung der Gleichzeitigkeit berufenden Wendung ἦν δέ ... *Der erste Abschnitt* (Vv. 25–28a), der einzige eigentliche Erzählabschnitt, schildert aus der Perspektive des Sohnes die Voraussetzungen für den in den nächsten beiden Abschnitten folgenden Dialog mit dem Vater. Nach dem exponierenden Satz V. 25a verknüpft der Erzähler mit zwei Sätzen (Vv. 25b.26) in καί-Reihung und einem temporalen Nebensatz (ὡς) die Situation des älteren mit der Geschichte des jüngeren Sohnes. Die nötige Information nach der eigenen Wahrnehmung erhält der Sohn von einem der Knechte in direkter Rede (V. 27bcd); zur Redeeinführung mit ὁ δὲ εἶπεν vgl. Vv. 21.22.31. Der Abschnitt schließt mit der Reaktion des Sohnes (Anschluß mit δέ). *Der zweite Abschnitt* (Vv. 28b–30) setzt ohne weitere Erzählverbindung (vgl. den Unterschied V. 20b) mit dem Dialog zwischen Vater und Sohn ein (Einführung jeweils mit ὁ δέ); die Rede des Vaters wird nur als Bitte beschrieben (V. 28b), die Antwort (ἀποκριθείς) des Sohnes (V. 29a) in direkter Rede geboten (Vv. 29b–30). In seiner Antwort bespricht der ältere Sohn seine Vorgeschichte (vgl. das Selbstgespräch in der Geschichte des jüngeren Sohnes); das wiederholte οὐδέποτε setzt scharfe Akzente. *Der dritte Abschnitt* (Vv. 31–32) bringt nach knapper Redeeinführung (V. 31a) die abschließende Rede des Vaters mit dem kontrastierenden πάντοτε und der eindrucksvollen Wiederholung von V. 24ab am Schluß.

Die Geschichte des älteren Sohnes, verknüpft mit der Geschichte des jüngeren Sohnes und durch die Vorgeschichte (in der Rede des Sohnes im mittleren Abschnitt) in die Vergangenheit ausgezogen, *ist ebenfalls zugleich eine Erzählung von seinem Vater,* auch hier genauer: eine Geschichte der Beziehung von Vater und Sohn, die im Verhältnis des älteren zu seinem Bruder noch einmal gespiegelt ist. Erneut tritt der Vater als die zentrale Figur hervor; er hat auch das „Schlußwort". Die Redeabschnitte dominieren, angefangen vom Wort des Knechtes (V. 27). Auf die Leitworte πατήρ, υἱός und ἀδελφός, die Kontraste und die variierende Wiederholung von V. 24ab in V. 32bc ist bei der Interpretation sorgfältig zu achten. Auch die zweite Hälfte ist eine dramatische Erzählung (mit gezielter Verwendung der Partikel δέ zur Einführung der Abschnitte und der Reaktionen der Personen in Vv. 25.27.28ab.29.31); sie schließt offen mit dem Wort des Vaters und weckt beim Hörer nachdenkliches Fragen: Sie mündet in die gehandelte Welt des Hörers.

Nicht nur der Erzählablauf, auch deutliche Verknüpfungen im einzelnen schließen die beiden Erzählhälften zu einer größeren Erzählung vom Vater und den beiden Söhnen zusammen: zu V. 25a vgl. Vv. 11f; zu V. 25c vgl. V. 24c; zu V. 27b vgl. V. 20a; zu V. 27c vgl. V. 23; zu V. 27d vgl. Vv. 24ab.32bc; zu V. 29e vgl. Vv. 24c.32a; zu V. 30a vgl. Vv. 13c.14a; zu V. 30b vgl. Vv. 23.27c; zu V. 32a vgl. Vv. 24c.29e; zu V. 32bc vgl. V. 24ab. Der Erzähler verfügt „allwissend", souverän über seinen Stoff und seine Figuren (vgl. V. 30a das Wissen des älteren Sohnes); wirkungsvoll bedient er sich der direkten Rede; in sorgfältiger Regie inszeniert er ein „Drama", dessen dramatischer Ablauf gesondert gewürdigt zu werden verdient.

2. *Der dramatische Ablauf der Erzählung*

Die Geschichten beider Söhne des Vaters (V. 11) werden ausgelöst durch die unvermittelt, unmotiviert vorgetragene Forderung des jüngeren (δός μοι) nach dem ihm zufallenden Teil des Vermögens und dadurch, daß der Vater diese Forderung erfüllt und seinen Besitz unter seine Söhne teilt, wie knapp, kommentarlos mitgeteilt wird. *Im ersten Abschnitt der Geschichte des jüngeren Sohnes* (V. 13) wird dessen rascher Abstieg im fernen Land, wohin er mit seinem Geld gezogen war, in knapper Raffung ohne Ausmalung, der Phantasie des Hörers Spielraum lassend (vgl. V. 30a), skizziert; der Grund der Verschleuderung seines Vermögens wird freilich, betont wertend, in Schlußstellung genannt: καὶ ἐκεῖ διεσκόρπισεν τὴν οὐσίαν αὐτοῦ ζῶν ἀσώτως. Der Erzähler ist bemüht, den Tiefpunkt der Geschichte des Sohnes (V. 14: δαπανήσαντος δὲ αὐτοῦ πάντα) schnell zu erreichen; er macht keine Umschweife, motiviert nicht, zeigt keine Verwicklungen; auf eine dramatische Entfaltung des Niedergangs des Sohnes kommt es ihm nicht an, er konzentriert die Spannung auf *den zweiten Abschnitt* (Vv. 14–16), die Vertiefung des Elends: aus der Mittellosigkeit wird Not. Als auslösendes Element dieser Steigerung wird ein von außen wirkender, nicht durch den Sohn selbst bedingter Faktor eingeführt: eine schwere Hungersnot in jenem Land. Dieses Motiv erlaubt die dramatische Steigerung in der Schilderung des notgeborenen Verhaltens des Sohnes. In geschicktem Wechsel zwischen Aktionen bzw. Wünschen des Sohnes und entsprechendem Verhalten bzw. nicht entsprechenden

Aktionen anderer (Vv. 15–16) wird die unhaltbare Situation des Sohnes bloßgelegt: Er verdingt sich und wird zum Schweinehirten gemacht; er hat nur noch elementaren Hunger, möchte sich den Bauch mit Schweinefutter vollschlagen, und niemand gibt ihm zu essen. Der Erzähler ist offensichtlich interessiert, die Notlage des Sohnes zuzuspitzen, den tiefen Fall des reichen Erben scharf zu markieren und so den Hörer an die Schwelle der Peripetie zu führen. Mit καὶ οὐδεὶς ἐδίδου αὐτῷ ist das äußerste Elend angedeutet: der Hungertod. Zugleich ist gesagt: Der Sohn ist nichts mehr wert (vgl. V. 19a), man gibt nichts mehr für ihn, auf ihn. Er hat nichts mehr zu erwarten. Die dramatische Inszenierung drängt unmittelbar zur symbolischen Interpretation.

Dem Erzähler liegt offenbar daran, die Umkehr des Sohnes mit seinem Elend zu motivieren; *die Peripetie* wird nur kurz angesagt (εἰς ἑαυτὸν δὲ ἐλθών), nicht weiter entfaltet. Im Selbstgespräch des Sohnes geht es zunächst um die Motivation seiner Um-kehr, die als In-sich-Gehen und Zum-Vater-Zurückkehren konzipiert ist. Im fernen Land steht *ihm* (ἐγὼ δέ) der Hungertod bevor, beim Vater leben die Tagelöhner, zu denen er im fremden Land auch zählt, im Überfluß. Diesen Kontrast vor Augen, macht er einen neuen Lebensentwurf: Rückkehr zum Vater; Bekenntnis der Sünde; Eingeständnis der Unwürdigkeit, Sohn zu heißen; Bitte um das Los eines Tagelöhners. Die dramatische Spannung, ob der Vater den mißratenen Sohn als Tagelöhner behalten und nicht davonjagen werde, wird vom Erzähler durch die Formulierung des Schuldbekenntnisses, die mehr Hoffnung zu implizieren scheint, gemildert und gewissermaßen durchbrochen. Darin ist ein erneuter Hinweis darauf zu erkennen, daß der Erzähler nicht allein vom dramatischen Ablauf der Handlung her denkt, sondern sich an den Beziehungen der Personen auf einer symbolischen Ebene orientiert.

Die Heimkehr des verlorenen Sohnes im vierten Abschnitt seiner Geschichte wird kurz referiert. Die Perspektive wechselt zum Vater hin, zu dessen zuvor-kommender Bewegung. Die Spannung wird schnell, überraschend und doch fast selbstverständlich gelöst. (Das Un-selbstverständliche thematisiert in der zweiten Gleichnishälfte der ältere Bruder.) Der Sohn kommt zwar noch zur Aussprache seines Schuldbekenntnisses, aber nicht mehr zum Vortrag seiner Bitte. Die Aktionen des Vaters stehen im Vordergrund, wie im folgenden Abschnitt seine Anordnungen. Die Selbstverständlichkeit seines Tuns wird durch die Begründung in V. 24 emphatisch unterstrichen. Für den Sohn beginnt das Fest neuen Lebens als Sohn.

Mit dem *Einsatz der Geschichte vom älteren Sohn* (V. 25) wird neue Spannung erzeugt: Der ältere Sohn ist abwesend; der Erzähler bringt ihn schrittweise in (äußerlichen) Kontakt mit dem Fest: Annäherung an das Haus, Wahrnehmung von Musik und Tanz, Erkundigung bei einem der Knechte. In der Rede des Knechtes (sie hätte leicht durch ein einfaches Referat ersetzt werden können, z.B.: „der erzählte ihm alles") nimmt der Erzähler Gelegenheit, die Heimkehr des verlorenen Sohnes und seine vorbehaltlose Wiederannahme durch den Vater noch einmal zu interpretieren. Wie selbstverständlich erscheint im Referat des Knechtes, daß das Mastkalb geschlachtet wird: ὅτι ὑγιαίνοντα αὐτὸν ἀπέλαβεν (V. 27d). Um so schärfer kontrastiert die Reaktion des älteren Bruders, der jetzt in die Entfernung (οὐκ ἤθελεν εἰσελθεῖν) vom Vater gerät. Nach der Bitte des Vaters, der zu ihm herauskam, interpretiert der ältere Sohn seine Haltung, seine Vergangenheit, seine Beziehung zum Vater. Dem Schuldbekenntnis des jüngeren Sohnes wird der Vorwurf des älteren gegenübergestellt. Erneut wächst die Spannung: Wird der Zorn des Sohnes den Zorn des Vaters hervorrufen? Diese Frage beantwortet der Schluß: Der Vater bleibt der gütige Vater. Offen bleibt die Frage nach der Umkehr des älteren Sohnes. Die ungelöste Spannung zeigt das eigentliche Thema des Dramas an, das Problem, welches der Hörer weiterdenken, das er selbst lösen soll, in eigener Umkehr.

Eine Analyse des dramatischen Ablaufs der Erzählung zeigt, daß der Erzähler deutlich Verdichtungspunkte setzt, die unsere Geschichte in den Rang symbolischer Aktion erhebt. Die eigentliche Dramatik liegt auf dem Feld der Beziehung der Personen, in der Konfiguration, die nach der Erörterung der Inszenierung im einzelnen besondere Aufmerksamkeit verdient.

3. Die Inszenierung der Erzählung

Für das Verständnis des Gleichnisses vom Vater und den beiden Söhnen ist es nicht nebensächlich, sondern höchst aufschlußreich, wie der Erzähler seine Erzählung, die wir nach Aufbau, Form und dramatischem Ablauf schon zu beschreiben versuchten, im einzelnen inszeniert. Wir bemühen uns um ein detailliertes Verständnis der Inszenierung in einer Exegese der einzelnen Abschnitte Vers um Vers.

Die Exposition (Vv. 11–12) beginnt mit einem typischen, die Grundkonstellation der Erzählung disponierenden „Nominativanfang“[40]. Unmittelbar vergleichbar sind die Erzählanfänge in Lk 16,1: Ἄνθρωπός τις ἦν πλούσιος ὃς εἶχεν οἰκόνομον, und Mt 21,28b: Ἄνθρωπος εἶχεν τέκνα δύο. Typisch ist das präteritale εἶχεν für den Parabelstil; es wird eine Geschichte erzählt, die Aufmerksamkeit des Hörers auf eine Geschichte gespannt. Da zwei Söhne erwähnt werden, darf der Hörer erwarten, daß zwei unterschiedliche Typen (vgl. Mt 21, 28–31) vorgestellt werden, die durch ihre Beziehung zum Vater charakterisiert werden müssen.

Der jüngere Sohn bringt mit seiner Forderung nach Auszahlung des ihm zufallenden Teils des Vermögens die Geschichte in Gang. Der jüngere kommt als der Fordernde allein in Frage, da der ältere, dem nach Dtn 21,17 zwei Drittel des Erbes zustehen, der Hoferbe ist. Der Teil des Gesamtvermögens, der auf den jüngeren Sohn entfällt, beträgt ein Drittel. Die Wahl des jüngeren als des verlorenen Sohnes war dem Erzähler, wollte er sich an den geläufigen Rechtsvorstellungen orientieren, also nicht freigestellt. Der Erzähler denkt offenbar nicht nur an eine Erbteilung, sondern an eine Abfindung des jüngeren Sohnes, der nicht nur das Besitzrecht, sondern auch das Verfügungsrecht über sein Erbteil bekommt, das er (wohl als Geld gedacht) zusammenpacken und mitnehmen kann (V. 14). Der ältere Sohn bleibt mit seinem Erbe beim Vater, der weiter das Verfügungsrecht behält.

Wir haben schon erwähnt, daß sich der Erzähler nicht vorrangig an Rechtsverhältnissen orientiert, daß er im Fortgang der Geschichte diese Orientierung vielmehr zugunsten derjenigen an menschlichen Beziehungen verdrängt. Diese μετάβασις εἰς ἄλλο γένος ist für den Sinn der Parabel, für die Erfassung ihrer theologischen Bedeutung fundamental; der Hörer wird von vornherein angeleitet, die Erzählung auf das in ihr implizierte und praktizierte Verständnis menschlicher Existenz hin zu reflektieren. Daß der Handlungsablauf im Gleichnis „nicht mit irgendeinem antiken Recht völlig zur Deckung zu bringen ist“[41], ist für den Aussagewillen des Erzählers, der seine Figuren nicht an „Recht“ bindet, höchst aufschlußreich.

[40] Vgl. *J. Jeremias,* Die Gleichnisse Jesu (Göttingen ^{8}1970) 99, dort die Belege.
[41] *L. Schottroff,* 39 (s. Anm. 4). Vgl. dort S. 39–43 als Grundlage der folg. Darstellung.

Die Diskussion der in Lk 15, 11–32 gespiegelten Rechtsverhältnisse hat im einzelnen ergeben: Nach *jüdischem Recht*[42] populärer Ausprägung (die mit außerjüdischem antikem Recht übereinstimmt)[43] ist für den jüngeren Sohn an Abfindung, Auszahlung des Erbes mit Verlust des Erbrechts gedacht. Der ältere Sohn wirft dem jüngeren aber später vor, er habe des Vaters Vermögen durchgebracht (V. 30). Und die Wiederannahme des Sohnes (Vv. 22–24) scheint im Gefälle der Erzählung uneingeschränkt gemeint. Hat der Vater dem älteren Sohn das Nutznießungsrecht mit dem Besitzrecht übertragen, bleibt V. 29 unverständlich; wenn nicht, macht V. 31 Schwierigkeiten. Ohne Widersprüche bleibt keine Hypothese zur Erklärung der vorgestellten Rechtsverhältnisse, wie bei den literarkritischen Erörterungen (I, 1) schon angedeutet wurde. Das zeigt nun: „Dem Verfasser war es unwichtig, ob die Verhältnisse *rechtlich* zutreffend geschildert werden. Die Vorstellungsebene der zwischenmenschlichen Vorgänge ist nicht die des (kodifizierten oder praktizierten) Rechts, sondern vielmehr die von moralischen Verpflichtungen, von Liebe, Güte, Neid u. ä. Auf dieser Ebene werden die berichteten Vorgänge sinnvoll."[44]

Es bleibt, zu überlegen, ob die Inszenierung von V. 12 diesen aus dem Vergleich mit späteren Versen gewonnenen Erkenntnissen entspricht.

Auffällig ist, daß der Vorgang der Teilung im Blick auf den älteren Sohn, der zu Hause bleibt, nach seinen Auswirkungen nicht weiter geklärt wird. Dieser Umstand schafft dem Erzähler Raum für die Kontroverse der Vv. 29.31 und darf daher als beabsichtigt gelten. Die Beziehungen der Personen werden nicht auf das geltende Recht gegründet. Auffällig ist ferner, daß der Erzähler in V. 12bc in der Bezeichnung des Vermögens von οὐσία zu βίος überwechselt. Von der οὐσία des verlorenen Sohnes ist erneut V. 13c, vom βίος des Vaters V. 30a die Rede. Die οὐσία des verlorenen Sohnes ist sein (ihm zugefallenes) bewegliches (Teil-)Vermögen[45], der βίος des Vaters dessen ganzer Besitz. Der Begriff βίος (mit der Konnotation dessen, wovon man lebt; vgl. auch Mk 12, 44) signalisiert die Beziehung zum Vater.

---

[42] Vgl. *Billerbeck* III, 549f; *J. Jeremias*, Gleichnisse 128f; *D. Daube* (s. Anm. 14); *R. Yaron*, Gifts in Contemplation of Death (Oxford 1960); *L. Fischer*, An Amarna Age Prodigal, in: JSS 3 (1958) 113–122; *J. Duncan M. Derret*, Law in the New Testament: The Parable of the Prodigal Son, in: NTS 14 (1967/68) 56–74; *J. Henninger*, Zum Erstgeborenenrecht bei den Semiten, in: Festschrift Werner Caskel (Leiden 1968) S. 162–183.

[43] Vgl. *E. Rabel*, Elterliche Teilung, in: Festschrift zur 49. Versammlung deutscher Philologen und Schulmänner (1907) 521–538; *H. Kreller*, Erbrechtliche Untersuchungen auf Grund der graeco-aegyptischen Papyrusurkunden (1919) 204ff; *J. Brugman*, Essays in Oriental Laws of Succession (Leiden 1969).

[44] *L. Schottroff*, 42 (s. Anm. 4).

[45] Diog. Laert. 9, 35 teilen sich drei Brüder, von denen einer in ferne Länder ziehen will, die οὐσία. Vgl. *W. Bauer*, Wb 1181.

Der erste Abschnitt der Geschichte des jüngeren Sohnes (V. 13) setzt mit der Litotes μετ' οὐ πολλὰς ἡμέρας ein. Die rhetorische Figur hebt durch Verneinung des Gegenteils die rasche Abreise des Sohnes hervor; er macht sein *ganzes* Vermögen zu Geld[46] (beachte die Wiederaufnahme des Stichworts πάντα in V. 14a: der Sohn wird zum *Habenichts*) und zieht fort in ein fernes Land. Er bricht seine Beziehungen zum Vater vollständig ab: er nimmt das ganze Vermögen mit, geht ins Ausland. ἀποδημέω kennzeichnet die Abwesenheit, χώρα μακρά ein fernes Land (vgl. Lk 19,12), vom jüdischen Standpunkt aus zugleich ein heidnisches Land. Der jüngere Sohn wandert nicht aus, um sich unter besseren Bedingungen eine selbständige Existenz zu gründen[47], sondern: im fernen, heidnischen Land (ἐκεῖ) verschleudert er das Vermögen, das er zu Hause zusammengerafft hat (Gegensatz von συνάγειν und διασκορπίζειν!), und zwar in einem schwelgerischen, lasterhaften, heillosen Leben (vgl. V. 30a). Zum betont in Schlußstellung gebotenen Reizwort ἀσώτως darf man wohl Spr 28,7 assoziieren: ὃς δὲ ποιμαίνει ἀσωτίαν, ἀτιμάζει πατέρα[48]. Mit seinem schwelgerischen Leben, so ist dem Hörer klar, versündigt sich der Sohn wider den Himmel und vor seinem Vater (Vv. 18b.19 und 21). Seine Forderung nach Abfindung mit seinem Erbteil ist nachträglich diskreditiert. Mit ihr, so macht der knappe Abschnitt V. 13 klar, hat der rasche Niedergang des Sohnes begonnen.

Im zweiten Abschnitt (Vv. 14–16) wird der verschwenderisch-liederliche Sohn in Elend und Erniedrigung gezeigt. Er hat alles (vgl. V. 13), sein ganzes Vermögen vergeudet (δαπανάω hier mit negativer Wertung). Da stürzt ihn ein äußerer Umstand, eine schwere Hungersnot in jenem Land, ins volle Unglück. Der Verschwender fängt an Mangel zu leiden (ὑστερεῖσθαι, vgl. den Gegensatz περισσεύω in V. 17). Der Mangel zwingt ihn, sich an einen Bürger jenes Landes zu hängen, an einen Heiden zu verdingen, eine Schande für einen Juden; vgl. Apg 10,28: ἀθέμιτόν ἐστιν ἀνδρὶ Ἰουδαίῳ κολλᾶσθαι ἢ προσέρχεσθαι ἀλλοφύλῳ. Die Folgen seines Tuns machen die Qua-

---

[46] Vgl. Plut., Cato Min. 6,7: κληρονομίαν εἰς ἀργύριον συναγαγών. Siehe *W. Bauer*, Wb 1549.

[47] Von einer Auswanderung in die Diaspora ist nicht die Rede; die Erzählung will nicht zeitgeschichtlich konkret, sondern menschliche Beziehungen symbolisierend ausgelegt werden; gegen *J. Jeremias*, Gleichnisse 129; *E. Linnemann*, Gleichnisse 81.

[48] Vgl. auch die von *W. Bauer*, Wb 237, gebotenen hellenistischen Belege. Eph 5,18; TestJud 16,1 ist ἀσωτία die Trunksucht, das schwelgerische Leben.

lität des Tuns des Sohnes sichtbar: Sünde, Abfall von der geforderten Gerechtigkeit, vom Glauben. Der Jude, der einem Heiden anhängt, hängt nicht mehr Gott an. Der Erzähler braucht vor jüdischem Publikum solche Folgerungen nicht zu benennen, er macht sie drastisch-symbolisch klar. Der Bürger jenes Landes – der unvermittelte Subjektwechsel in Vv. 15–16 entspricht semitischer Erzählweise – schickt den Sohn auf seine Felder zum Schweinehüten; der Umgang mit den unreinen Tieren (Lev 11,7) gilt dem Juden als tiefste Erniedrigung; vgl. Baba Qamma 82b: „Verflucht sei der Mann, der Schweine züchtet." Vielleicht will der Erzähler folgende Assoziation zulassen: Der Sohn, der sich der Arbeit *auf dem Feld* des Vaters (vgl. V. 25!) in liederlichem Leben entzogen hat, wird im fernen, heidnischen Land zum Schweinehüten *auf die Felder* geschickt. Jedenfalls vertieft der Erzähler mit seiner Inszenierung in V. 15 die religiöse Dimension seiner Erzählung, die im Selbstgespräch des Sohnes dann noch ausdrücklich thematisiert wird.

In V. 16 wird die Erniedrigung des Sohnes nochmals gesteigert; auch als Schweinehirt muß er hungern. Er hätte sich gerne den Bauch mit Schweinefutter vollgeschlagen; die derbe Lesart γεμίσαι τὴν κοιλίαν αὐτοῦ dürfte der abmildernden χορτασθῆναι vorzuziehen sein. „Die Grobheit des Ausdrucks malt, wie der Mann beim Essen nur noch die Bedürfnisse eines Schweines hat, auf allen Genuß längst verzichtend."[49] Die Schoten des Johannisbrotbaumes (ägyptische Feige), die als Schweinefutter genannt werden, sind rauh, süßlich und schwer verdaulich. Selbst sein Begehren nach dieser Kost wird nicht gestillt; niemand gab ihm davon (das καί V. 19b ist adversativ aufgefaßt). Drastischer kann die Unfreiheit einer Existenz, die nur noch elementare Gier ist, nicht gemalt werden.

Am tiefsten Punkt der Entwicklung setzt der Erzähler die Peripetie an; ein jüdisches Sprichwort sagt: „Wenn die Israeliten Johannisbrot nötig haben, dann kehren sie (zu Gott) um."[50] *Der dritte Abschnitt*

---

[49] *A. Jülicher,* Die Gleichnisreden Jesu II (Tübingen 1910 = Darmstadt 1963) 344.
[50] *Billerbeck* II, 214 (Rabbi Acha um 320 n.Chr.). – Zum Johannisbrotbaum vgl. *D. G. Miller* in: BiblHistHwb II, 875f. – Daß Israel in der größten Not bzw. der tiefsten Erniedrigung umkehrt, ist ein häufiger belegbarer Topos; er erscheint z.B. in der Geschichte des Jona (Jon 1–2), der erst im Bauch des Fisches umkehrt und betet (darauf verweist bei einer Sammlung vager Parallelen nicht: *J. Alonso Diaz,* Paralelos entre la Narración del Libro de Jonás y la Parábola del Hijo Pródigo, in: AnalBibl 11, II [Rom 1959] 64–72); vgl. ferner Ex Rabba 21: „Es sprach Rabbi Berechja: Besser war für Israel

(Vv. 17–19) inszeniert die Peripetie, das In-sich-Gehen, die Umkehr[51] des Sohnes in seinem Selbstgespräch. Seine veräußerlichte Existenz war durch Vergessen, den Abbruch aller Beziehungen zum Vater gekennzeichnet; seine Umkehr beginnt mit der „Erinnerung". Anknüpfungspunkt ist seine gegenwärtige Lage als Lohnknecht, die er mit derjenigen der Lohnknechte seines Vaters vergleicht. Jene leben im Überfluß, haben Brot genug, obwohl sie viele sind; der Sohn, allein, muß hungern und bekommt nicht einmal die Schoten des Johannisbrotbaumes. Seine Entbehrung (V. 14 ὑστερεῖσθαι) im fernen Land (ὧδε), die er dem Überfluß zu Hause kontrastiert (περισσεύειν), charakterisiert er jetzt sogar als bedrohlich: er kommt vor Hunger um (zu λιμῷ ἀπόλλυσθαι vgl. Ez 34,29; zum Gegensatz ὑστερεῖσθαι – περισσεύειν vgl. 1 Kor 8,8). Der Sohn sieht sich im fernen Land „verloren" (zu V. 17c ἀπόλλυμαι vgl. Vv. 24b.32c: ἀπολωλώς).

Die Erinnerung, die in der Umkehr zugänglich wird, bringt den Sohn zum Entschluß der Heimkehr; diese wird als „zum Vater gehen" vorgestellt; der Sohn nimmt die Beziehung wieder auf. Sein Aufbruch (ἀναστάς) wird im energischen Futur πορεύσομαι als fester Entschluß charakterisiert; zugleich wird die Umkehr des Sohnes durch die Vorstellung seines Sündenbekenntnisses vertieft, das er vor dem Vater ablegen will. Er hat gegen Gott[52] (οὐρανός als Umschreibung der Nennung Gottes) gesündigt; die Nennung Gottes schützt die Figur des Vaters vor falscher Allegorisierung! Der Sohn hat auch „gegen den Vater" gesündigt, der Vater wird als die Instanz eingeführt, welche über den Sohn zu urteilen hat[53]. Im Bekenntnis nimmt der Sohn das von ihm erwartete Urteil des Vaters schon vorweg: Er ist nicht mehr

das Herannahen Pharaos als hundert Fasttage und Gebete. Denn als die Ägypter ihnen nachsetzten und sie sie sahen, fürchteten sie sich sehr und richteten ihre Augen zur Höhe und taten Umkehr und beteten"; Menachot 53b: „Es sprach Rabbi Jochanan: Weshalb wird Israel mit der Olive verglichen? Wie die Olive ihr Öl hergibt, nur wenn sie gestoßen wird, so wendet Israel erst um durch Leiden."

[51] Zur Gleichsetzung von In-sich-Gehen und Buße tun vgl. *Billerbeck* II, 215; I, 261 ff.

[52] εἰς τὸν οὐρανόν meint nicht „bis zum Himmel"; die Verbindung von ἁμαρτάνω mit εἰς (gegen jemanden) ist geläufig: ἐνώπιον ist Übersetzungsvariante (aus hebr. oder aram. *l*ᵉ; vgl. z.B. Ex 10,6 MT u. LXX). Vgl. *G. Lohfink*, „Ich habe gesündigt gegen den Himmel und gegen dich". Eine Exegese von Lk 15,18.21, in: ThQ 155 (1975) 51 f.

[53] Die Zusammenstellung der Sünde wider Gott und den Vater erinnert auch an die besondere Hochschätzung des Gebotes der Elternliebe im Judentum der Zeit Jesu, das gleich nach dem Hauptgebot der Gottesliebe rangiert; vgl. dazu *K. Berger*, Die Gesetzesauslegung Jesu. Ihr historischer Hintergrund im Judentum und im Alten Testament, Teil I: Markus und Parallelen (WMANT 40) (Neukirchen-Vluyn 1972).

wert, sein Sohn zu heißen. Durch seine Taten, mit denen er alle Beziehung abgebrochen hatte, hat er seine Sohnschaft verspielt; als Erbe war er schon abgefunden, so steht ihm kein Platz im Hause des Vaters mehr zu. Der Sohnes-Name steht für die damit bezeichnete Stellung im Hause! Der Sohn will – angesichts der Alternative „Hungertod" im fernen Land – den Vater um eine Stelle als Lohnknecht in seinem Hause bitten, wo es wenigstens Brot im Überfluß gibt. Der Vater hat die Macht (ποίησον), den Sohn zu etwas zu machen (vgl. Mk 3, 14). Die Inklusion mit dem Stichwort μίσθιοι, die das Selbstgespräch des Sohnes rahmt, zeigt, daß seine Gedanken durch den Vergleich der eigenen Lage als Lohnknecht mit der Lage der Knechte seines Vaters inspiriert sind. Mit ὡς ἕνα τῶν μισθίων σου (vgl. Rut 2, 13: ἐγὼ ἔσομαι ὡς μία τῶν παιδισκῶν σου) gibt der Sohn bescheiden die Richtung seiner Wünsche an.

Im vierten Abschnitt (Vv. 20–21) wird der Aufbruch des Sohnes knapp, gemäß der Formulierung seines Vorhabens (V. 18), geschildert; ἦλθεν deutet die Ankunft beim Vater schon an, zu dem die Perspektive der Erzählung überwechselt. Der Vater erblickt den Sohn (in seinem erbärmlichen Zustand, vgl. V. 22a) schon, als er noch weit weg ist; der Erzähler tut alles, um das Zuvor-Kommen des Vaters deutlich zu machen, sein Erbarmen zu illustrieren. Der Vater läuft – „das ist für einen betagten Orientalen ganz ungewöhnlich und unter seiner Würde, selbst dann, wenn er es noch so eilig hat"[54] –, fällt seinem Sohn um den Hals und küßt ihn. Rückhaltlose Vergebung (vgl. 2 Sam 14, 33) wird zum Ausdruck gebracht; der Kuß auf die Wange gilt dem Gleichstehenden, dem Sohn, nicht dem Sklaven! Der Vater teilt sein Erbarmen mit, bevor der Sohn mit seinem Schuldbekenntnis zu Wort kommt; im Licht dieses Erbarmens tut sich freilich die Dimension der Schuld erst auf. Seine Bitte um den Platz eines Tagelöhners trägt der Sohn nicht vor; mit ihr würde er das Erbarmen des Vaters mißachten, seine Gnade verweigern. An die Stelle der Bitte des Sohnes treten im nächsten Abschnitt die Anordnungen des Vaters, der den Sohn nicht wie einen Tagelöhner, sondern wie einen Ehrengast behandelt.

Im fünften Abschnitt (Vv. 22–24) schildert der Erzähler, wie der Vater dem Heimgekehrten ein Fest ausrichten läßt. Der als Sohn wieder Angenommene wird von den Sklaven des Vaters (V. 22a) bewußt

---

[54] *J. Jeremias*, Gleichnisse 130.

abgesetzt. Der Vater befiehlt Eile (ταχύ), der Sohn soll die Zeichen der Sohnschaft nicht länger entbehren. „Die drei Anordnungen sind das öffentliche Sichtbarmachen der Vergebung und der Wiederherstellung der Kindesstellung. Alle sollen es zur Kenntnis nehmen."[55] Das lange, weiße Oberkleid, und zwar das beste (oder das frühere, das der Sohn zurückließ), soll aus der Vorratskammer geholt und dem Sohn angezogen werden; das Ehrenkleid macht ihn zum „Ersten" im Hause. Mit dem Siegelring wird ihm Vollmacht übertragen (vgl. 1 Makk 6,15), er ist der bevollmächtigte Sohn; die Schuhe zeichnen nicht nur den freien Mann im Unterschied zum barfüßigen Sklaven aus, sie symbolisieren wie der Ring auch die Verfügungsgewalt des im Hause wieder eingesetzten Sohnes, von dem jetzt das gilt, was der Vater später dem älteren Sohn sagt: „Alles, was mein ist, ist dein!" Der Erzähler läßt den Vater aus voller Souveränität handeln, ohne ihn an die nach V. 12 erfolgte Erbteilung zu binden; dieser auffällige Zug stößt den Hörer auf das *eigene*, andersartige Recht des Vaters.

Der Vater will ein Fest ausrichten und läßt zum Festessen das Mastkalb schlachten. Mit der Begründung der Aufforderung zum Feiern springt der Erzähler in eine symbolische Ebene (vgl. zum Unterschied V. 27d), welche offenbar die Ebene der Auslegung für den Hörer sein soll. Der Sohn war tot: im fernen Land, im liederlichen Leben, in seiner Erniedrigung, in seiner Sünde, in seiner Entfremdung vom Vater. Er kam wieder zum Leben: in seiner Umkehr, durch das Erbarmen des Vaters, im Hause des Vaters.

Mit den Stichworten „verloren" und „gefunden" springt der Erzähler noch weiter aus dem Rahmen seiner Erzählung; denn dem Finden entspricht hier kein „Suchen". Die „Situation" wird also symbolisch überinterpretiert, dieser Sachverhalt macht zwingend darauf aufmerksam, daß den Erzähler des Gleichnisses ein Problem bewegt, das sich hier – den Gleichnisrahmen aufsprengend – zu Worte meldet: Es geht dem Erzähler um die Suche der Verlorenen, um die Auferstehung der Toten. Zugleich sorgt V. 24 „für die richtige Einstellung zu dem Folgenden. Es liegt ein erzählerischer Kunstgriff vor: was dem Sohn erst in V. 32 gesagt wird, bekommt der Hörer schon in V. 24 zu wissen,

---

[55] Ebd. – *K. H. Rengstorfs* (vgl. Anm. 35) Auslegung auf die Re-Investitur des Sohnes, welche die (im Text nicht angedeutete) jüdische Rechtspraxis einer *q^e^sasah* = Abtrennung von der Familie voraussetzt, verschiebt die Pointe der Züge nicht wesentlich. Wir greifen auf die von Rengstorf aufgezeigte Symbolik teilweise alternativ zurück.

damit ihm das Verhalten des älteren Sohnes von vornherein in diesem Lichte erscheint und er um so sicherer den Worten des Vaters zustimmt."[56]

Die Geschichte des jüngeren Sohnes endet mit einem Beginn (ἤϱξαντο), mit dem Beginn des Festes.

Die Geschichte des älteren Sohnes beginnt *im ersten Abschnitt* (Vv. 25–28a) mit einem Gegenbild: Der ältere Sohn ist auf dem Feld, bei seiner Arbeit, bei der Erfüllung seiner Pflicht im Dienst des Vaters (vgl. V. 29). Der Erzähler hat zwar ein Milieu vor Augen, wo der Besitzer bei der Arbeit mit zugreift; daß er aber gerade diesen Zug auswählt, ist bezeichnend: das freudlose Leben des Sohnes wird charakterisiert. Dagegengehalten wird der Festlärm, der aus dem Haus dringt; als der Sohn sich nähert, hört er Musik und Tanz, laut schallenden Gesang mit Händeklatschen, der den Höhepunkt des Festes verrät; er erkundigt sich bei einem der Knechte, was das sei, und erfährt, daß sein Bruder gekommen ist und sein Vater das Mastkalb geschlachtet hat, weil er ihn gesund wieder hat. Der Erzähler spricht im Munde des Knechtes bewußt die *normale* Wertung der Vorgänge aus. Um so deutlicher wird die Reaktion des älteren Sohnes als unangebracht gekennzeichnet: sein Zorn und seine Verweigerung. Er will nicht hineingehen und am Fest partizipieren, weil er die Wiederannahme des Bruders nicht mitvollzieht (vgl. V. 30). Der Erzähler reflektiert jetzt des älteren Sohnes Beziehung zum Vater.

Im zweiten Abschnitt (Vv. 28b–30) wird zunächst gezeigt, daß der Vater auch dem älteren Sohn gegenüber zuvorkommend handelt; er geht hinaus, verläßt die festliche Runde und bittet seinen Sohn um die Teilnahme am Fest. Im Entgegen-Kommen wiederholt sich die Gebärde seiner Liebe.

Der ältere Sohn verteidigt seine Haltung mit Vorwürfen gegen den Vater; zunächst spricht er von sich, seinem jahrelangen Dienst für den Vater – während der jüngere Sohn im Ausland das Vermögen verjubelte. Er macht (verstärkt durch ἰδού) auf die vielen Jahre seines Dienstes aufmerksam. Dann beschwört er seinen Gehorsam gegenüber dem Vater: er hat nie ein Gebot des Vaters übertreten. Dagegen setzt er das Verhalten des Vaters, der ihm (betont ἐμοί; der Unterschied zum liederlichen Bruder ist angezielt) nie (Wiederholung des οὐδέποτε) ein

[56] *E. Linnemann*, Gleichnisse 84f.

Böcklein gegeben hat, damit er mit seinen Freunden feiern könne. Der ältere Sohn hat Knechtsdienste getan, nicht gefeiert; er sieht in der Heimkehr des jüngeren Sohnes, dem er den Brudernamen verweigert (V. 30), keinen Grund zum Feiern. Dieser Sohn hat des Vaters Vermögen mit Dirnen durchgebracht, kommt und wird mit einem Fest honoriert, für das der Vater das Mastkalb schlachten läßt. Der ältere Sohn hat, so scheint es, die Selbständigkeit des jüngeren Bruders, der sich abfinden ließ, nicht akzeptiert; er spricht vom Vermögen des Vaters; er hat auch zum Vater ein unfreies Verhältnis, versteht sich nicht als Erben, sondern als Sklaven, nicht als Sohn, sondern als Knecht. Wieder orientiert sich der Erzähler nicht an den vorauszusetzenden Rechtsverhältnissen, sondern an den Rechtsauffassungen der Personen, hier offenbar im Interesse einer Skizzierung der „gesetzlichen" Position des älteren Bruders[56a].

Der Erzähler wählt bewußt Wendungen, die einer symbolischen Interpretation offenstehen: Sklavischer Gesetzesgehorsam wird liederlichem Leben in der Tischgemeinschaft von Huren kontrastiert.

Der dritte und letzte Abschnitt (Vv. 31 f) gibt dem Vater das letzte, einladende Wort. Die Anrede τέκνον markiert den Unterschied zum Selbstbewußtsein des Sohnes, der sich als Sklaven interpretierte. Dem οὐδέποτε seiner Rede, also seiner negativen Interpretation seines Lebens, wird mit πάντοτε (und πάντα) eine positive Auslegung entgegengesetzt: er ist allezeit beim Vater, in seiner Gemeinschaft; alles, was dem Vater gehört, gehört ihm. Daß diese Aussage mit den gezeichneten Rechtsverhältnissen nicht harmoniert, zeigt, daß der Erzähler auch hier eine symbolische Ebene intendiert.

Der Vater bezeichnet Fest und Freude als notwendig, hält mit dem unpersönlichen ἔδει den Kreis der Feiernden bewußt offen, auch für den älteren Sohn. Der Vater wiederholt die Begründung von V. 24, spricht jetzt jedoch nicht von „meinem Sohn", sondern – den älteren Sohn zum Umdenken, zur Annahme des Bruders und des Vaters selbst auffordernd – von „deinem Bruder". Über den offenen Schluß kommt

---

[56a] Eine Karikatur ist vom Erzähler nicht beabsichtigt, wie die Reaktion des Vaters bestätigt; den religiösen Ernst der Position des älteren Bruders hat schon Augustinus verteidigt; vgl. dazu *K. Thieme*, Augustinus und der ‚Ältere Bruder', in: Universitas. Dienst an Wahrheit und Leben. Festschrift für Bischof A. Stohr, hrsg. von L. Lenhard, I (Mainz 1960) 79–85.

die Aufforderung beim Hörer an, der sie in seiner Situation gegenüber seinem Bruder realisieren soll.

Die Inszenierung der Erzählung verdichtet sich an verschiedenen Stellen zu symbolischen Aussagen, die auf das eigentliche Thema des Gleichnisses verweisen: die Deutung menschlicher Existenz in den Beziehungen von Freiheit, Schuld und Gnade. In der Konfiguration, den Beziehungen der Personen, wird diese Dimension der Erzählung besonders akzentuiert.

4. Die Konfiguration der Erzählung

Die Konfiguration der Erzählung erweitert sich von einer Vater-Sohn-Beziehung im ersten Teil zu einer Vater-Sohn-Bruder-Beziehung im zweiten Teil.

Im ersten Teil, in der Geschichte des jüngeren Sohnes, ist der Niedergang des Sohnes mit der Ent-fernung vom Vater parallelisiert. Im ersten und zweiten Abschnitt (Vv. 13–16) kommt der Vater nicht vor. In der Exposition war noch von ihm die Rede (V. 12: τῷ πατρί und Anrede: πάτερ), nach der Peripetie ist wieder von ihm die Rede. Die Beziehung des jüngeren Sohnes zum Vater wird mit der dreimaligen Anrede πάτερ (Vv. 12.18.21) signalisiert, die sich in der Rede des jüngeren Sohnes durchhält, während sie in der Rede des älteren fehlt. Die Erinnerung an den Vater, der Entschluß, zum Vater hin aufzubrechen, und die Heimkehr zum Vater zeigen die Wiederaufnahme der abgebrochenen Beziehung an; ausdrücklich spricht der Erzähler V. 20 von „seinem Vater“ (vgl. V. 28b) und V. 21 vom Sohn. Der Sohn, der bekennt, nicht mehr wert zu sein, Sohn zu heißen (V. 21), wird vom Vater (V. 22a) weiter Sohn genannt (V. 24a). Der Sohn, der den Vater durch sein liederliches Leben entehrt hat, wird vom Vater geehrt. Mehr noch: der Sohn lebt durchweg vom Vater: vom Erbe aus dessen Vermögen (Vv. 12f), von der Erinnerung an den Vater (Vv. 17–19), von dessen Barmherzigkeit (Vv. 20ff). Das Zuvor-Kommen, das Entgegen-Kommen des Vaters qualifiziert seine Existenz neu. Die Beziehung des jüngeren Sohnes zu seinem Vater wird als eine freie Beziehung geschildert: Der Sohn hat den Mut, sein Vermögen zu fordern und in die Fremde zu ziehen, erneut den Mut, heimzukommen und sich schuldig zu bekennen. Er beansprucht den Vater als Vater und empfängt des Vaters Barmherzigkeit, lernt den Vater kennen, wie er ist!

Der ältere Sohn lebt in der Nähe des Vaters in der Entfremdung von ihm; er akzeptiert nicht das Verhalten „seines Vaters" „seinem Bruder" gegenüber, wie im Munde des Knechtes die Beziehung der beiden ausdrücklich benannt wird (Vv. 27f). Auffälligerweise fehlt in seiner Rede Vv. 29f die Anrede πάτερ; auch spricht er nicht von „meinem Bruder", sondern von „diesem deinen Sohn da" (V. 30). Er ist allezeit beim Vater (V. 31), realisiert aber nicht die Gemeinschaft mit dem Vater als Vater, er lebt als Knecht, nicht als Sohn. Er lebt freudlos, und in der gewandelten Situation der Wiederannahme des Bruders durch den Vater wird seine Abseitsstellung offenbar: er will nicht am Fest teilnehmen, weil er nur rechtliche Beziehungen (Leistung–Lohn), nicht die Freiheit der Gnade gelten läßt. Er hat sich und in seiner Vorstellung den Vater festgelegt, ist unbeweglich; obwohl zu Hause, ist er jetzt „draußen", am falschen Ort, im Alleingang, in der Sünde. Der Vater kommt auch ihm entgegen, versucht seinen Alleingang aufzuheben, ihn mit dem Bruder zu versöhnen. Der Vater eröffnet auch ihm die Freiheit neuer Kommunikation, der Existenz aus Gnade. Die offene Frage ist die: Wird er den Vater als barmherzigen Vater gelten lassen – und im Mitfeiern Sohn und Bruder werden? Der ältere Sohn blickt nur auf die Vergangenheit, seine eigene (V. 29) wie die seines Bruders (V. 30), den er nicht Bruder nennt. „Umkehr" und neues Leben, wahres Leben, sind zukunftsorientiert (Vv. 17–19) – orientiert an einer Barmherzigkeit, die Zukunft gewährt.

Der Vater spricht den älteren Sohn ausdrücklich als „Kind" an; auch ihm gilt uneingeschränkt seine Liebe. Der Vater bleibt „Vater" (Vv. 28f), wie der Erzähler mit seiner betonten Nennung verdeutlicht. Er spricht ihm die Freiheit des Erben zu: καὶ πάντα τὰ ἐμὰ σά ἐστιν. Worauf es ankäme? Die Freiheit zu bejahen in der Liebe, in der durch sie inspirierten Freude.

Die Konfiguration der Erzählung erschließt in besonderer Weise das Anliegen des Erzählers: Er führt in den beiden Söhnen zwei Spielarten entfremdeter Existenz vor, ohne sie zu karikieren; der eine Sohn wird in der Erzählung versöhnt, dem anderen wird versöhnte, neue Existenz angeboten. Das Interesse des Erzählers liegt bei dem Angebot der Versöhnung, die als unbedingt durch die Geschichte des jüngeren Sohnes qualifiziert ist; sein aktuelles Interesse liegt bei denen, die sich mit dem älteren Bruder identifizieren. Das Angebot der Versöhnung geht jeweils vom Vater aus: er ist die zentrale, tragende Figur, welche die Konfiguration bestimmt.

5. *Die Gattung des Gleichnisses*

Wir haben die Erzählung vom Vater und den beiden Söhnen Lk 15, 11–32 ein Gleichnis genannt. Das bedeutet, die Erzählung verweist von sich aus auf eine zweite Verständnisebene, auf der das Geschehen neu durchdacht werden soll. Das Gleichnis ist eine literarische Gattung, die dem Hörer nicht nur etwas vorstellt, sondern ihn auf einer anderen Ebene in das Geschehen miteinbezieht. Mit anderen Worten: *Das* Gleichnis hat grundsätzlich allegorischen Charakter[57]. Es lädt den Hörer zu einer Reflexion auf neuer Ebene ein und gibt dazu die nötigen Hinweise in der ihm angemessenen ästhetischen Form. Seit A. Jülichers großer Untersuchung zu den Gleichnissen, deren Verhaftung in der Tradition aristotelischer Rhetorik[58], Lessingscher Literaturtheorie[59] und Hegelscher Ästhetik[60] erst in den letzten Jahren aufgewiesen worden ist, hat die Allegoriefurcht die Gleichnisforschung beherrscht[61]. In Abwehr antiker und mittelalterlicher allegorischer Auslegungstradition wurde die metaphorische, parabolische, allegorische Funktion von Sprache verdrängt; die inkarnatorische Struktur einer Gleichniserzählung widersetzt sich zwar einer allegorischen Deutung Zug um Zug nach allegorischen Dechiffrierungsverfahren, gibt aber in der Spannung der Erzählung selbst die Reflexion des Hörers auf neuer, anderer (als der in der Erzählung vorgestellten) Ebene frei.

Gerade die Gleichnis-*Erzählungen*, die nach der seit Jülicher herkömmlichen Unterscheidung im Unterschied zum ausgeführten Vergleich, dem

---

57 Vgl. hierzu *E. J. Tinsley*, Parable and Allegory: Some Literary Criteria for the Interpretation of the Parables of Christ, in: Church Quarterly 3 (1970) 32–39.

58 Vgl. hierzu *E. Jüngel*, Paulus 88ff.

59 Vgl. hierzu *H. G. Klemm*, Die Gleichnisauslegung Adolf Jülichers im Bannkreis der Fabeltheorie Lessings, in: ZNW 60 (1969) 153–174. Die Überlagerung des Einflusses Lessings auf Jülicher durch den Einfluß Herders betont *W. Harnisch*, 9ff (s. Anm. 36).

60 Vgl. hierzu *H. J. Klauck*, Neue Beiträge zur Gleichnisforschung, in: BibLeb 13 (1972) 212–230.

61 Dagegen schon *M. Black*, Parables as Allegory, in: BJRL 42 (1960) 273–287, hier S. 18: „On purely *a priori* grounds there does not seem to be any reason why there should not be allegory in the teaching of Jesus."

eigentlichen Gleichnis, eine frei erfundene Geschichte erzählen und dramatisch inszenieren, konstituieren eine ästhetisch eigenständige Welt: sie sind Parabeln, die in der dramatischen Erzählung selbst einen parabolischen Sinn aufheben. Gleichnisse zu erzählen gehört zur „theologischen Kunst des Überredens"[62]; der Redner sucht durch ästhetische Mittel die Freiheit des Denkens, der Umkehr, aufzurufen – und zu überzeugen. Greift er beim eigentlichen Gleichnis einen typischen Sachverhalt oder Vorgang in einem ausgeführten Vergleich auf, um durch das gewohnt Selbstverständliche zu überzeugen, so bringt er in der Parabel eine frei erfundene Geschichte, deren dramatische Inszenierung und Konfigurierung überzeugen müssen. „Wie ein guter Regisseur sorgt der Erzähler für diejenige Anordnung der Personen, Kulissen und Requisiten, die seinen Absichten am besten entspricht."[63] Er hält die Inszenierung knapp, läßt nur die notwendigen Personen auftreten, in der Regel nach dem Gesetz der szenischen Zweiheit jeweils nur zwei Personen gleichzeitig reden oder handeln, hält Perspektiven möglichst geradlinig durch, arbeitet sehr gezielt mit Affekten oder Handlungsmotivationen, bedient sich geschickt der direkten Rede und des Selbstgesprächs, auch der Wiederholung; er provoziert mit der ganzen Erzählung ein Urteil des Hörers, eine Bewegung des Hörers, eine Stellungnahme des Hörers: „Ein Gleichnis ist eine eindringliche Bemühung des Redenden um den Hörenden. Wer ein Gleichnis erzählt, will mehr als etwas aussagen, eine Mitteilung machen. Er möchte auf den anderen einwirken, seine Zustimmung erwerben, sein Urteil in eine bestimmte Richtung lenken, ihn zu einer Entscheidung nötigen, ihn überführen oder überwinden. Auch dann, wenn nur der Erzähler zu Wort kommt, ist in Wahrheit ein Gespräch im Gange."[64] Das Wesen der Gleichnisrede besteht nun gerade darin, daß der Sprecher, der sich ihrer bedient, seine Autorität nicht autoritär, nicht mit unfrei machenden Mitteln nötigend, sondern frei überzeugend einsetzt. Er bedient sich der ästhetischen Wirkung, die frei „gefangennimmt", um auch auf der parabolisch intendierten Sinnebene um freie Zustimmung zu werben. Gleichnisse sind „ästhetische Objekte"[65] mit einer eigenen Welt, deren Parabolik sich nicht auf ein satzhaftes „tertium comparationis" reduzieren läßt, sondern im Ganzen, im Ablauf der Erzählung, ihrer dramatischen Inszenierung und Konfiguration beschlossen liegt.

Die „Verschränkung" mit der Welt der Hörer, ihren Fragen, Problemen etc. ist die Leistung des Erzählers, der die Hörer doppelt gefangennimmt. Ungewöhnliche Züge, allegorische Fingerzeige, welche die Welt der Gleichniserzählung nicht aufsprengen, sind für den Hörer wesentliche Hilfen, den parabolischen Sinn zu erfassen. So wird durch den Refrain der Rede des Vaters in Lk 15,24.32 klar, daß die Erzählung

---

[62] Vgl. hierzu *L. Schottroff* (s. Anm. 23).
[63] *E. Linnemann*, Gleichnisse 19.
[64] *E. Linnemann*, Gleichnisse 27.
[65] *D. O. Via*, Gleichnisse 95.

von Tod und Leben, von den Möglichkeiten menschlicher Existenz handelt, daß sie auf ein Existenzverständnis zielt, ein Sinnangebot zum *Leben* macht. Ebenso macht der Refrain der Rede des verlorenen Sohnes in Lk 15,18f.21 klar, daß das Existenzverständnis die religiöse Dimension des Menschen, seine Existenz „unter dem Himmel", reflektieren muß, daß das Sinnangebot absoluten Sinn vermitteln muß.

Es legt sich daher eine Interpretation in zwei Schritten nahe: eine Erhebung des im Gleichnis, in der Erzählung implizierten Existenzverständnisses, des vom Erzähler vermittelten Sinnangebots; dann: eine parabolische, theologische Interpretation, welche das Existenzverständnis (entlang den Fingerzeigen der Erzählung) im Horizont der religiösen Dimension reflektiert, das Sinnangebot vor dem Anspruch absoluten Sinns prüft.

6. *Das im Gleichnis implizierte Existenzverständnis*

In den Figuren des Gleichnisses macht der Erzähler dem Hörer Identifikationsangebote; der Hörer soll gleichsam die Rollen, die gespielt werden, durchprobieren. G. Eichholz hat mit Recht bemerkt, „daß es kaum Zufall ist, wenn Gleichnisse sich in der Tat ‚spielen' lassen ... Sie legen eine Inszenierung oft geradezu nahe."[66] Nun macht es die Eigenart unseres Gleichnisses vom Vater und den beiden Söhnen aus, daß nur die beiden Söhne Identifikationsfiguren sind, der Vater sich in eigentümlicher Weise dem Identifikationsversuch des Hörers entzieht. Die Figur des Vaters ist zu erhaben, zu souverän; der Erzähler gibt ihr keine Entwicklung, keine Geschichte, zeichnet sie eigentümlich wesenhaft, entrückt. Was bei der Erörterung der vorgestellten Rechtsverhältnisse als störend inkonsequent erscheinen mochte, erweist unter neuem Aspekt Konsequenz: Die Situation des Vaters scheint durch die Erbteilung nicht verändert. Er bleibt derjenige, der im Haus souverän befiehlt (Vv. 22f), der das Fest ausrichtet (Vv. 23f), der den verlorenen Sohn ehrenvoll aufnimmt (Vv. 20–24) und dem älteren Sohn entgegenkommend zuredet (Vv. 28b.31f). Er bleibt freier Herr und den Söhnen Freiheit gewährender, barmherziger Vater. Der

---

[66] *G. Eichholz*, Gleichnisse der Evangelien. Form, Überlieferung, Auslegung (Neukirchen-Vluyn 1971) 27.

Vater ist Symbolfigur, die Existenz gewährt; die Söhne haben Existenz, ihre Geschichte, mit ihnen kann sich der Hörer zu identifizieren versuchen. Da ihm zwei Exempla menschlicher Existenz angeboten werden, dazu beide in eigentümlicher Ambivalenz mit attraktiven und abstoßenden Zügen, wird dem Hörer kaum eine glatte Identifikation gelingen; das bedeutet: Er selbst wird durch die Geschichte in Bewegung gebracht, zu einer Umkehr bewegt, die je am Ort des Hörers beginnen und zur Übernahme des vom Erzähler im ganzen Gleichnis angebotenen Existenzverständnisses führen kann.

Der Erzähler führt in den Figuren der beiden Söhne zwei Spielarten verfehlter, entfremdeter Existenz vor. Die Auswahl der Typen – darauf ist später zurückzukommen (s. unten II, 8) – dürfte durch die Situation Jesu und seiner Hörer bedingt sein, ist Teil der vom Erzähler geleisteten *Verschränkung*. *Der jüngere Sohn* verkörpert offensichtlich eine verfehlte Existenz. Er fordert vorzeitig[67] – nimmt er den Tod des Vaters vorweg? – sein Erbe, rafft alles zusammen, zieht in ein fernes, heidnisches Land und bringt das ganze Vermögen in liederlichem Leben durch. Er verrät schließlich seinen Glauben, da er sich als Schweinehirt verdingt. Er scheitert. Der Erzähler inszeniert drastisch seinen Niedergang, seine Erniedrigung. Er hat freilich, wie sich beim Vergleich mit der Geschichte des älteren Bruders zeigt, noch einen weiteren Aspekt herausgestellt: den Mißbrauch der vom Vater gewährten Freiheit (vgl. Vv. 12c. 13 mit V. 31), die Entfremdung von der Liebe des Vaters (vgl. V. 13c mit V. 29b), die *Entfernung* vom Vater. Die Bewegungslinie der Geschichte des verlorenen Sohnes ist besonders symbolgeladen: der Reise in das ferne Land, weg vom Vater, korrespondiert nach der Umkehr in der Erinnerung die Rückkehr zum Vater. In der Ferne, der Entfremdung, der heidnischen Knechtschaft hat der verlorene Sohn keine menschenwürdige Existenz mehr. Er lebt zuletzt beziehungslos, abgeschnitten, dem Hungertod ausgeliefert (V. 16b: καὶ οὐδεὶς ἐδίδου αὐτῷ). Beachtlich ist, daß der Erzähler den verlorenen Sohn in diese extreme Situation treibt; der Sohn kehrt nicht heim, nachdem er alles durchgebracht hatte, auch noch nicht, als die Hungersnot ihn in größere Schwierigkeiten brachte. Er geht erst den Weg der tiefsten Erniedrigung.

Wie beschreibt der Erzähler die Umkehr? Sie wird von der Not

---

[67] Betont bei *J. Giblet*, 17 (s. Anm. 28).

hervorgetrieben; von einer veräußerlicht-ekstatischen Existenz abgeschnitten, geht der Sohn in sich. Die Einsicht in seine Lage, sein falsches Leben führt ihn zur Umkehr. Für denjenigen, mit dem es zum Äußersten gekommen ist, gibt es im Vergleich mit der Lage anderer Hoffnung. Der Sohn begreift, daß er im fernen Land (V. 17c ὧδε), vom Vater entfernt, am falschen Ort ist. Der Entschluß zur Rückkehr zum Vater kann reifen, weil der Sohn die Verantwortung für seine Lage, für seine Geschichte auf sich nimmt. Er führt keine verlogene Existenz und entwirft für die Zukunft keine verlogene Existenz. Er weiß um seine Schuld und ist bereit, sie zu tragen: ποίησόν με ὡς ἕνα τῶν μισθίων σου (V. 19b). Die Umkehr ist als die Bedingung neuer Existenz beschrieben; die neue Existenz kommt dem verlorenen Sohn aber überraschend vom zuvor-kommenden Vater zu. Der Vater erspäht den Sohn von ferne und erbarmt sich seiner, läuft ihm entgegen, umarmt und küßt ihn, bevor der Sohn zu Wort kommt. Die Umkehr führt an die Schwelle neuen Lebens, nicht über die Schwelle[67a]; das neue Leben selbst kommt dem Umgekehrten entgegen. Daß der Sohn sein Schuldbekenntnis nicht unterdrückt, ist dem Erzähler wichtig. Die Liebe des Vaters ist unverdient, ungeschuldet, unerwartet; das Schuldbekenntnis signalisiert, daß der Sohn sie *als solche*, daß er neues Leben geschenkhaft annimmt. Dieser Annahme würde es widersprechen, wollte er mit dem Vorschlag zum neuen Leben herausrücken, den er selbst sich vorgenommen hatte (V. 19b wird nicht wiederholt!). Was „nachträglich" zu tun bleibt, ist dies: die Güte des Vaters zu „realisieren"! Das Einverständnis des Sohnes erlaubt es dem Vater, ihn auch vor dem ganzen Haus wieder als Sohn zu präsentieren und ein Freudenfest zu feiern. Der verlorene Sohn ließ sich finden, der in der Entfremdung Tote kam in der Umkehr und in der Annahme der Vergebung zum Leben.

Was ist Tod? Was ist Leben? Leben in der Entfremdung von der Liebe, der Güte, der Vergebung ist Tod. Leben ist Leben aus Barmherzigkeit, aus Gnade, Auferstehung. Doch die glatte Formel reicht nicht

---

[67a] *M. Buber*, Der Glaube des Judentums, in: *K. Wilhelm* (Hrsg.), Jüdischer Glaube. Eine Auswahl aus zwei Jahrtausenden (Bremen 1961) 510, bezeichnet die Umkehr als „die größte Gestalt des ‚Anfangens'. Wenn Gott zum Menschen spricht: ‚Öffne mir die Pforte der Umkehr so schmal wie eine Nadelspitze, und ich will sie so weit öffnen, daß Wagen einziehen können'..., zeigt sich uns so klar wie sonst nirgends der Sinn des menschlichen Anfangens. In der Umkehr ersteht der Mensch neu als Gottes Kind."

aus. Der Hörer, der die Identifikation mit dem verlorenen Sohn sucht, sperrt sich gegen die Identifikation mit seinem Niedergang, seiner Erniedrigung. Aber kann er ohne Umkehr leben? Leben ist nicht nur Leben aus unverfügbarem Ursprung, es ist zugleich die freie Setzung des Menschen, ist geschichtliche Bewegung. Was ist Tod? Was ist Leben? Tod ist Verweigerung der Umkehr, Verweigerung. Leben ist Umkehr, Bejahung der zuvor-kommenden Bewegung, *die zugesagt ist.* An dieser Stelle transzendiert die Interpretation notwendig das Gleichnis, denn das Gleichnis als ganzes ist die *Zusage,* die den Hörer zur Umkehr einlädt, ihm den Umweg eines eigenen Lebensentwurfs erspart – die Umkehr so freilich einladender *und* dringlicher macht.

Der ältere Sohn erscheint in der Nähe des Vaters dem Vater entfremdet. Er zürnt und verweigert sich dem Fest. Er verweist auf seinen jahrelangen Dienst, seinen Gehorsam sowie den ausgebliebenen Lohn. Er scheint im Recht, weil er sein Leben gesetzlich versteht, auch den Vater mit den Augen eines Knechtes, als väterliche Gewalt, ansieht. Erst im Entgegenkommen des Vaters gegenüber dem jüngeren Bruder lernt er den Vater kennen – und zeigt sich ihm fremd. Er hat weder die Gemeinschaft mit dem Vater noch die ihm selbst zugesprochene Freiheit (V. 31) realisiert. Er ist unfrei, zu feiern, zu verzeihen, die Leistungsorientierung zu lassen, sich zu freuen, zuvorkommend zu sein. Die Entlarvung seiner Situation ist der Aufruf zur Umkehr. Das Identifikationsangebot, das der Erzähler mit der Figur des älteren Bruders macht, ist in neuer Weise kritisch. Daß Identifikation möglich erscheint, belegt zunächst, daß der Erzähler die Figur nicht karikiert, daß er Gerechtigkeit gegenüber seinen Figuren übt. Der Hörer willigt ohne weiteres in die gehorsame Existenz in der Nähe beim Vater ein, vielleicht zunächst auch unwillkürlich in den Protest gegen das Fest für den liederlichen Sohn. Aber das Entgegenkommen des Vaters hat hier desillusionierend-entlarvende Funktion. Auch der ältere Bruder ist am falschen Ort, draußen, nicht beim Fest, in der Verweigerung. Die Güte des Vaters macht das Leben des Sohnes als entfremdete Existenz sichtbar – und zwar am Verhalten des Bruders zum Bruder.

Der offene Schluß macht klar, daß in der zweiten Hälfte die Verschränkung des Gleichnisses mit der Situation der Hörer dichter, drängender wird. Der Erzähler sucht Hörer zu überzeugen, die sich mit dem älteren Sohn, mit seiner Position identifiziert haben. Ihre Vorgeschichte ist die Vorgeschichte des älteren Sohnes, ihre Geschichte beginnt jetzt, da ihnen das Gleichnis erzählt ist. Die Geschichte des jüngeren Sohnes ist um deretwillen erzählt, die sich mit dem älteren Sohn identifizieren. Denn: der jüngere Sohn ist zum Leben gekommen, das Fest hat begonnen. Offen ist, ob der ältere umkehrt, Fest und Freude und damit Existenz aus Vergebung und Gnade teilt, in die Bewegung des Zuvorkommens einstimmt.

Der Vater, so sagten wir, ist keine Identifikationsfigur. Er ist der Bezugspunkt der Geschichte der Söhne. Er erscheint als Pol der Entfremdung wie der Befreiung, je nach dem Verhalten der Söhne[68]. Sein Wesen ist zuvor-kommende Barmherzigkeit. Er geht beiden Söhnen entgegen. An seiner Bewegung wird klar: Nicht die vorhandene Situation (Nähe oder Ferne), nicht die Topologie des Lebens ist entscheidend, sondern die Bewegung der Umkehr, die in Zuvor-kommen einstimmt.

Dem Gleichniserzähler, der ein Existenzverständnis zeichnet, ein Sinnangebot macht, geht es um Praxis seiner Hörer, um konkrete, gesellschaftliche (auch religiöse) Praxis. Er macht klar: Leben ist kein Naturzustand (hier oder dort), sondern Spiel der Freiheit – Verspielen der Freiheit – Gewinnen der Freiheit. Es geht um neue Praxis einer neuen Gesellschaft, einer Gegengesellschaft, im Sinne freier Umwandlung und Veränderung der Gesellschaft – um den Schritt vom Tod ins Leben, um die Liebe.

7. Zur theologischen Interpretation des Gleichnisses

Der Erzähler macht an mehreren Stellen deutlich, daß er sein Gleichnis im religiösen Horizont, theologisch reflektiert wissen will: im Schuldbekenntnis des verlorenen Sohnes (Vv. 18b.19a und 21), in der Begründung der Festesfreude durch den Vater (Vv. 24 und 32) und auch in der an Gesetzesfrömmigkeit anklingenden Rede des älteren Sohnes (V. 29). Welche theologische Interpretation ist intendiert? Folgen wir den Hinweisen des Erzählers, so fällt zunächst auf, daß die Konfiguration im Gleichnis für die theologische Interpretation besonders wichtig ist. Obwohl der Vater nicht im Blick auf Gott allegorisiert

---

[68] Richtig gesehen bei *H. H. Meulenbelt*, Lc 15,12: ὁ δὲ διεῖλεν αὐτοῖς, in: Nieuwe Theol. Stud. 2 (1919) 267f.

ist (vgl. dazu Vv. 18b, 19a und 21), ist er als Verkörperung von zuvorkommender Barmherzigkeit und freier Souveränität eine besondere, dem Identifikationsversuch des Hörers entzogene Symbolfigur. Er bedeutet nicht allegorisch Gott, aber er verweist parabolisch auf Gott als den gewährenden Grund von Freiheit, Barmherzigkeit, Vergebung, Gnade und Freude; er verweist darauf, daß der Existenzentwurf, das Sinnangebot des Gleichnisses im ganzen durch einen „Vater" abgedeckt ist, der seine Kinder zu zuvorkommendem Handeln ermächtigt und ermutigt[69].

Daß Gott nicht allegorisch im Gleichnis selbst begegnet, ist für dessen Verständnis von größter Bedeutung: Es geht um das Handeln von Menschen (Jesu und seiner Kritiker, s. unten 8), die sich auf Gott berufen und deren Berufung auf Gott und seinen Willen ihr Handeln unterscheidet. Gott wird vom Gleichniserzähler gerade nicht zu einer Berufungsinstanz gemacht, die unter anderen Instanzen vorkommt, sondern zu der Instanz, von der der Sinn des Ganzen und im ganzen abhängt.

Der Erzähler faltet einige Theologumena (deren Bedeutung im Horizont der Verkündigung Jesu besonders zu prüfen wäre) einläßlicher aus:

1. Vor Gott sind alle Menschen Sünder, solange sie nicht umkehren und Gott wirklich als Gott, als den barmherzigen, gütigen, vergebenden, zuvorkommenden Vater anerkennen, praktisch anerkennen in der Annahme des Bruders, in der Freude über sein neues Leben, über neues gemeinsames Leben.
2. Die Umkehr des Menschen ist allein an seine Einsicht in seine falsche Lage gebunden, die ihm durch die menschliche Not (die eigene, die des Bruders) und durch die Erinnerung (auch des Predigtwortes!) vermittelt wird. Die Umkehr ist keine Leistung, kein Werk, sondern wesentlich μετάνοια: Umdenken, das Angenommensein zu akzeptieren, Selbstannahme und Annahme des anderen vorbehaltlos ermöglicht[69a].
3. Die Vergebung Gottes, Gottes „Umkehr", die sich in der Gemeinschaft der Menschen vermittelt, kommt allem menschlichen Tun, selbst dem Sünden-

[69] Zu bedenken ist, daß der „Vater" im Judentum transparent für Gott war, insbesondere väterliches Erbarmen für göttliches Erbarmen; vgl. *G. Schrenk – G. Quell* in: TWNT V, 946–1024, hier S. 968f; *J. Dupont*, L'enfant prodigue, in: AssSeign 29 (1966) 52–68, bes. S. 62ff.

[69a] *M. Buber* (s. Anm. 67a, S. 509) führt aus: „Die Umkehr ist eine menschliche Tatsache, aber sie ist auch eine weltumgreifende Macht. Als Gott, so wird erzählt, seine Schöpfung vorbedachte und sie vor sich auf einen Stein hinritzte, wie ein Baumeister sich den Grundriß zeichnet, sah er, daß die Welt keinen Bestand haben würde. Da schuf er die Umkehr: nun hatte die Welt Bestand, denn nun war ihr, wenn sie sich von Gott weg in die Abgründe der Selbstheit verlief, die Rettung erschlossen, der in eigner Bewegung zu vollziehende Rückschwung gnadenhaft gewährt."

bekenntnis, zuvor. Die Erkenntnis der Sünde kommt erst angesichts der Vergebung in ihr wahres Maß, und das Bekenntnis hält die Gnade als Gnade fest.

4. Gott spricht dem Menschen die Freiheit zu, ihn als Vater, der ihnen als den Söhnen alles schenkt, zu beanspruchen; er verwehrt dem Menschen, ihn gesetzlich als Despoten mißzuverstehen, als Sklavenhalter, der die menschliche Freiheit einengt und die Verantwortung schwächt. Er verwehrt dem Menschen, sich auf religiöse Beziehungen zu ihm zu fixieren und die Beziehungen zum Bruder darunter leiden zu lassen oder gar abzubrechen.
5. Gott offenbart sich als Gott der Gesetzlosen, der Gottlosen – und gerade darin als Vater aller Menschen. Alle Menschen sind Söhne Gottes, angenommen und wiederangenommen. Gottes Zuvorkommen hängt nicht von der Lage des Menschen ab, sondern gilt für jeden und unter allen Umständen, wie die Forderung der Umkehr für jeden und unter allen Umständen gilt. Der Mensch, der umkehrt und damit in den „concursus divinus" einstimmt, kommt Gott *stets näher*[69b].

Wenn Gott in der Gestalt des Vaters im Gleichnis nicht allegorisch vorkommt, der Vater aber auch nicht menschliche Identifikationsfigur ist wie die beiden Söhne, so bleibt diese Figur in einer eigentümlichen Zwischenstellung. Wie ist diese Stellung zu erklären? Die Reflexion auf die Situation des Sprechers des Gleichnisses, die sich in der Verschränkung mit den Hörern anzeigt, also auf die Situation, den Kontext der Verkündigung Jesu, führt zu folgender Antwort: In der Figur des Vaters hat Jesus seine eigene Autorität investiert, die Jesus nie direkt, sehr wohl aber indirekt als göttliche Autorität reklamiert. Die Art, in der Jesus seine Autorität als Sprecher des Gleichnisses einsetzt, führt uns nun direkt zur Rückfrage nach seiner Kompetenz. Wir nehmen diese Frage im dritten Teil der Untersuchung auf, nachdem wir uns zuvor noch über die Situation des Gleichnisses verständigt haben.

8. Zur Situation des Gleichnisses in der Verkündigung Jesu

Der Evangelist Lukas hat die Situation des Gleichnisses in der Verkündigung Jesu in Lk 15,1f zutreffend festgehalten: Jesus verteidigt seine

[69b] Jüdische Tradition weiß mit Jesus um dieses wunderbare Phänomen; Moses Cordovero (1522–1570) führte in „Die Palme Deboras" (bei *K. Wilhelm*, s. Anm. 67a, S. 274) aus: „Siehe, nicht verhält sich der Heilige, gelobt sei er, wie Fleisch und Blut. Hat einer seinen Nächsten erzürnt und er bemüht sich, ihn zu besänftigen, so erwacht die Liebe von einst nur langsam. Sündigt aber einer gegen Gott und kehrt um, so steht der vor dem Heiligen, gelobt sei er, auf einer höheren Stufe als zuvor. Das lehren unsere Weisen: Wo die Umkehrenden stehen, vermögen die vollkommen Gerechten nicht zu stehen."

Sammlungsbewegung[70], seine Gemeinschaft mit Sündern, seine Botschaft von der grenzenlosen Vergebung und deren praktische Konsequenzen. Der offene Schluß, die Verschränkung der Figur des älteren Sohnes mit der Situation der Hörer, weist auf den Protest der Gesetzesfrommen gegen Jesu Umgang mit Sündern, auf seine Mahlfeiern in ihrem Kreis hin. Setzt man dies voraus, so erhalten einige Züge des Gleichnisses besonders sprechenden Charakter; sie dürfen freilich nicht als allegorisch verschlüsselte Züge, wohl aber als deutliche Anspielungen verstanden werden:

a) Der sündige Sohn hängt sich an einen *heidnischen* Herrn und macht sich als Schweinehirt *unrein*; b) der sündige Sohn lebt ἀσώτως, liederlich, im Widerspruch zu Gottes Geboten; c) der Vater richtet dem verlorenen Sohn ein Fest mit einem *Gemeinschaftsmahl* (V. 23 φάγοντες) aus; d) der ältere Bruder spricht mit dem Stichwort δουλεύω[71] und der noch deutlicheren Wendung οὐδέποτε ἐντολήν σου παρῆλθον vom (pharisäischen) Ideal des Gesetzesgehorsams.

Andere Züge und Wendungen lassen sich mit anderen Stücken der Verkündigung Jesu, in der Gottes Sünderliebe zur Sprache gebracht wird, unmittelbar verknüpfen:

a) Das Sündenbekenntnis des verlorenen Sohnes entspricht dem Bekenntnis des Zöllners im Gleichnis vom Pharisäer und Zöllner Lk 18, 9–14: Ὁ θεός, ἱλάσθητί μοι τῷ ἁμαρτωλῷ (V. 13), die Selbstinterpretation des älteren Sohnes in etwa der selbstgerechten Selbstvorstellung des Pharisäers: Ὁ θεός, εὐχαριστῶ σοι ὅτι οὐκ εἰμὶ ὥσπερ οἱ λοιποὶ τῶν ἀνθρώπων ... (V. 11); b) die Wendung ἦν ἀπολωλὼς καὶ εὑρέθη, die den unmittelbaren Kontext überinterpretierend aufsprengt, verbindet das Gleichnis mit den beiden bei Lukas vorangehenden Gleichnissen[72] vom verlorenen Schaf (Lk 15, 4–7; Mt 18, 10–14)[73] und von der verlorenen Drachme (Lk 15, 8–10)[74] und darüber hinaus mit wichtigen Programmworten der Sammlungsbewegung Jesu: οὐκ ἀπεστάλην εἰ μὴ εἰς τὰ πρόβατα τὰ ἀπολωλότα (Mt 15,24; vgl. Mt 10,6); ἦλθεν γὰρ ὁ υἱός τοῦ ἀνθρώπου σῶσαι τὸ ἀπολωλός (Mt 18,11; Lk 19,10);

[70] Vgl. dazu *R. Pesch*, Der Anspruch Jesu, in: Orientierung 35 (1971) 53–56, 67–70, 77–81; *H. Geist*, Jesus vor Israel – der Ruf zur Sammlung, in: *K. Müller* (Hrsg.), Die Aktion Jesu und die Re-Aktion der Kirche (Würzburg 1972) 31–64.
[71] Vgl. *K. H. Rengstorf* in: TWNT II, 270f.
[72] *K. H. Rengstorf* (s. Anm. 35, S. 21ff) beanspruchte gerade diese Wendung als Hinweis auf das Rechtsinstitut der „Abtrennung"; die Verbindung mit den anderen Gleichnissen hätte ihn vor dieser juristischen Interpretation warnen können!
[73] Lk 15,4: ἀπολέσας – τὸ ἀπολωλός – εὕρῃ; V. 5: εὑρων; V. 6: Συγχάρητέ μοι, ὅτι εὗρον τὸ πρόβατόν μου τὸ ἀπολωλός.
[74] Lk 15,8: ἀπολέσῃ – εὕρῃ; V. 9: εὑροῦσα – Συγχάρητέ μοι, ὅτι εὗρον τὴν δράχμην ἣν ἀπώλεσα.

vgl. Mt 18, 14; c) das Stichwort χαρῆναι ἔδει verbindet ebenfalls mit den beiden obengenannten Gleichnissen (vgl. Lk 15, 6.9), insbesondere auch deren Schlußwendungen über die Freude im Himmel über den umkehrenden Sünder (Lk 15, 7.10); d) das Stichwort εὐφραίνω erinnert an Jesu Teilnahme an festlichen Mahlzeiten bei Zöllnern, die ihm den Ruf einbrachte: Ἰδοὺ ἄνθρωπος φάγος καὶ οἰνοπότης, τελωνῶν φίλος καὶ ἁμαρτωλῶν (Mt 11, 19); e) das Stichwort ὑγιαίνοντα in der Rede des Knechtes erinnert an die lukanische Fassung des Sprichworts vom Arzt (Lk 5, 31/Mk 2, 17), mit der Jesus seine Zuwendung zu den Sündern interpretiert: οὐκ ἦλθον καλέσαι δικαίους ἀλλὰ ἁμαρτωλούς (Mk 2, 17; vgl. dazu wiederum die Gleichnisse vom verlorenen Schaf und von der verlorenen Drachme); f) vom Erbarmen (V. 20: ἐσπλαγχνίσθη) spricht ein weiteres, thematisch verwandtes, zur Vergebung aufrufendes Gleichnis Jesu, die Erzählung vom König und den beiden Knechten (Mt 18, 23–35): σπλαγχνισθεὶς δὲ ὁ κύριος τοῦ δούλου ἐκείνου ἀπέλυσεν αὐτόν, καὶ τὸ δάνειον ἀφῆκεν αὐτῷ (V. 27).

Das Erbarmen des Vaters, das die Umkehr und das neue Leben des Verlorenen ermöglicht, ist das thematische Zentrum unserer Erzählung – und auch der Verkündigung Jesu, der es um das Leben der Toten geht: οὐκ ἔστιν θεὸς νεκρῶν, ἀλλὰ ζώντων (Mk 12, 27).

Die Auswahl der Typen des jüngeren und des älteren Sohnes[74a] ist, wie die Verschränkung des Gleichnisses zeigt, durch die Situation der Parabel bedingt: Jesus verteidigt seine Zuwendung zu den Sündern – konkret etwa: zu Zöllnern (vgl. Mk 2, 15–17; Mt 11, 19; Lk 19, 1–10) – gegenüber seinen pharisäischen Kritikern. „Indem Jesus seine theologischen Widersacher auf die vergebende Vatergüte Gottes anspricht, ‚fängt' er sie in einer doppelten Weise: positiv, weil er sie auf etwas anspricht, dem sie eigentlich zustimmen müßten, negativ, weil er gerade dadurch *das ‚Murren' als ein solches entlarvt, das Gott nicht Gott sein lassen will.* Auf Jesu Person gewendet, bedeutet das: der Protest gegen Jesus ist Protest gegen Gott!"[75] Die „eindeutige Heilspräponderanz" unter Hintanstellung der Gerichtspredigt ist Charakteristikum und Anstoß der Verkündigung Jesu, der mit seinem Lehrer, Johannes dem Täufer, davon ausgeht, daß „ganz Israel generell und für immer seinen eigenen Heilsanspruch verspielt"[76] hat und daß alle Menschen ohne Ausnahme Sünder sind. Aber: Jesus verkündigt in der

---

[74a] Zur Geschichte solcher Typologie in AT und Judentum vgl. *J. D. M. Derret*, 68ff (s. Anm. 42).

[75] *H. Patsch*, Abendmahl und historischer Jesus (CThM 1) (Stuttgart 1970) 218.

[76] Vgl. *J. Becker*, Johannes der Täufer und Jesus von Nazareth (BiblSt 63) (Neukirchen-Vluyn 1972) 85, 105.

Ansage der Nähe der Gottesherrschaft eine Vorgabe göttlicher Güte; und das Heil des Menschen hängt an der Annahme dieser Vorgabe, insofern an der Umkehr des Sünders. Die beiden Typen verkörpern die beiden Möglichkeiten menschlicher Reaktion auf Gottes Heilsangebot; charakteristisch für die Heilsorientierung Jesu ist der offene Schluß der Erzählung, der den, der sich bislang verweigert, nicht festlegt. Auch hier liegt eine theologische Aussage vor: „Eigentlich ist das *opus proprium* des Gottes Jesu die Güte und Liebe und das Richten nur das *opus alienum*."[77]

III. ZUR EXEGESE GOTTES DURCH JESUS VON NAZARET

Wenn der Ort des Gleichnisses vom Vater und den beiden Söhnen als Rechtfertigung der Zuwendung Jesu zu den Sündern im Rahmen seiner Sammlungsbewegung – Jesus sammelt im Auftrag Jahwes sein Volk Israel – richtig bestimmt ist, dann erhellt, daß Jesus im Gleichnis seinen „Auftraggeber" durch seinen Auftrag zur Sprache bringen, auslegen muß. Eine Betrachtung der Exegese Gottes durch Jesus von Nazaret kann also bei seiner Gleichnisverkündigung ansetzen (1); sie hat dann in einem weiteren Schritt Jesus selbst als den Exegeten Gottes zu orten (2) und schließlich die Autorität Jesu als *des* Exegeten Gottes (3) sowie die Vermittlung seiner Autorität in der Christologie (4) zu erörtern. Mit diesen Schritten des dritten Teils unserer Untersuchung wäre dem eingangs formulierten Programm, Basissätze christlicher Tradition mit dem Leben Jesu von Nazaret selbst historisch-kritisch zu vermitteln, versuchsweise Genüge getan.

1. Die Auslegung Gottes im Gleichnis vom Vater und den beiden Söhnen (Lk 15, 11–32)

In den Gleichnissen Jesu „kommt Gott zur Sprache"[78], insofern Jesus seine Praxis, seine Zuwendung zu den Sündern, seine ihnen Vergebung

---

[77] Ebd. 97.

[78] *K.-P. Jörns,* Die Gleichnisverkündigung Jesu. Reden von Gott als Wort Gottes, in: Der Ruf Jesu und die Antwort der Gemeinde. FS J. Jeremias (Göttingen 1970) 157–178, hier S. 159.

vermittelnde Tischgemeinschaft, mit dem „Grund“ seines Handelns, seiner Existenz rechtfertigt. Mit Recht hat K.-P. Jörns festgestellt: „Es ist nachweisbar, daß das Verhalten der Zentralgestalten in den Gleichnissen von der Liebe des Vaters (Lk 15, 11–32) und von den Arbeitern im Weinberg (Mt 20, 1–15) nicht als Verhaltensmodell für die Hörer dienen kann, weil das tertium comparationis nicht ins Ethische oder Sozialethische zielt. Es geht vielmehr um explizite Verkündigung der souverän vergebenden und gleichstellenden Gnade Gottes.“[79] Denn: „Jesus hat für sein Tun und Reden keinen anderen Grund als Gottes Gnaden- und Gerichtshandeln.“[80]

Jesus bringt Gott nicht allegorisch-verschlüsselt zur Sprache – der Vater ist nicht einfach die Chiffre für Gott –, weil er nicht von menschlichen Verhältnissen, von weltlichen Verhältnissen, von der „Natur“ her denkt. In seinem Gleichnis „kommt Gott zur Sprache“ – und zwar im ganzen Text, der im ganzen allegorisch ist –, weil Jesus von Gott, von Gottes Handeln, von Gottes Wesen, von der „Offenbarung“ her denkt. Gottes vergebendes Handeln wird wie in der Praxis Jesu (nach dem im Gleichnis erhobenen Anspruch Jesu), so im Gleichnis Jesu Ereignis: Sprachereignis.

Wir haben gezeigt (s. oben II, 6), daß der Vater des Gleichnisses sich dem Identifikationsversuch des Hörers entzieht, während sich die beiden Söhne so zur Identifikation anbieten, daß der Hörer in die Bewegung der Umkehr gebracht, in die Bewegung des Zuvorkommens eingestimmt, durch den Glauben in die Annahme der Sohnschaft, in Freiheit und neues Leben versetzt wird. Der Vater des Gleichnisses ist eine Symbolfigur, angesichts deren Sein und Handeln die Söhne sich als Sünder zu begreifen lernen bzw. lernen sollen, angesichts deren *Leben* als Existenz aus Gnade und Vergebung, Tod als Selbstbehauptung und Verweigerung erscheint. Der Vater ist keine Identifikationsfigur, weil er die Bedingungen, die Möglichkeit, die Realität wahrer Existenz setzt: in souveräner Freiheit, die sich selbst als barmherzige Güte mitteilt und so offenbart. Als partikuläre Gestalt des Gleichnisses ist der Vater nicht die allegorische Chiffre Gottes als des transzendenten Grundes des geschichtlichen Gefüges der Gnade. Aber als die Gestalt, welche die Erzählung, die Welt der Erzählung und ihres Lebens trägt, ist sie durchscheinend auf den tragenden Grund der Praxis Jesu: auf Gott.

---

[79] *K.-P. Jörns,* Gleichnisverkündigung 159. [80] Ebd. 160.

Der jüngere Sohn lebt von der Güte des Vaters; der Protest des älteren Bruders ist verständlich von einer Ebene her, auf der nicht die Güte des Vaters, sondern der Maßstab sittlich-religiöser Gerechtigkeit, der Maßstab des „Gesetzes" gilt. Was der ältere Sohn lernen soll, ist: von der Güte des Vaters zu leben. Die Güte des Vaters wird von den Söhnen nicht erahnt, sondern erfahren: heilend und richtend[81]. Gemessen an der im Gleichnis vermittelten (Selbst-)Offenbarung Gottes, erscheint die in der Figur des älteren Bruders verkörperte menschliche Haltung als atheistisch: „Das ist die Grundform des Atheismus, die Liebe als Anerkennung fordert und praktiziert, also die totale Verrechenbarkeit."[82] In der Welt des Gleichnisses verweist auch der Atheismus auf Gott, insofern er sich vom Fest des Lebens ausschließt und die Konsequenz seiner Verschlossenheit in der Verweigerung gegenüber dem Bruder sichtbar macht. Der zornige Protest gegen das Recht der Vergebung gibt den Blick in die Unverfügbarkeit der Gnade frei, den sich die „Lebenslüge" gesetzlicher Gerechtigkeit verstellt.

Daß in unserem Gleichnis, wie wir breit erörtert haben, die Rechtsverhältnisse vom Erzähler ignoriert, durchbrochen, vernachlässigt werden, wird jetzt auch als theo-logisch intendiert erkennbar. Der Vater handelt frei, aus seinem Recht, dem Recht der Güte und der Liebe. Im Gleichnis kommt Gott zur Sprache, das Gleichnis wird zum Wort Gottes dadurch, „daß es konsequent zwischen der actio eines frei aus seinem Recht Handelnden und der re-actio darauf unterscheidet"[83]. Das Gleichnis Jesu ist Gleichnis der Gottesherrschaft, deren Nähe Umkehr verlangt (Mk 1,15). Das Gleichnis Jesu läßt Gott Gott sein und gibt dem Menschen die Chance, *menschlicher* Bruder zu werden.

Die Welt des Gleichnisses ist die Welt der Gottesherrschaft; Gott

[81] Trefflich auch die Interpretation der Umkehr des jüngeren Sohnes bei *K.-P. Jörns*, Gleichnisverkündigung 167: „Einzig das Wissen des ‚Verlorenen' (Lk 15) um die Existenz seines Vaters und damit um die Möglichkeit, zu ihm zurückkehren zu können, kennzeichnet sein Elend sprachlich als das In-die-Fremde-gegangen-Sein und eröffnet damit auch zugleich die Rettung. Der Vater selbst hat sich in die Sprache des ohne ihn verlorenen Sohnes gegeben. Sowie der Vater ihm ein-fällt, ist das Ende der Verlorenheit in Sicht. Auf Grund des sich selbst offenbarenden Gottes werden Tod und Leben des Menschen als auf Gott bezogen überhaupt erst aussagbar."

[82] *K.-P. Jörns*, Gleichnisverkündigung 168.

[83] *K.-P. Jörns*, Gleichnisverkündigung 171. – Hier liegt eine wesentliche Unterscheidung zu einem im Stoff vergleichbaren buddhistischen Gleichnis; vgl. *G. Rosenkranz*, Das Gleichnis vom verlorenen Sohn im Lotos-Sûtra und im Lukasevangelium, in: ThLZ 79 (1954) 281f.

ist der freie Souverän, der den Menschen gütig zuvorkommt, ihnen das Fest des Lebens ausrichtet und sie in die Gemeinschaft „herrschaftsfreier Kommunikation" einlädt – durch Jesus. Gott wartet auf den Menschen, er läßt sich erinnern, selbst in der größten Erniedrigung des Menschen; er wartet dem Umkehrenden auf – durch Jesus. Gott läßt sich vom Menschen beanspruchen, er mutet ihm Freiheit in seiner Gemeinschaft zu, dies ist sein (auch durch sein Gesetz vermittelter) Anspruch; so beansprucht er den Frommen – durch Jesus. Leben und Tod des Menschen, so sagt es das Gleichnis, werden nicht vom Menschen definiert, sondern von Gott. Gott ist der Herr des Lebens, die Liebe, die stärker ist als der Tod.

Das Gleichnis verweist, das bleibt zu bedenken, auf Gott, indem es die Praxis Jesu rechtfertigt. Gottes Handeln wird nicht im Gleichnis Jesu anschaulich, hier handeln Menschen, ein Vater und zwei Söhne. Gottes Handeln wird – kontingent, deshalb auf die Deutung im Gleichnis angewiesen – in Jesu Praxis anschaulich. Jesus sagt mit dem Gleichnis: So handelt Gott, wobei das Gleichnis von Gott her auf Jesu Praxis verweist. Die Gleichnisse legitimieren Jesu Tun als Stellvertretung Gottes: Er sammelt als Stellvertreter Gottes Israel. Wie die Gleichnisse Prädikation Gottes sind, so sind sie Selbstprädikation Jesu. Jesus erscheint in ihrem Licht als *der* Exeget Gottes.

2. *Jesus als Exeget Gottes*

Die Verschränkung des Gleichnisses mit der Situation Jesu und seiner Hörer, welche durch die Praxis Jesu und die Reaktion darauf bestimmt ist, zeigt an, daß Jesus als Sprecher des Gleichnisses in zweifacher Weise in der Auslegung Gottes engagiert ist. Vom Gleichnis – wie von der Praxis – Jesu läßt sich nach seiner Kompetenz zurückfragen, seiner Vollmacht (ἐξουσία), wie Jesu Zeitgenossen sagen (vgl. besonders Mk 11, 27–33). Fragen wir nach der Kompetenz des Sprechers des Gleichnisses vom Vater und den beiden Söhnen, so haben wir Jesu Selbstverständnis als Exeget Gottes zu orten[84], sein Selbstverständnis

[84] *J. D. Crossan*, The Seed Parables of Jesus, in: JBL 92 (1973) 244–266, hier S. 265, schlug als These vor, „that Jesus' parables are the primary and immediate expression of his own experience of God. They are the ontologico-poetic articulation of the kingdom's inbreaking upon himself." – Vgl. auch *J. M. Robinson*, Jesus' Parables as God

als Lehrer, Offenbarungsträger und messianischer Gesandter in Israel. Wir haben überdies die eigentümliche Freiheit zu bedenken, die Jesus das überlegene wie gezielte Erzählen solcher Parabeln in eigentümlicher Gottesgewißheit erlaubt.

E. J. Tinsley sieht die Kunst der Parabolik bzw. der Allegorie in Nähe zur Ironie[84a] und sucht folgenden Zugang zum Selbstverständnis Jesu: „Irony in all its varieties implies detachment. The practitioner of it can ‚distance' himself from the issue in question. Crucial for characterizing types of irony is the quality of detachment from the self. Where there is insecurity or where the problem of the self has not been resolved, such detachment is very partial indeed and the irony easily becomes savage and uncontrolled. The ideal is a serenity about self which frees the mind for the insights of remedial irony. Such I believe was the irony of Jesus. Jesus had a detached view of himself and his mission which seems to have come from an ability not only to be involved whole-heartedly in commitment to a particular vocation, but also constantly to see it in a distanced way as having another dimension. This other dimension, this ‚secondary world', was the coming of the kingdom of God in his own time, indeed in what he was himself saying and doing ... The irony of Jesus, in other words, was the irony of a believer."[85]

Wir könnten so sagen: Die Kompetenz des Sprechers des Gleichnisses ist sein Glaube, seine Freiheit, seine unableitbare Gottesgewißheit. Wollen wir diese Kompetenz nicht nur behaupten, so müßte sie genauer als der Generator des Gleichnistextes aufgewiesen werden. Wir müssen also auf die umfangreichen (und hier nochmals gerechtfertigten) Vorarbeiten zur Interpretation des Gleichnisses zurückgreifen.

Der dramatische Ablauf und die Inszenierung der Erzählung vom Vater und den beiden Söhnen verrieten einen souverän gestaltenden, „allwissenden" Erzähler, der übersichtlich Regie führt. Die Freiheit der Inszenierung fiel vor allem an der Vernachlässigung der vorausgesetzten Rechtsverhältnisse auf; der Erzähler läßt den Vater nach eigenem Recht, dem Recht der Liebe und Güte, handeln. Da der Vater

---

Happening, in: Jesus and the Historian. FS E. C. Colwell (Philadelphia 1968) S. 134–150; *J. Dupont*, Les implications christologiques de la parabole de la brebis perdue, in: *J. Dupont* (s. Anm. 21) 331–350.

[84a] Vgl. dazu *W. Harnisch* (s. Anm. 36). Ferner H. *Clavier*, La méthode ironique dans l'enseignement de Jésus, in: EThR 4 (1929) 224–241, 323–344 u. 5 (1930) 58–99; *ders.*, L'ironie dans l'enseignement de Jésus, in: NovT 2 (1958) 185–198; *R. Voeltzel*, Das Lachen des Herrn. Über die Ironie in der Bibel (ThF 17) (München 1961).

[85] *E. J. Tinsley*, Parables and the Self-Awareness of Jesus, in: Church Quarterly 4 (1971) 18–26, hier S. 26.

zugleich die zentrale, tragende Figur der ganzen Erzählung und des in ihr erzählten Geschehens ist, darf die Kompetenz des Erzählers, sein Glaube, aus der Symbolizität der Vaterfigur erschlossen werden.

Jesus erscheint als jemand, der unbedingt auf das Recht der Güte und Liebe setzt, auf die Kraft der Vergebung, das zuvorkommende Handeln, die Umkehr, die selbstlose Freude. Er erscheint als ein freier Mensch in authentischem Glauben, d.h. in restlosem Angenommensein durch Gott[86]. Jesus ist der Exeget Gottes, insofern sein Leben ganz und im ganzen von der Güte und Liebe usw. bestimmt ist. Jesus entwirft ja keine Gotteslehre, sondern redet „indirekt und praktisch"[87] von Gott.

Wie das bei Jesus geschieht, hat für das Thema „Sündenvergebung", das im Gleichnis vom Vater und den beiden Söhnen zentral ist, F. J. Schierse pakkend gezeigt: „Die Sündenvergebung, wie sie Jesus angeboten und geübt hat, impliziert ein neues Gottesverständnis. Im Alten Testament wurde das Verhalten Gottes folgendermaßen umschrieben: ‚So sollst du nun erkennen, daß der Herr, dein Gott, der Gott ist, der getreue Gott, der den Bund hält und die Huld bewahrt denen, die ihn lieben und seine Gebote halten, bis ins tausendste Geschlecht, dem aber, der ihn haßt, ins Angesicht vergilt, in dem er ihn verderbt; er gibt dem, der ihn haßt, nicht Aufschub, ins Angesicht vergilt er ihm' (Dtn 7,9–10; vgl. Ex 20,5–6). Freilich haben schon manche Propheten geahnt, daß für Gott andere Maßstäbe des Handelns gelten könnten als für den beleidigten und angegriffenen Menschen. So heißt es bei Jeremias: ‚Kehre wieder, Israel, du Abtrünnige! spricht der Herr. Ich will nicht finster auf euch blicken, denn ich bin gütig, ich trage nicht ewiglich nach. Nur erkenne deine Schuld, daß du dem Herrn, deinem Gott, die Treue gebrochen hast...' (Jer 3, 12–13; vgl. Hos 2, 14–23). Die jüdischen Theologen der Zeit Jesu sprachen zwar auch von der Barmherzigkeit und Gnade Gottes, doch konnte ihrer Meinung nach Gott dem Sünder erst wieder vergeben, wenn dieser Buße getan und seine Schuld gehörig gesühnt hatte. Ihr Gott hatte über die peinlich genaue Einhaltung des Gesetzes zu wachen; denn dieses Gesetz war ein Teil einer unverbrüchlich-himmlischen Ordnung, die alle Geschöpfe vom höchsten Engel bis zum niedrigsten Erdenwurm umfaßte und der sich auch Gott freiwillig unterworfen hatte. Es wäre ein Widerspruch zu seiner Heiligkeit und Gerechtigkeit gewesen, wenn er einen Sünder nicht gestraft, sondern ihm die Hand zur Versöhnung gereicht hätte. Entsprechend dem Gott zugeschriebenen Verhalten sonderten sich die Pharisäer von allen Gesetzlosen, Heiden und Sündern ab,

[86] Vgl. *R. Pesch*, Der Glaube Jesu, in: Christ in der Gegenwart 24 (1972) 221–222; *ders.*, Jesus, ein freier Mann, in: Concilium 10 (1974) 182–188.
[87] Vgl. *K. Schäfer*, Jesu ‚indirekte' und ‚praktische' Rede von Gott, in: Concilium 8 (1972) 424–428.

mieden ängstlich deren Gemeinschaft und waren erst bereit, sich mit ihnen an einen Tisch zu setzen, wenn diese Leute gebüßt und alle rituellen Vorbedingungen erfüllt hatten.

Man kann sich lebhaft vorstellen, daß die diametral entgegengesetzte Lehre und Praxis Jesu auf heftigsten Widerstand stieß. Man beschuldigte ihn der ‚Gotteslästerung' (Mk 2,7), und dies nicht nur, weil er das göttliche Privileg der Sündenvergebung für sich in Anspruch nahm, sondern auch weil er mit Zöllnern und öffentlichen Sündern Mahlgemeinschaft hielt, ohne von ihnen Bußleistungen zu verlangen."[88]

Das Gleichnis vom Vater und den beiden Söhnen, das Jesus zu seiner Rechtfertigung erzählt, macht ihn deshalb zum Exegeten Gottes, weil seine Praxis nur durch eine neue Auslegung Gottes gedeckt werden kann. Jesus sagt jetzt end-gültig (vgl. Lk 12,8 f parr), was Gott will; er sagt *jetzt* Gottes Vergebung zu. Seine Auslegung Gottes bzw. des Willens Gottes wirft freilich die Frage nach seiner Autorität auf.

3. Die Autorität Jesu als des Exegeten Gottes

Kommt im Gleichnis Jesu „Gott zur Sprache", so kommt er eben *im Gleichnis Jesu* zur Sprache. Wir haben bei der Analyse der eigentümlichen Symbolfigur des Vaters festgestellt, daß Jesus in ihr seine eigene Autorität investiert. In den Figuren der beiden Söhne, die er dem Hörer zur Identifikation anbietet, hebt er diejenigen auf, um die er sich in seiner Israel sammelnden Praxis müht. Im Vater bringt er sich selbst zur Sprache, aber so, daß er Gott zur Sprache bringt. Wohlgemerkt: Der Vater ist auch nicht die allegorische Chiffre Jesu. Der Vater verkörpert die freie Souveränität der zuvorkommenden Liebe und Güte, die Gott ist und die Jesus in seiner Praxis bestimmt. Der Vater des Gleichnisses ist der Spiegel der Güte Gottes wie der Praxis Jesu; das macht seine eigentümliche Symbolizität aus.

Warum wählt Jesus zur Verkündigung Gottes diesen eigentümlichen Weg? Wenn wir recht sehen, muß diese Antwort gegeben werden: Nicht Jesus definiert Gott, sondern Gott definiert Jesus. Er teilt sich in Jesus mit. Gottes Selbstmitteilung bringt Jesus im Gleichnis, das sein Wort ist, zur Sprache, nicht *so*, daß Gottes Souveränität im

---

[88] *F. J. Schierse,* Der Gott Jesu – ein neuer Gott?, in: Wort und Wahrheit 26 (1971) 195–205, hier S. 203.

Gleichnis (der Figur des Vaters) „aufgeht" und so kontingent erschiene, sondern so, daß Gottes Güte (durch Jesu Praxis) ins Gleichnis eingeht und so im Gleichnis als Gleichnis erscheint, das auf Jesus als kontingent anschaubaren Ort verweist. Jesu Gleichnis ist „Wort Gottes" als Wort Jesu, *des* Wortes Gottes.

Wir sagten: Jesus investiert seine Autorität in der Figur des Vaters; er investiert sie freilich auch im ganzen Gleichnis, auch in den Figuren der beiden Söhne, hier jedoch in unterschiedener Weise. In der Geschichte des verlorenen Sohnes setzt er sie so ein, daß der Sünder für seine Entfremdung verantwortlich gemacht, jedoch nicht in ihr festgehalten wird. Die Identifikation, die dem Hörer mit dem angenommenen Sohn ermöglicht ist, gibt ihm die Chance, seine Vergangenheit als tote Vergangenheit im Schuldbekenntnis vergangen sein zu lassen. Jesus setzt seine Autorität für die Umkehr des Sünders ein – und findet darin am ehesten Zustimmung. In der Geschichte des älteren Bruders nimmt Jesus zu der Bestreitung seiner Autorität Stellung; die bedingungslose Zuwendung zum umkehrenden Sünder, die er praktiziert, wird von einer Position, die Gottes Bedingungen zu verwalten glaubt, bestritten. Dieser Position gegenüber ist auf die Freiheit Gottes und die menschliche Schuld zu verweisen. Ihr geht die Güte Gottes nicht im eigenen Elend, sondern im Glück des verlorenen Bruders auf, sofern sie umkehrt und ihre Schuld begreift.

Jesus setzt seine Autorität für das Fest des Lebens, die Sammlung Israels ein. Ein „Beweismittel" ist sein Gleichnis nicht, wohl der Versuch der überzeugenden Überredung. Zur Beglaubigung seiner Autorität kann nur seine eigene, gelungene Praxis dienen, das Fest, das im Gange ist, dessen Musik und Tanz denen, die davon hören, die Entscheidung aufgibt, hereinzukommen und sich an den Tisch der Auferstandenen zu setzen – oder draußen zu bleiben, für sich allein, im Alleingang. Jesu Gleichnis ist so ein freier Appell an die Freiheit des begnadeten Sünders, die Einladung zur Gottesherrschaft anzunehmen, an der herrschaftsfreien Kommunikation zu partizipieren, die Jesus in Gang gebracht hat.

Da das Gleichnis alle Menschen als Sünder erweist – und Jesus von Nazaret predigt in der Situation des Abfalls Israels als des „ungläubigen und ehebrecherischen Geschlechts" (s. oben II, 8) –, ist Jesu Einladung eschatologische Einladung aufgrund der Amnestie, die er im Namen Gottes verkündet. Seine Autorität ist von der jüngeren Exegese wiederholt als die des Stellvertreters Gottes beschrieben worden[89]. Seinen Zeitgenossen war sie als Autorität des eschatologischen Lehrers und Propheten, als messianische Autorität vorstellbar: Jesus war *der* Exeget des Willens Gottes. Seinen Nachfolgern – die im Unterschied zu den Sympathisanten Jesu[90] ihre ganze Existenz auf Jesus als ihren charismatischen Meister setzten – konnte Jesus ebenso wie denen, denen er in vorbehaltloser Zuwendung begegnete, zum Ort der Gotteserfahrung werden, nicht zu einem Ort unter anderen, sondern zum ausgezeichneten, eschatologischen Ort, weil neben Jesus keine Berufungsinstanz mehr galt. Im Gleichnis Lk 15, 11–32 zeigt Jesus, daß er auch das Gesetz nicht als Berufungsinstanz gegen die von ihm praktizierte und durch seine Auslegung Gottes gedeckte Zuwendung zu den Sündern gelten läßt. Jesus beansprucht genuine „Offenbarung", er beansprucht Autorität als *der* Exeget Gottes und seines Gesetzes. Die Anerkennung der Autorität Jesu geschieht und kann nur darin geschehen, daß Jesu Glaube *und* seine Praxis geteilt werden. Der Glaube an Jesus ist „Anteilhabe an seinem Gottesverhältnis"[91], an seinem Geist – an ihm selbst. Die Vermittlung seiner eschatologischen Autorität bleibt auf ihn angewiesen.

4. Zur christologischen Vermittlung der Autorität Jesu

Im Spiegel des Gleichnisses vom Vater und den beiden Söhnen, das Jesu Praxis voraussetzt und auf sie verweist, erscheint Jesus als jemand, der zum Glauben an Gottes unbedingte Güte und Liebe überredet, als jemand, der diesen Glauben authentisch lebt[92]. Der Glaubende steht, hat Stand gefaßt auf dem „unsichtbaren Boden" der Liebe Gottes, die in seinem Wort zugesagt ist; er steht auf dem nicht selbst-ge-

[89] Mit Blick auf unser Gleichnis formulierte (seither oft zitiert) *E. Fuchs*, Zur Frage nach dem historischen Jesus, in: Gesammelte Aufsätze II (Tübingen 1960) 154: „Jesus wagt es, Gottes Willen so gelten zu machen, als stünde er an Gottes Stelle."

[90] Vgl. zu dieser Unterscheidung *G. Theissen*, Wanderradikalismus, in: ZThK 70 (1973) 245–271.

[91] Vgl. *P. Knauer*, 158 (vgl. Anm. 2).

[92] Zur Bestimmung des Glaubens vgl. *P. Knauer*, 157 (s. Anm. 2): „Glauben heißt in christlichem Verständnis, sich von Gott mit einer Liebe geliebt zu wissen, die ihr Maß nicht an einem selbst und nicht am eigenen Wohlbefinden hat, sondern die nur als die gleiche, allein dem Glauben zugängliche Liebe ausgesagt werden kann, in der Gott von Ewigkeit her einem göttlichen Gegenüber zugewandt ist. Denn solange man sich Gottes

machten Boden, sondern in der Liebe, im absoluten Sinn; er setzt auf den Primat des Unsichtbaren als des eigentlich Wirklichen[93]. Mit seinem Gleichnis vom Vater und den beiden Söhnen macht Jesus einen Vorschlag (theoretisch) zum Glauben, mit der durch das Gleichnis gerechtfertigten Praxis macht er ein Angebot (praktisch) zum Glauben, zur Umkehr, zum Standfassen im umfassenden Sinn, der durch den Vater der Parabel als Güte, Liebe erscheint. Es geht um eine radikale Option für das Empfangen, das dem Machen vorausgeht. Jesus lebt aus dieser Option. Der umfassende Sinn menschlicher Existenz will ergriffen und im Glauben verstanden werden; er bedarf der theologischen Explikation. Das Gleichnis ist die angemessenste und ergreifendste Weise solcher Explikation. Jesus erscheint in seinem Spiegel als der Glaubende: der Standfeste, der Ergriffene, der Verstehende; insofern die Vermittlung des Glaubens von ihm her reflektiert wird, erscheint er zugleich als der Aufgerichtete, der Ergreifende, der Offenbarer. Seine „Auferstehung" ist das „geschichtlich" entfaltete Geheimnis seiner Person, die eschatologische Autorität ist.

Jesu Autorität als *des* Exegeten Gottes ist – soll sie als sie selbst festgehalten werden – nicht auf beliebige Weise tradierbar: etwa im Modell „Prophet – Nachfolger des Propheten"; oder im Modell „Sammlung der Lehre im heiligen Buch"; sondern ihre unbeliebige „Tradition" ist die seiner „Gegenwart" im heiligen Geist, in seiner Auferweckung und Erhöhung. Der eschatologische Heilbringer kann keinen Nachfolger haben; eschatologische Autorität kann nicht wie andere Autorität vergangene, durch Tradition etc. zu sichernde Autorität werden.

Ist Jesus von Nazaret, etwa für den Hörer seines Gleichnisses, der zugleich Betrachter (oder Adressat) seiner Praxis ist, als *der* Exeget

---

Liebe als von menschlicher Leistung oder sonstigen irdischen Bedingungen abhängig vorstellt, könnte man sich auf sie genausowenig wie auf sich selbst oder auf irgend etwas anderes in der Welt verlassen und würde mit dieser Vorstellung dem eigenen Geschaffensein aus dem Nichts widersprechen. Ein solcher Gott wäre letzten Endes nur eine ins Unendliche vergrößerte menschliche Selbstprojektion, also Weltvergötterung. Gemeinschaft des Menschen mit dem wirklichen Gott ist nur als Hineingenommensein in ein von Ewigkeit her bestehendes Gegenüber von Gott zu Gott sinnvoll aussagbar. Gott hat keine andere Liebe als seine göttliche, ewige Liebe zu seinem eigenen Sohn, die der Heilige Geist ist. Diese Liebe Gottes, die nicht an der Welt ihr Maß hat und folglich auch nicht an ihr abgelesen werden kann, kann einem nur im Wort mitgeteilt werden und wird nur in der Weise erfahren, daß man sie sich im Glauben gesagt sein läßt. Dieses Verständnis geht historisch auf den Menschen Jesus zurück."

[93] Vgl. *J. Ratzinger*, Einführung in das Christentum (München [4]1968) 17ff.

Gottes legitimiert – legitimiert durch seinen Glauben, d. h. durch Gott, seinen Geist, selbst –, so kann der Hörer dies in der Stellungnahme zu Jesus (die Jesus ihm abverlangt, vgl. Lk 12, 8f), im Bekenntnis zu ihm auch titular zum Ausdruck bringen: Jesus ist der eschatologische Prophet, der Messias (vgl. Mk 8, 27–30)[94]. Angesichts des Todes Jesu läßt sich dies Bekenntnis nur festhalten als Bekenntnis zum auferweckten Christus, zum Erhöhten, zum präexistenten Sohn Gottes. Denn wenn Jesu eigenem Anspruch (als *dem* Exegeten Gottes) nach in seinem Wirken, seinem Wort, seiner Person „Gott zur Sprache kam", Gott begegnete, dann resultiert daraus für den Glaubenden angesichts des Todes Jesu: Auch im Tode Jesu begegnet Gott, dem es um Leben aus dem Tode (Begnadigung des Sünders) geht; das Kreuz Jesu ist Heilsereignis und nicht Symbol der Verzweiflung; in Jesus ist der Tod Gott begegnet und seiner Macht beraubt worden: Jesus ist auferweckt.

Der Tod der eschatologischen Autorität, der Tod *des* Exegeten Gottes ist ein *Adynaton*; vgl. Apg 2, 24: ὃν ὁ θεὸς ἀνέστησεν λύσας τὰς ὠδῖνας τοῦ θανάτου καθότι οὐκ ἦν δυνατὸν κρατεῖσθαι αὐτὸν ὑπ' αὐτοῦ. Sein Tod ist die Verwandlung des Todes. Er war nicht verloren, sondern ist der, der *da* ist, zu suchen, was verloren war. Er zeigte, daß es Gott um das Leben der Toten geht. Hatte er recht, war sein Gleichnis „Gottes Wort", so konnte der Tod ihn nicht widerlegen. Seine Autorität ist bleibende Autorität.

Wenn die heutige Theologie gehalten ist, die Christologie mit dem Leben Jesu von Nazaret selbst historisch-kritisch zu vermitteln, so gilt dies auch für den Basissatz von der Auferweckung Jesu. Jesus ist nicht gestorben, weil die Sünde durch den Tod über ihn herrschte, sondern weil er die Sünde aller trug und sich für sie, für ihr Leben, in den Tod gab. Im Gleichnis vom Vater und den beiden Söhnen spricht der Exeget Gottes, der an Gottes Stelle Leben aus dem Tod zuspricht, Sünden vergibt, neues Leben in neuer Gemeinschaft stiftet. Sein Tod widerlegt ihn nicht, weil er den Tod der Dahingabe stirbt. Diejenigen, für die er gestorben ist, haben an ihm selbst, in dem Gott als der Gott der Lebenden, nicht der Toten sichtbar wurde, Grund, seine Auferweckung zu feiern: Denn auch sie wandeln in neuem Leben! Und sie verdanken es Jesus in Gott – Gott in Jesus.

---

[94] Vgl. dazu *R. Pesch*, Das Messias-Bekenntnis des Petrus (Mk 8, 27–30). Neuverhandlung einer alten Frage, in: BZ NF 17 (1973) 178–195 und 18 (1974) 20–31.

VII
Dogmenhermeneutik am Beispiel der klassischen Christologie

Karl Lehmann, Freiburg i. Br.

Es gibt wissenschaftliche Entwürfe, die auf Jahrzehnte hinaus bahnbrechend wirken. Zu ihnen scheint mir B. Weltes Beitrag „Homoousios hemin. Gedanken zum Verständnis und zur theologischen Problematik der Kategorien von Chalkedon" zu gehören, der erstmals vor einem Vierteljahrhundert in dem großen Sammelwerk zum 1600jährigen Jubiläum von Chalkedon veröffentlicht wurde[1]. Nicht nur K. Rahners Christologie steht in einem engeren Zusammenhang mit diesen Überlegungen. Zwanzig Jahre später hat B. Welte[2] weiter ausgeholt und im Anschluß an M. Heideggers Gedanken der Seinsgeschichte eine umfassende geschichtliche Deutung der Lehrformel von Nikaia versucht. Zwei Thesen umschreiben die epochale Differenz zwischen den Schriftaussagen zur Person Jesu Christi und dem metaphysischen Seinsverständnis der dogmatischen Formulierung des Konzils von 325.

[1] *A. Grillmeier/H. Bacht* (Hrsg.), Das Konzil von Chalkedon. Geschichte und Gegenwart, Bd. I–III (Würzburg 1951–54; verb. Nachdruck ⁴1973). Der zitierte Beitrag *B. Weltes* findet sich in Bd. III, 51–80; er ist wiederabgedruckt in *B. Welte,* Auf der Spur des Ewigen. Philosophische Abhandlungen über verschiedene Gegenstände der Religion und Theologie (Freiburg i.Br. 1965) 429–458.

[2] Die Lehrformel von Nikaia und die abendländische Metaphysik, in: *B. Welte* (Hrsg.), Zur Frühgeschichte der Christologie. Ihre biblischen Anfänge und die Lehrformel von Nikaia = QD 51 (Freiburg i.Br. 1970) 100–117. – Die erste These heißt: „Die Verständnisweisen der Heiligen Schrift, insbesondere insoweit sie die Person Jesu als des Christus betreffen, sind von den Verständnisweisen der Lehrformel von Nikaia durch einen epochalen seinsgeschichtlichen Umschwung geschieden" (106). Die ‚gewagtere' zweite These lautet: „In Nikaia kam das Seinsverständnis der abendländischen Metaphysik in der Theologie zur Herrschaft, während das in der Bibel vorherrschende Seinsverständnis ursprünglicherer vormetaphysischer Natur war und am ehesten vom Begriff des Ereignisses her deutbar scheint" (109). – Nochmals erörtert ist das Thema in *B. Welte,* Die Krisis der dogmatischen Christusaussagen, in: *A. Paus* (Hrsg.), Die Frage nach Jesus (Graz/Wien/Köln 1973) 151–179, wiederabgedruckt in *B. Welte,* Zeit und Geheimnis. Philosophische Abhandlungen zur Sache Gottes in der Zeit der Welt (Freiburg i.Br. 1975) 292–318.

B. Welte hat diese Thesen sehr genau qualifiziert, was nicht wenige übersehen haben: „Wir verstehen darunter [unter diesen Hypothesen] umfassende Deutungsentwürfe, die zwar vom Blick auf die Fakten der Geschichte geleitet sind, die aber doch nicht als im strengen Sinne bewiesen gelten können. Man muß vielmehr zusehen, ob sie sich am geschichtlichen Material und an den Quellen verifizieren lassen oder ob sie von diesen widerlegt werden. Indem sie Deutungsmöglichkeiten entwerfen, bestimmen sie die zu wünschende Forschungsrichtung genauer. Sie definieren sozusagen die Fragen, die zu stellen sind. Die *Antworten* zu diesen Fragen müssen von der sachgemäßen Interpretation der Quellen her gefunden werden. An ihnen muß die Theorie sich bewähren, von ihnen her muß sie sich vielleicht modifizieren oder differenzieren. Von ihnen her kann sie auch falsifiziert werden. Aber anderseits bedürfen die aus den Quellen zu erhebenden Sachverhalte der leitenden theoretischen Fragen, von denen her sie ihre Richtung und ihren Zusammenhang erhalten können."[3]

Der Dogmatiker bewegt sich notwendigerweise zwischen diesem zunächst „philosophischen Gedanken" B. Weltes und den inzwischen und gerade in den letzten Jahren zahlreichen historischen Einzeluntersuchungen. Seine systematische Aufgabe nötigt ihn, den philosophischen Anstoß mit einer hochdifferenzierten dogmenhistorischen Forschung zu vermitteln, um den Wahrheitsanspruch der klassischen Christologie überzeugend darlegen zu können. Die folgenden Überlegungen entstammen einem solchen Gespräch: Am Beispiel vor allem des christologischen Dogmas von Nikaia werden einige Prinzipien heutiger Dogmenhermeneutik entfaltet[4].

I

Die Dogmengeschichte steht bei der Erforschung des Konzils von Nikaia vor beträchtlichen Schwierigkeiten[5]. Diese müssen zuerst ge-

---

[3] Die Lehrformel von Nikaia und die abendländische Metaphysik, a.a.O., 105f.

[4] Der vorliegende Beitrag stellt die erweiterte und zum Druck umgearbeitete Fassung einer Gastvorlesung dar, die der Verfasser anläßlich der 1650-Jahrfeier des Konzils von Nikaia bei einer Akademischen Festveranstaltung des Fachbereichs Katholische Theologie der Universität Regensburg am 21. Juli 1975 gehalten hat.

[5] Vgl. *I. Ortiz de Urbina,* Nizäa und Konstantinopel = Geschichte der ökumenischen Konzilien 1 (Mainz 1964); *A. Grillmeier,* Christ in Christian Tradition I. From the Apostolic Age to Chalcedon ‹451› (London ²1975) 250ff (mit neuesten Literaturanga-

nannt werden, damit das Bild historisch nicht zu einfach gerät. Wir haben nämlich im Gegensatz zu einigen früheren Lokalsynoden und vielen späteren ökumenischen Kirchenversammlungen keine Sitzungsprotokolle. Die vorhandenen Quellen sind sehr lückenhaft, widersprüchlich und durch ihr heftiges Engagement recht oft tendenziös. Ungewiß bleibt die Vorgeschichte, wann nämlich der Streit des alexandrinischen Priesters Arius mit seinem Bischof Alexander über die wahre Gottheit des Sohnes anzusetzen ist, ob unmittelbar vor dem Konzil schon eine Synode stattgefunden hat, auf der neben Arius auch Eusebios von Kaisareia verurteilt wurde. Ob die Synode ursprünglich nach Nikaia oder vielmehr nach Ankyra einberufen wurde, ob Konstantin – zweifellos hatte er das Konzil versammelt – der Synode ähnlich wie dem Senat präsidierte oder ob einer der führenden Bischöfe den Vorsitz hatte.

Auch die Festlegung der äußeren Daten schafft Schwierigkeiten, so die Frage, ob das Konzil am 25. Mai oder eher am 19. Juni 325 begann. Die in den späteren Quellen genannte Zahl von dreihundertachtzehn Vätern scheint auf eine symbolische Deutung zurückzugehen. Waren es etwa dreihundert oder zweihundertfünfzig Bischöfe oder gar weniger? Einige andere Fragen reichen schon tiefer in das konziliare Geschehen hinein: Welche Stellung hatten die „Theologen" inne, die die Bischöfe nach Nikaia begleiteten (vgl. z.B. der Diakon Athanasios)? Unklar ist, ob Arius selber den anwesenden Bischöfen Rede und Antwort stand oder ob seine Meinung nur durch einen kleinen, aber wirksamen „linken" Flügel des Konzils zu Wort kam. Bis heute ist auch umstritten, ob wir in dem vom Konzil endgültig angenommenen Text, der sogenannten „Fides Nicaena", das von Eusebios von Kaisareia als Einigungsformel vorgelegte Taufbekenntnis seiner eigenen Kirche oder das Jerusalemer Taufsymbol vor uns haben, in das dann die entscheidenden Präzisierungen über die wahre Gottheit des Sohnes eingetragen wurden.

Die Liste dieser Fragen und Zweifel könnte leicht verlängert werden. Wer dogmenhermeneutische Aussagen machen will, muß jedoch wissen, wo die Grenzen der Quellen liegen. Genau besehen, haben wir nicht viel mehr Zuverlässiges in Händen als den zweifellos authentischen Text der Definition mit den angefügten Anathematismen, die

ben); *J. N. D. Kelly*, Altchristliche Glaubensbekenntnisse. Geschichte und Theologie (Göttingen 1972) 226–229, 233–240; vgl. auch Anm. 6, 7, 9.

Canones und die Namen der Bischöfe. Das Bekenntnis lautet in deutscher Übersetzung: „Wir glauben an den einen Gott, den allmächtigen Vater, Schöpfer aller sichtbaren und unsichtbaren Dinge, und an den einen Herrn Jesus Christus, den Sohn Gottes, als Einziggeborener gezeugt vom Vater, d.h. aus der Wesenheit des Vaters, Gott von Gott, Licht vom Lichte, wahrer Gott vom wahren Gott, gezeugt, nicht geschaffen, wesenseins mit dem Vater, durch den alles geworden ist, was im Himmel und was auf Erden ist, der um uns Menschen und um unseres Heiles willen herabgestiegen und Fleisch und Mensch geworden ist, gelitten hat und am dritten Tage auferstanden ist, aufgestiegen zu den Himmeln und kommen wird, zu richten die Lebenden und Toten. Und an den Heiligen Geist. Diejenigen aber, die da sagen, es habe eine Zeit gegeben, da der Sohn Gottes nicht war, und er sei nicht gewesen, bevor er gezeugt wurde, und er sei aus nichts geworden oder aus einer anderen Substanz (hypostasis) oder Wesenheit (usia) oder der Sohn Gottes sei wandelbar oder veränderlich, diese schließt die katholische und apostolische Kirche aus."[6]

Die Fragestellung des Konzils ergibt sich eindeutig aus der Konfrontation mit Arius. Nicht nur von der dürftigen Quellenlage her, sondern auch aufgrund dieser spezifischen Frontstellung zu Arius hat es wenig Sinn, die Texte isoliert zu deuten, vielmehr muß ihren konkreten Verstehensvoraussetzungen nachgegangen werden. Dies gilt gerade dann, wenn die tragenden Begriffe eine Verwandtschaft zum zeitgenössischen philosophischen Denken vermuten lassen. So folgt als *erste These:*

Ob in den christologischen Entscheidungen der alten Kirche eine hellenistische Verfremdung der biblischen Botschaft stattgefunden hat, läßt sich nicht schon unmittelbar an der Verwendung zeitgenössischer griechischer Sprachkategorien ablesen, sondern kann nur durch eine Analyse des Gesamtprozesses entschieden werden, in dem der Hellenismus auf die Sinnrichtung des biblischen Christusbekenntnisses stößt und der kirchliche Christus-Glaube nach einem vertieften Verständnis drängt.

---

[6] Conciliorum oecumenicorum decreta, hrsg. v. *J. Alberigo u.a.* (Bologna ³1973) 5 (vgl. auch die Einleitung, 1–4). Zum Text vgl. *G. I. Dossetti,* Il simbolo di Nicaea e di Costantinopoli = TRSR 2 (Roma 1967), zur Auslegung auch *A. Grillmeier,* a.a.O., I, 264ff, weitere Literatur ebd., 266f, Anm. 66; *É. Boularand,* L'hérésie d'Arius et la „Foi" de Nicée I–II (I: L'hérésie d'Arius; II: La „Foi" de Nicée) (Paris 1972).

II

Die heutige dogmengeschichtliche Forschung ist der geistigen Vorgeschichte dieses Konfliktes auf Leben und Tod sorgfältig nachgegangen[7]. Arius darf demnach in seinen Anschauungen nicht isoliert werden. Sein Grundfehler ist auch nicht, wie Th. Zahn[8] auf lange Zeit hinaus maßgeblich die Forschungsrichtung bestimmte, der Polytheismus. Arius steht zunächst in einer christlichen theologischen Tradition, die von den Apologeten des 2. Jahrhunderts über Origenes bis Eusebios von Kaisareia reicht[9]. Kennzeichnend für diese Tendenz ist die Übernahme von Transzendenzaussagen des sogenannten „mittleren Platonismus"[10], der als philosophische Schultradition in das erste Jahrhundert vor Christus zurückreicht.

Zwei Elemente dieses zu Beginn des 4. Jahrhunderts mächtigen Traditionsstranges haben offensichtlich das Denken des Arius nachhaltig und – im Unterschied zu seinen Vorgängern – auch entscheidend be-

[7] Vgl. bes. *G. C. Stead*, The Platonism of Arius, in: Journal of Theological Studies 15 (1964) 16–31; *F. Ricken*, Das Homousios von Nikaia als Krisis des altchristlichen Platonismus, in: *B. Welte*, Zur Frühgeschichte der Christologie (vgl. oben Anm. 2) 74–99, auch veröffentlicht in: ThPh 44 (1969) 321–341; vgl. auch die schon genannten Werke von *A. Grillmeier*, a.a.O., I, 219ff (Lit.) und *É. Boularand*, I, 94ff, 101ff. Vgl. auch unten Anm. 9, 10, 19.

[8] Marcellus von Ancyra (Gotha 1867). Dieser Hinweis entstammt *F. Ricken*, a.a.O., 90ff.

[9] Vgl. dazu *C. Andresen*, Justin und der mittlere Platonismus, in: ZNW 44 (1952/53) 157–195; *M. Elze*, Tatian und seine Theologie (Göttingen 1960); *J. Daniélou*, Message évangélique et culture hellénistique aux IIe et IIIe siècles (Tournai 1961); *N. Hydahl*, Philosophie und Christentum. Eine Interpretation der Einleitung zum Dialog Justins (Kopenhagen 1966); *F. Ricken*, Die Logoslehre des Eusebios von Caesarea und der Mittelplatonismus, in: ThPh 42 (1967) 341–358; *W. Pannenberg*, Die Aufnahme des philosophischen Gottesbegriffes als dogmatisches Problem der frühchristlichen Theologie, in: ZKG 70 (1959) 1–45, auch in *W. Pannenberg*, Grundfragen systematischer Theologie. Gesammelte Aufsätze (Göttingen 1967) 296–346; vgl. dazu auch *A. Grillmeier*, a.a.O., I, 89ff, 108ff, 138ff, 167ff (Lit.).

[10] Dazu vgl. außer der schon in den Anmerkungen 7 und 9 genannten Literatur bes. *H. Dörrie*, Die Frage nach dem Transzendenten im Mittelplatonismus, in: Les sources de Plotin = Entretiens sur l'antiquité classique 5 (Genève 1957) 193–223; *Ph. Merlan*, From Platonism to Neoplatonism (Den Haag ²1960); *ders.*, Greek Philosophy from Plato to Plotinos, in: *A. H. Armstrong* (Hrsg.), The Cambridge History of Later Greek and Early Medieval Philosophy (Cambridge 1967) 14–132; *H. Dörrie*, Die platonische Theologie des Kelsos in ihrer Auseinandersetzung mit der christlichen Theologie auf Grund von Origenes c. Celsum 7,42ff. = NAWG I. 1967 (Göttingen 1967); *ders.*, Was ist „spätantiker Platonismus"? Überlegungen zur Grenzziehung zwischen Platonismus und Christentum, in: ThR 36 (1971) 385–302; *E. P. Meijering*, Zehn Jahre Forschung zum Thema Platonismus und Kirchenväter, ebd., 303–320.

stimmt, nämlich die negative Theologie mit der radikalen Betonung der unerreichbaren Transzendenz und der absoluten Einzigkeit Gottes *und* die Übertragung von Kategorien des platonischen Zwischenbereichs auf den johanneischen Logos. Wie immer die griechischen Väter *vor* Arius die daraus resultierenden Tendenzen einer Überformung des christlichen Glaubens durch die mittelplatonische Philosophie korrigieren konnten, Arius hat durch die Radikalität und Eindeutigkeit seiner Lösung jene kritische Zone in der Rezeption hellenistischen Gedankengutes überschritten, welche zu einer Absorption des unterscheidend Biblisch-Christlichen führt. Einige Beispiele sollen diesen Prozeß nachzeichnen helfen.

Die Kluft zum transzendenten Gott ist unüberbrückbar, weil auch Jesus Christus als Sohn das Wesen des Vaters nicht erkennt. „Kurz gesagt: Für den Sohn ist der Vater unaussprechlich (árrhetos). Denn er (der Vater) ist für sich selbst, was er ist; d.h.: (er ist) unsagbar (álektos), so daß der Sohn keine der Aussagen, die (Gottes Wesen) erfassen, auszusprechen weiß. Denn es ist für ihn unmöglich, den Vater aufzuspüren, der in sich ist.[11]" Bei der näheren Bestimmung des Logos wird die Mittelstellung, die im antiken Platonismus der Weltseele des Timaios zukommt und die auf den platonischen Demiurgen übertragen wird, auf das Verhältnis des Sohnes zum Vater *und* zu den Vernunftwesen im Bereich des Geistigen angewandt. Der Sohn ist Vernunft und Logos des Vaters, der aus dem Vater hervorgeht, um in der Gesamtheit der noch ungeordneten materiellen Geschöpfe als Weltseele die in ihm seienden Urbilder abzuprägen. Der „zweite Gott" ist durch die Teilhabe am „ersten Gott" gut[12]. Diese Anschauung findet sich in verschärfter Form bei Arius: „Als Gott die gewordene Natur (physis) schaffen wollte und sah, daß sie nicht teilhaben könne an der starken Hand des Vaters und dem von ihm ausgehenden Schaffen, macht und schafft er zuerst einen allein und nennt diesen Sohn und Logos, damit, da er der Mittlere geworden sei, so dann auch das All durch ihn werden könne."[13]

---

[11] *Athanasios,* De Synodis 15, 3, in: Athanasius, Werke II/1. Die Apologien, ed. *H.-G. Opitz* (Berlin 1938–41) 243, 14–17. – Zum sog. Thalia-Fragment vgl. *É. Boularand,* a.a.O., I, 54ff; *A. Grillmeier,* a.a.O., I, 234ff.

[12] Vgl. dazu *F. Ricken,* Das Homousios von Nikaia als Krisis des altchristlichen Platonismus, in: *B. Welte* (Hrsg.), Zur Frühgesch. der Christologie (vgl. o. Anm. 2), 79–81, 86.

[13] So Fragment 4 nach *G. Bardy,* Recherches sur saint Lucien d'Antioche et son école (Paris 1936), hier zitiert in der Übersetzung nach *F. Ricken,* a.a.O., 86f.

Die in der Tradition vorgegebene kosmologische Logos-Deutung wird von Arius und seinen Anhängern außerordentlich verschärft. Indem Arius diese seit den Apologeten vorhandene Tendenz aufgreift und sie aus der zeitgenössischen Philosophie noch verstärkt, gerät er in einen akuten Konflikt mit dem Glauben der Kirche. Der Logos unterscheidet sich von den aus ihm gewordenen Wesen, gleichwohl gehört er nicht streng auf die Seite Gottes, sondern ist „vollkommenes Geschöpf Gottes"[14]. Gott hat bei einem bestimmten Anlaß durch seinen Willen die ewig in ihm seiende Weisheit aus sich entlassen. An dieser Stelle trennt sich jedoch Arius von seinen theologischen Vorfahren, wenn er sagt: „Der Sohn aber, zeitlos hervorgebracht vom Vater und vor Äonen geschaffen und gegründet (vgl. Prov. 8,22), war nicht, bevor er hervorgebracht wurde, sondern zeitlos vor allem hervorgebracht, erhielt er allein vom Vater das Dasein."[15] Justin sagte noch, der in die Welt eingehende Logos sei der, der zugleich ewig in Gott ist (Dial. 61,1). Arius formuliert seine Position mit dialektischer Schärfe, kann aber an entscheidender Stelle der Konsequenz des biblischen Schöpfungsglaubens nicht entrinnen: Alle Versuche zur Aufrechterhaltung eines kosmologischen Zwischenbereiches und Mittlerwesens stehen vor der radikalen Alternative „geschaffen" *oder* „ungeschaffen". „Wer die Logosaussagen einseitig kosmologisch auffaßte, dachte konsequent, wenn er, vom Schöpfungsdenken her vor die Alternative gestellt, den platonischen Mittelbereich dem Geschöpflichen zuwies."[16] Der Sohn ist sowohl dem Bereich Gottes als auch dem der gewordenen Wesen fremd. Der Vater ist „*der* Gott" einfachhin, der Sohn ist nur „Gott"[17].

Arius hat die Grenze der Begegnungsmöglichkeiten zwischen dem mittleren Platonismus und der christlichen Theologie aufgezeigt. Er erlag z.T. der dieser Philosophie innewohnenden Eigendynamik, ähnlich wie die Konsequenz des biblischen Schöpfungsglaubens ihm den Weg zu einer kompromißartigen Lösung endgültig verbaute. Was an Arius schon seine Zeitgenossen bestricht, das ist vornehmlich die Klarheit und Logik seiner theologischen Schlußfolgerungen. Seine Formu-

---

14 *Athanasius*, Werke III/1. Urkunden des arianischen Streits, ed. *H.-G. Opitz* (Berlin 1934–35) 12,9.
15 Ebd. 13,8–10, übers. nach *F. Ricken*, a.a.O., 89.
16 *F. Ricken*, a.a.O., 83.
17 Vgl. dafür die Belege bei *F. Ricken*, a.a.O., 85.

lierungen wurden nicht zuletzt wegen ihrer Durchsichtigkeit und Griffigkeit geradezu „populär“[18]. Dies führt zur *zweiten These:*

Das Konzil von Nikaia steht bei der Konfrontation mit Arius vor einem theologischen „System“, welches das biblische und traditionelle Bekenntnis der Kirche zu Jesus Christus in einem hohen Ausmaß der Dynamik des mittelplatonischen Denkens aussetzt und durch seinen eindimensionalen „Rationalismus“ schließlich unkritisch an die Philosophie ausliefert.

III

Die Väter von Nikaia hatten die Aufgabe, das christliche Glaubensbekenntnis vor unkontrollierten Übergriffen der menschlichen Vernunft zu schützen. Der Gott des Arius ist in seiner Transzendenz und Einzigkeit den strengsten Forderungen des griechischen Monotheismus angepaßt, er ist jedoch ein welt- und menschenferner Gott. Der Sohn war die Brücke vom Geist zur Materie, vom Einen zum Vielen. Arius deutete die Einheit in Gott durch „Unterordnung“ des Sohnes unter den einen Vater[19]. Indem Arius mit allen Halbheiten aufräumen und auf einen dezidierten Monotheismus hinsteuern wollte, „vereinfachte“ er zwar den Begriff und das Bild Gottes, zugleich führte er jedoch das griechische Denkschema „Einheit in Gott durch Unterordnung“ an sein inneres Ende. Wollte das Konzil der Theologie des Arius entgegentreten, so mußte es zwangsläufig auch zur „Krisis des altchristlichen Platonismus“ (F. Ricken) werden. Die arianische Lösung bedeutete schließlich die extreme Radikalisierung einer bestimmten Form des altchristlichen Platonismus. Für die Väter von Nikaia ist der Sohn nicht in erster Linie eine Funktion des Weltbildes, sondern der soteriologische Bringer von Offenbarung und Heil. Es geht Nikaia vor allem um die Klärung der Sohnesaussagen der Schrift. Worauf es ankommt, ist dies: Der Sohn ist streng der Sphäre Gottes zugehörig und steht so selbst auf der absoluten, ungeminderten Seinshöhe Gottes. Das ewige Wort drückt unabgeschwächt den ewigen Vater aus. Arius war

[18] Vgl. dazu *É. Boularand,* a.a.O., II, 439.

[19] Zum Problem des vornikänischen Subordinatianismus vgl. *W. Marcus,* Der Subordinatianismus als historiologisches Phänomen. Ein Beitrag zu unserer Kenntnis von der Entstehung der altchristlichen „Theologie“ und Kultur unter besonderer Berücksichtigung der Begriffe Oikonomia und Theologia (München 1963). Zur Sache vgl. auch *A. Grillmeier,* a.a.O., I, 246 Anm. 99.

durchaus bereit zuzugeben, daß der „Sohn" „Gott von Gott" sei, weil er dieses Wort entsprechend zum zeitgenössischen Denken als einen gestuften göttlichen Bereich betrachtete. Darum genügt auch das „homousios" für sich nicht, sondern wird maßgeblich durch die anderen Aussagen ergänzt: „wahrer Gott vom wahren Gott", „gezeugt, nicht geschaffen"[20], „aus dem Wesen des Vaters". Bewußt setzt Nikaia neben die arianische Behauptung, der Sohn sei notwendig „anderen, fremden Wesens, nicht vom selben Wesen wie der Vater", die Aussage von der Wesenseinheit bzw. Wesensgleichheit.

Nikaia erlaubt kein Festhalten am alten Gottesbild, das durch das arianische System in eine endgültige Krise kam. Gott ist nicht eine einsame, weltferne Monade. Auf der Höhe absoluten Seins ist der eine Gott Vater *und* Sohn (und Heiliger Geist, wie das Constantinopolitanum I endgültig hinzufügen wird). Gottes Einheit ist Identität der trinitarischen Struktur, nicht numerische Einheit im Sinne eines allgemeinen Theismus. In Gott ist Person nichts anderes als Selbstsein in Bezogenheit, Eigenstand in Selbstmitteilung. Es bedeutete eine epochale Wende, im absoluten Sein Relationalität zu denken. Nikaia und seine Rezeption haben sich mindestens sechzig Jahre lang nicht zuletzt darum so schwer getan, weil hier in Treue zur Schrift und zur Glaubensüberlieferung ein „Modell" zu erdenken war, das zwar mannigfache Hilfen und Stützen des zeitgenössischen Denkens in Anspruch nahm, gleichwohl sich in seiner Sinnspitze als analogielos und einzigartig erweist.

Dabei ging es dem Konzil keineswegs um das, was wir heute (wissenschaftliche) „Theologie" nennen. Nikaia hat nur den Angriff des Arius abgewehrt, ohne durch reflektive Theologie die Konsequenzen seiner Entscheidung zu entfalten. Nikaia überläßt die spekulative Analyse den Theologen. Es hat bewußt seine Antwort auf Arius in ein Taufsymbol eingegliedert. Die Väter wollten in erster Linie den Taufglauben wahren und den apostolischen Glauben unverkürzt verkünden. Darum fügen die Konzilsväter nur die allernötigsten Worte in das Taufsymbol, um die arianische Mißdeutung des Sohnes auszuschließen. Dennoch wäre es falsch, die geistige Leistung dieser Entscheidung auf „Kerygma" allein reduzieren zu wollen, sofern dies in Frontstellung zum „Dogma" gebracht wird. Die mühsame Auseinan-

---

[20] Vgl. dazu *F. Ricken*, a.a.O., 84, 87, 89 (Lit.); *A. Grillmeier*, a.a.O., I, 171, 230, 267.

dersetzung und die Widerstandskraft gegenüber wirklich überfremdenden philosophischen Lösungen des Christusbekenntnisses ist ein Beleg für die geistige Kraft dieses Glaubens-Denkens in einem ursprünglichen Sinn.

Wenn auch die Konzilsentscheidung aufgrund der ungewohnten Differenzierung die schwierigere Lesart des neutestamentlichen Evangeliums war, so hat sie in ihrer Weise auch wiederum das Christus-Bild entmythologisiert. Arius machte aus Jesus Christus einen platonischen Demiurgen, der vor allem als Menschgewordener eine mythologische Gestalt darstellt. Als Mittelwesen (meson) ist er weder zu Gott noch zum Menschen hin in einer wirklichen Wesenseinheit. Freilich war mit der Antwort von Nikaia nur die Lösungsrichtung des Geheimnisses der Menschwerdung Gottes eröffnet. Denn mit der Abwehr eines häretischen Subordinatianismus kam zugleich die nächste Gefahr auf den Plan: der Monophysitismus. Zunächst aber mußte ein Modell von Menschwerdung abgelehnt werden, das eine synthetische Natur, ein Mittelwesen anzielte: Jesus Christus wäre „naturhaft" von uns wie von Gott verschieden. Zusammenfassend ergibt sich die *dritte These:*

Das Konzil von Nikaia bezeugt durch die Ablehnung des arianischen „Systems" den geistigen Widerstand des kirchlichen Christusbekenntnisses gegen eine Überfremdung durch hellenistisches Denken. Indem das Konzil das Verhältnis der Einheit und Vielheit in Gott auf eine andere und neue Reflexionsebene hebt, mythologische Vorstellungen der Inkarnation aufhebt und sich gegen „vereinfachende" Lösungen wehrt, bleibt es nicht nur der apostolischen Überlieferung treu, sondern bildet ein ursprüngliches Glaubens-Denken aus. Bewahrung der apostolischen Tradition erfolgt nicht durch die Repetition der Bibel, sondern in der Reflexion auf die volle Dimension des Sinnes der Schrift.

In diesem Sinne hat H. Schlier die Struktur dieses christologischen Dogmas (ohne über es selbst zu handeln) trefflich folgendermaßen umschrieben: Das Dogma „bedeutet aber nicht das Ende des Bedenkens, sondern die Erhebung des Gedachten, Nachgedachten, Durchgedachten und jetzt und hier Zu-Ende-Gedachten in das unbestreitbar und unverlierbar Denkwürdige"[21].

---

[21] Was heißt Auslegung der Heiligen Schrift, in: *H. Schlier,* Besinnung auf das Neue Testament. Exegetische Aufsätze und Vorträge II (Freiburg i. Br. 1964) 60f.

IV

Bisweilen wurde der Sinn des Dogmas von Nikaia ausschließlich an das „homousios" fixiert. Es wurde schon vorher darauf hingewiesen, daß eine solche Engführung des Bekenntnisses schon von der ganzen Aussagenreihe her unerlaubt ist. Man kann sogar die Überzeugung vertreten, daß der Ausdruck „dem Vater wesenseins" auch hätte fehlen können, ohne daß die Antwort auf Arius unscharf geworden wäre. Da sich aber die Auseinandersetzung des nachkonziliaren Streits auf dieses Wort konzentrierte, erscheint es anderen Dogmenhistorikern als das Stichwort, das gleichzeitig den entscheidenden Gehalt dieses Konzils zusammenfaßt und geradezu seine Originalität darstellt[22]. Von dieser kontroversen Sicht her mag es nützlich sein, diesem Wort eigens noch etwas nachzudenken.

Man kann nicht mit Gewißheit sagen, wer diesen Begriff in die Debatte brachte, woher er stammt und welchen Sinn er letztlich hat. Die heutige Forschung[23] hält es für ziemlich unwahrscheinlich, daß es sich dabei um einen persönlichen Initiativakt des Kaisers handelte (seine christologischen Anschauungen sind vergleichsweise viel zu simpel). Die Hypothese, daß dieser Begriff Konstantin von seinem theologischen Berater Ossius von Córdoba suggeriert und empfohlen wurde, hatte lange Zeit viele Sympathien, doch würde dies bedeuten, daß dahinter westliche Theologie stehen würde (vor allem das „una substantia" des Tertullian). Das Wort „homousios" findet sich im arianischen Streit zum erstenmal in den Texten des Arius und des Eusebios von Nikomedien. A. Orbe[24] hat gezeigt, daß das Wort noch bei den Arianern und in den Konzilsverhandlungen deutlich die Spuren seiner Herkunft aus der Gnosis an sich trägt. Unverkennbar ist die Zurückhaltung der östlichen Orthodoxie gegenüber diesem Wort, weil nämlich u. a. der Sabellianismus sich seiner bediente. Außerdem wurde Paul von Samosata 268 durch das Konzil von Antiochien mit dem Wort „homousios" verurteilt, wenn auch nicht in dem Sinn, wie es in Nikaia später gebraucht wurde[25]. Von dem gnostischen Klang des Wortes und

---

[22] Vgl. dazu *É. Boularand*, a.a.O., II, 331ff.

[23] Vgl. dazu *A. Grillmeier*, a.a.O., I, 250ff, 268ff; *F. Ricken*, a.a.O., 90ff mit Anm. 26 (bei beiden weiterführende Lit.).

[24] Hacia la primera teología de la procesión del Verbo = Estudios Valentinianos I, 1–2 (Roma 1958) bes. 660ff, dazu auch *A. Grillmeier*, a.a.O., I, 269; *F. Ricken*, a.a.O., 92ff.

[25] Vgl. Genaueres bei *É. Boularand*, a.a.O., II, 337ff.

dieser Vorgeschichte her sind jedenfalls das Mißtrauen und die Zurückhaltung des Ostens in hohem Maß erklärbar.

Wie kann man angesichts dieser historischen Unsicherheit die Aufnahme dieses zentralen Begriffs erklären? Sicher könnte man mit É. Boularand[26] darauf hinweisen, daß zwischen 268 und 325 Methodios von Olymp und die Schrift „De recta fide in Deum" von Adamantius dem Wortgebrauch von Nikaia den Weg bereiteten. Man wird jedenfalls auch die Version des Athanasios ernst nehmen müssen, nachdem sich das Konzil diesen Begriff zu eigen gemacht habe, weil die Arianer darin am deutlichsten die eigene Gegenposition formuliert fanden. F. Ricken faßt ähnlich zusammen: „Dennoch kann man als gemeinsame Grundlage beider Berichte [des Eusebios und des Athanasios] erkennen, daß Nikaia das Kontradiktorium zur arianischen Lehre aussagen wollte, daß also der Sohn bei der von den Arianern grundgelegten Zweiteilung des Seienden nicht dem Bereich der Geschöpfe zugehört... Das Homousios soll aussagen, daß der Sohn wahrer und eigentlicher Sohn ist... und daß die Geschöpfe mit ihm nichts gemeinsam haben."[27] É. Boularand antwortet auf die Frage, warum das Konzil gerade dieses Wort gewählt habe, daß es darauf nur folgende Auskunft geben könne[28]: „Das Konzil hatte kein besseres Mittel, um jede Äquivokation über die Göttlichkeit des Sohnes zu zerstreuen und die Blasphemie des Arius zurückzuweisen, daß er eine aus dem Nichts geborene Kreatur sei."

Man wird also bei aller Verbindlichkeit dieses zentralen Leitwortes des Dogmas von Nikaia ein „pragmatisches" Element nicht ganz übersehen dürfen, daß man nämlich unter den gegebenen Umständen die gemeinsame Wahrheit des Christusbekenntnisses eben so und nicht anders zu sagen vermochte. Hier hat vielleicht auch jene etwas vergröbernde Antwort ihr Körnchen Wahrheit, das „homousios" sei nichts anderes als eine bloße politische Unionsformel gewesen. C. Andresen hat mit Recht darauf aufmerksam gemacht, daß man den kirchenpolitischen und zum Teil auch kompromißartigen Charakter der endgültigen Formulierungen und des christologischen Dogmas der alten Kir-

---

[26] Vgl. ebd. 352; dazu *A. Grillmeier*, a.a.O., I, 165f mit Anm. 45.

[27] A.a.O., 95f.

[28] *É. Boularand*, a.a.O., II, 333f; *F. Ricken*, a.a.O., 90f, Anm. 26 sagt beiläufig, Nikaia habe in gewisser Hinsicht das Wort ‚homousios' „nur aus der Notlage heraus, seine Gegenstellung gegen Areios eindeutig zu fixieren, aufgenommen".

che nicht außer acht lassen dürfe[29]. Sicher haben erst Athanasios für den Osten und Hilarius für den Westen den umstrittenen Begriff zureichend geklärt; Athanasios hat vor allem auch die von arianischer Seite immer wieder hervorgehobene Unterstellung zurückgewiesen, als handle es sich bei Annahme des „homousios" um eine physische Teilung der Einheit des Vaters, der dann zusammengesetzt, teilbar, veränderlich und als Körper zu denken sei. Ob es sich bei dieser Argumentation der Arianer um eine echte Schwierigkeit handelt, weil die Schöpfung für sie das einzige Modell war, nach dem sie einen Hervorgang aus dem transzendenten Vater denken konnten, oder ob es Taktik im Kampf gegen das „homousios" war, läßt sich kaum entscheiden[30]. Betrachtet man diese Gesamtsituation, so läßt sich in dogmenhermeneutischer Hinsicht zur Bedeutung und zum Gebrauch des „homousios" folgende *These* aufstellen:

Das „homousios" darf in keiner Weise von den übrigen Aussagen des Glaubensbekenntnisses von Nikaia und von der Frontstellung im arianischen Streit isoliert werden, vielmehr läßt es sich nur vom gezielten, bestimmten Sprachgebrauch der antiarianischen Antwort her verstehen. An ihm zeigt sich eine wichtige sprachliche Struktur des kirchlichen Dogmas, das weniger in terminologisch fixierten Begriffen gefaßt wird, sondern nicht zuletzt dem gemeinsamen Sagenkönnen der kirchlichen Lebensgemeinschaft entspringt. So eignet dem „homousios" ein Stück weit der Charakter einer „pragmatischen" Sprachkonvention („Sprachregelung"), was auch den jahrzehntelangen Prozeß seiner kirchlichen Rezeption eher verständlich machen kann.

V

Die seit Jahrhunderten im Hellenismus-Vorwurf[31] begründeten Bedenken gegen das „homousios" sind nicht neu, vielmehr kämpft schon Arius gegen dieses Stichwort mit der Begründung, es sei

---

29 Die Kirchen der alten Christenheit = Die Religionen der Menschheit 29, I/2 (Stuttgart 1971) 379.

30 Vgl. dazu *F. Ricken*, a.a.O., 94f.

31 Ausführlich dazu historisch *A. Grillmeier*, Mit ihm und in ihm. Christologische Forschungen und Perspektiven (Freiburg i.Br. 1975) 423–488 (Lit.), systematisch und speziell zum ‚homousios' *B. Lonergan*, The Dehellenization of Dogma, in: Theological Studies 28 (1967) 336–351, jetzt auch in: *B. Lonergan*, A Second Collection (London 1974) 11–32, hier bes. 22f.

„fremd" und nicht schriftgemäß[32]. Athanasios weist darauf hin, daß das Konzil mit dem „homousios" nicht über die Schrift hinausgehen wollte[33]. Arius berief sich auf einzelne Schriftworte[34] (vgl. vor allem Spr 8,22: „Der Herr schuf mich als Anfang seiner Wege"). Aber es handelte sich um eine sehr eklektische Schriftverwendung, die an einzelnen Worten der Bibel festhielt und sich gegen die Bemühung wandte, den von der Schrift gemeinten Inhalt in neuer Sprache unmißverständlich und nach den konkreten geistigen Bedürfnissen der damaligen Situation auszusagen. Das Anliegen der Väter war, die soteriologische Aussageabsicht der Schrift eindeutig auszulegen. „Der Gang der Verhandlungen zeigte, daß dies allein mit den Worten der Schrift selbst nicht möglich war. Die Väter von Nikaia haben sich nach Athanasios des Homousios bedient als einer Vokabel, die ihre Stellung in einer kontroversen Frage des Schriftverständnisses unmißverständlich fixieren sollte."[35] Die Väter waren implizit der Überzeugung, daß sie sich durch diesen Sprachgebrauch nicht von der Schrift entfernen, sondern tiefer zu ihrem entfalteten Sinn zurückkehren.

Es verdient besondere Anerkennung, daß die Erklärung des Rates der Evangelischen Kirche Deutschlands „Das Christusbekenntnis der Kirche" zum Nikaia-Gedenktag[36] in dieser Hinsicht eindeutig mit einem nicht unerheblichen Strang früherer protestantischer Dogmengeschichtsschreibung bricht und erklärt: „Die Aussagen des Nizänums können nicht als Verfremdung des biblischen Zeugnisses durch den Geist griechischer Philosophie abgewertet werden. Indem das biblische Christuszeugnis mit Hilfe der griechischen Philosophie formuliert wurde, konnte es sachlich unverkürzt festgehalten werden." Aus dieser Gesamtsituation folgt eine wichtige *These* für das Grundverständnis des kirchlichen Dogmas:

Die richtig verstandene dogmatische Formulierung tritt nicht in Konkurrenz mit der Form und der Formulierung der Schrift; sie ersetzt

---

[32] Vgl. Nachweise bei *É. Boularand,* a.a.O., II, 333.

[33] Athanasios, De Syn., 45, 7; Ep. ad Afros, 6, dazu *F. Ricken,* a.a.O., 96f.

[34] Vgl. dazu *É. Boularand,* a.a.O., I, 86f; *F. Ricken,* a.a.O., 87ff; *A. Grillmeier,* Christ in Christian Tradition I, 220, 246, 248 mit Anm. 105, 270; *M. Simonetti,* Studi sull'Arianesimo = Verba seniorum, n. s. 5 (Roma 1965) 9–87 (ausführlichste Darstellung mit Lit.).

[35] *F. Ricken,* a.a.O., 96f.

[36] Erklärung vom 19. 6. 1975, veröffentlicht z.B. in: KNA. Ökumenische Information Nr. 24 (11. Juni 1975) 5–11.

diese nicht; sie erhebt nicht den Anspruch, besser, vollständiger, „moderner" das Gemeinte auszudrücken. Sie will das Evangelium verstehen helfen. Das Dogma ist in diesem Sinne keine Grundlegung, sondern nur eine Auslegung der Offenbarung. Es bleibt zurückbezogen auf das Kerygma und sucht es vor voreiligen Übergriffen des menschlichen Denkens zu schützen und zu retten. Gleichwohl ist es gerade in dieser Funktion unentbehrlich und darum auch in der jeweiligen Grundentscheidung unüberholbar.

VI

Die Korrektur der kosmologisch orientierten arianischen Christologie wurde nicht mit philosophischen Mitteln bewältigt, sondern entsprang einer Klärung der neutestamentlichen Sohnesaussagen. Athanasios sieht darum sehr scharfsinnig, daß der entscheidende „Beweis" für die Göttlichkeit des Sohnes und damit für das „homousios" dem Glauben an die Erlösung entstammt, wie er sich im Leben der Kirche zur Sprache bringt. Er verweist auf das trinitarische Taufgeschehen. Nur weil Jesus Christus anders ist als alle Geschöpfe, können wir den Sohn anbeten. Ein Geschöpf hätte uns keine Hilfe bringen, uns nicht mit dem Schöpfer verbinden und uns die Sünden nicht nachlassen können, was allein Gottes Sache ist[37]. Die Kenosis ist nur dann das wahre Ankommen Gottes, wenn er, der von uns bleibend Unterschiedene, bei uns – unser Sein annehmend – ankommt, ohne seine Identität zu verlieren. Jesus bleibt durch seinen kenotischen Sohnesgehorsam mit dem Vater eins, während er die Welt bis hin zur Gottverlassenheit übernimmt. Ohne die uneingeschränkte Zugehörigkeit zur strikten Sphäre Gottes sinkt er nicht nur ab zu irgendeinem Religionsgründer oder Propheten, sondern der Anspruch und die Evidenz seiner Existenz und Sendung verkehren sich in ihr Gegenteil und entlarven sich als gotteslästerliche Anmaßung. Darin liegt auch heute die bleibende Bedeutung des Konzils von Nikaia[38]. Darum folgt die *sechste These:*

---

[37] Vgl. dazu *D. Ritschl*, Athanasius = ThSt (B) 76 (Zürich 1964); *F. Ricken*, a. a. O., 98f; den großen Einfluß des Johannesevangeliums auf Athanasios zeigt in dieser Hinsicht *T. E. Pollard*, Johannine Christology and the Early Church (Cambridge 1970) 184–245.

[38] Vgl. dazu auch die „Erklärung der Deutschen Bischofskonferenz zum Christusbekenntnis von Nicäa", verabschiedet von der Vollversammlung der Deutschen Bischofs-

Nur wenn der Sohn dem Vater wesensgleich und mit ihm wesenseins ist, kann die Welt durch seine Erlösung wirklich in das Leben Gottes aufgenommen werden; sonst bliebe Gott in seliger Einsamkeit bei sich und fern der Welt. Nikaia begründet eine christliche Interpretation des Verhältnisses von Gott und Welt.

VII

Nikaia hatte eine zentrale Aufgabe gelöst und einer Absorption des unterscheidend Biblisch-Christlichen in ein umgreifendes metaphysisches Schema hinein gewehrt. Damit war freilich noch längst nicht das Geheimnis des dreifaltigen Gottes und vor allem nicht das Mysterium der Menschwerdung Jesu Christi ausreichend erläutert. Nikaia selbst hatte sogar einige wichtige Probleme offengelassen. So hatte es nichts über die Göttlichkeit des Geistes gesagt und öffnete so Tür und Tor für die pneumatomachischen Kämpfe zwischen 350 und 380. Der Sabellianismus wurde nicht in klarer Weise zurückgewiesen. Die Identifizierung von „usia" und „hypostasis" erwies sich als ein Hindernis im weiteren Klärungsprozeß. Das „homousios", das nicht eigens interpretiert wurde, blieb im Osten auf lange Zeit ein umstrittenes Kampfwort[39]. Es wurde schon daran erinnert, daß die Ablehnung des häretischen Subordinatianismus bald die Gefahr des Monophysitismus heraufbeschwor. Neue und nicht weniger gefahrvolle Tendenzen hellenistischen Denkens waren noch zu bewältigen: Ephesos und Chalkedon müssen das Geheimnis der Menschwerdung gegen ein neuplatonisch-gnosisähnliches Zerfließen der Kreatur in Schein retten und eine Einigung von Gott und Welt in Jesus Christus konzipieren, welche die bleibende Differenz von Gott und Welt nicht zugleich aufhebt. Es dauert noch eine Weile, bis die nur „naturhaften" Kategorien ersetzt werden können. Die Einheit von Gott und Mensch muß so gedacht werden, daß sie „frei" ist und doch nicht aufhört, „physisch" – im Sinne von ontisch – zu sein[40].

Nikaia ist nicht einfach gleichzusetzen mit seinen Wirkungen. Das

---

konferenz am 14. 9. 1975 = Die Deutschen Bischöfe 5 (Bonn 1975) 9–11; vgl. dazu auch *W. Kasper*, Jesus der Christus (Mainz 1974) 270ff.

[39] Vgl. dazu *É. Boularand*, a.a.O., II, 437, 440; *F. Ricken*, a.a.O., 90f, Anm. 26.

[40] Zum altkirchlichen Naturbegriff vgl. auch die wichtigen Bemerkungen von *G. Ebeling*, Theologie und Verkündigung (Tübingen 1963) 23ff, dazu *A. Grillmeier*, Mit ihm und in ihm, 502ff.

Konzil war noch eingebettet in ein großes Gewebe von christologischen und trinitarischen Aussagen, die nach dem Konzil zurückgedrängt wurden (vgl. z.B. die Taufe Jesu). Wie differenziert die Auswirkungen des Arianismus und des Konzils von Nikaia waren, zeigt das bekannte Beispiel der Stellung Jesu Christi im liturgischen Gebet: Die frühe Gebetsweise der Kirche, Jesus Christus als Mittler der Menschen zum Vater hin zu betrachten, wurde durch den Arianismus selbst entwertet, weil dieser Mittler einseitig auf die Seite der Geschöpfe gestellt wurde. So konnte man nicht mehr „im Sohn" wirklich zum Vater gelangen. Diese Schwierigkeit erzeugte in weiten Teilen der Kirche eine Gegenreaktion: Das Gebet *zu* Jesus Christus, ja seine Anbetung als Gott verdrängte das Beten *durch* Jesus Christus zum Vater (bekanntlich hat die römische Liturgie diese Gebetsweise festgehalten). Auch diese Form des Betens war der alten Überlieferung nicht fremd, jedoch schuf der beschriebene Wandel eine solche Umakzentuierung, daß die christliche Frömmigkeit auf lange Zeit von solchen Einseitigkeiten des Christusbildes geprägt blieb[41].

Aber auch für das Dogma von Nikaia selbst zeigt sich nach Ablehnung des subordinatianischen Systems des Arius ein ungelöstes Problem, nämlich die Frage, ob in dem wesenseinen Gottessohn eine echte Leiderfahrung möglich ist, wie die „Unveränderlichkeit" Gottes so gewahrt werden kann, daß sich im vorweltlichen Logos, der sich zur Menschwerdung anschickt, etwas Wirkliches ereignet, anderseits dieses Geschehen in keinen Theopaschismus ausmündet. Obgleich Nikaia für jüdisches und griechisches Denken ein revolutionäres Umdenken im Gottesbild bedeutete, bleibt bis heute die Frage, in welchem Sinne Gott in Jesus Christus, d.h. in seiner Menschwerdung, in seinem Tod und in seiner Auferstehung, „unveränderlich" zu denken ist. Gerade die jüngste christologische und trinitätstheologische Diskussion hat sich dieser Problematik erneut zugewandt (K. Rahner, H. U. von Balthasar, K. Barth, E. Jüngel, J. Moltmann, H. Mühlen u.a.)[42].

---

[41] Vgl. dazu *J. A. Jungmann*, Die Stellung Christi im liturgischen Gebet (Münster 1925, ²1962); in gedrängter Form *ders.*, Christliches Beten in Wandel und Bestand (München 1969) 18f.

[42] Vgl. außer den genannten Autoren dazu historisch und dogmatisch *W. Maas*, Unveränderlichkeit Gottes. Zum Verhältnis von griechisch-philosophischer und christlicher Gotteslehre = Paderborner theologische Studien 1 (München/Paderborn/Wien 1974).

Diese notwendigerweise sehr fragmentarischen Überlegungen zu den Grenzen des Dogmas von Nikaia führen zur *siebten und letzten These:*

Wenn das Dogma der Kirche auf das Ganze der Offenbarungsvermittlung bezogen bleibt, muß es auch immer wieder den Weg von seiner eigenen Partikularität und Endlichkeit zum vielfältigen Schriftzeugnis zurückgehen. Jedes Dogma, gerade wenn ihm eine bestimmte und unaufgebbare Wahrheit eignet, weiß, daß es nicht nur einen realen und bleibenden Erkenntniszugewinn darstellt, sondern daß es auch in der verschärften Pointierung eines unaufgebbaren Wahrheitsmomentes einen neuen und vielleicht auf lange Zeit nicht erkennbaren Schatten werfen kann. Darum muß das Dogma in der ihm eigenen Pilgergestalt entdeckt und stets von neuem nach „rückwärts" und nach „vorne" in das Ganze des Glaubensbewußtseins der geschichtlichen Kirche eingeborgen werden.

VIII

Diese Thesen stellen einen ersten Gang innerhalb einer umfassenderen Aufgabe dar, wie sie eingangs im Anschluß an B. Weltes Überlegungen skizziert worden ist. Es ist deutlich geworden, daß das Konzil von Nikaia nicht einfach hellenistische philosophische Begriffe „verwendet" hat. Weder gab es im entsprechenden Problembereich eine solche vorgegebene Terminologie in hinreichend bestimmter Prägnanz, noch bediente man sich überhaupt primär philosophischer Kategorien als solcher. Die Auseinandersetzung mit dem vorgegebenen begrifflichen Material und die gedankliche Arbeit mit diesem haben einen wesentlich größeren Anteil bei der Geburt des Dogmas von Nikaia, als üblicherweise angenommen wird. Die Glaubenseinsicht der Kirche, genährt durch die Schrift und gestärkt durch die Überlieferung, war wegweisend für die zu findende Antwort, keineswegs eine von außen aufgepfropfte philosophische Mentalität.

Dies kann über Nikaia hinaus aufgezeigt werden. Ein weiteres Beispiel wäre die Wort- und Bedeutungsgeschichte von „hypostasis". Von seiner Vorgeschichte her fehlte eine exakte Definition, es war eher ein „Modewort der philosophischen Fachsprache", vergleichbar dem Wort „Existenz" innerhalb der Existenzphilosophie und des Existentialismus, darum vieldeutig und für theologische Zielsetzungen wenig brauchbar. H. Dörrie[43] faßt seine Untersuchung folgendermaßen zusammen: „Das Wort ‚hypostasis' konnte nicht schlechtweg ins Christentum übernommen werden. Es haftete ihm alles das an, was es je in der Geschichte hellenischen Denkens bedeutet hatte. Es dauerte lange, bis man von dem so weit verbreiteten untypischen und abgeschliffenen Gebrauch des Wortes zur Schärfe und Prägnanz kam. In dieser Phase aber konnte man sich um so weniger von dem lösen, was das Wort bei den Platonikern und in der logischen Schulung bedeutete. Und das gilt nicht nur für das Wort, dessen Geschichte wir soeben betrachtet haben. Sprache und Denkweise jener Zeit sind von Platonismus und Kategorienlehre durchaus geprägt. Die Streitigkeiten über das Wesen Christi werden nur verständlich, wenn man sich vor Augen hält, wie sehr Worte, mit denen man streitet, von außen her geprägt sind. Das Beispiel ‚hypostasis' zeigt, wie sehr man dadurch gebunden war. Es zeigt aber auch, wie man solch einem Wort ein häretisches, weil neuplatonisches ‚Gift' nehmen konnte, indem man es in der mehr aristotelischen Prägung anwandte. Und daß einer der beherrschenden Geister jener Epoche, Athanasios, am Umfang der Wortbedeutung feilte, bis der neue Begriff in das logisch unterbaute Dogma hineinpaßte, gewinnt hohe Bedeutung: die Verwendung unseres Wortes ist aus dem Unbewußten immer mehr ins Bewußtsein getreten, bis seine Bedeutung ganz planmäßig abgegrenzt wurde."

Mit diesen Feststellungen ist – unbeschadet der gewonnenen Einsicht – die Frage nach der sprachlichen Bedeutung und nach der Struktur der Grundbegriffe der klassischen Christologie noch nicht ausreichend beantwortet. Immerhin soll im Rahmen dieses Beitrags noch die Grundrichtung einer Antwort angedeutet werden. „Homousios", „hypostasis", „physis" usw. sind also weniger streng philosophische Begriffe, vielmehr erscheinen sie als Ausprägungen einer Art von höherer Umgangssprache. In ihrem vulgär-wissenschaftlichen Sinn haben sie an der Struktur der Alltagssprache Anteil. Diese Eigenart entnimmt sie einem bestimmten philosophischen System, verleiht ihnen jedoch eine eigentümliche Bestimmtheit, ohne daß eine förmliche Definition gegeben wäre, *und* zugleich eine denkwürdige Flexibilität und Porösität der Bedeutungskraft. Vermutlich eignet diesen Grundworten nicht

---

[43] „Hypóstasis". Wort und Bedeutungsgeschichte = NAWG I. 1955 (Göttingen 1955) 35–92, hier 83.

zuletzt darum eine überraschende innere Konsistenz und eine sich durch alle Wandlungen bezeugende geschichtsmächtige Kraft[44]. Dies soll jedoch nur eine Andeutung sein, die mit Hilfe neuerer sprachphilosophischer Entwürfe verschiedener Richtungen noch angereichert zu werden verdient.

Damit sind B. Weltes Thesen nicht entkräftet, denn zweifellos sind in den klassischen christologischen Dogmen Kategorien hellenistischer Geistigkeit in Gebrauch[45]. Ob in Nikaia das Seinsverständnis der abendländischen Metaphysik in der Theologie zur Herrschaft kam (so die zweite These), ist eine unumgängliche Frage, deren Beantwortung jedoch nicht zuletzt von M. Heideggers Metaphysik-Verständnis und einer Bewältigung dieser Problematik abhängt. Die „Gesamthypothese" B. Weltes ist zur Klärung des Sachverhaltes notwendig, der konkrete Weg zu einer allgemein akzeptablen Antwort mag freilich noch weit sein. Ein großer Lehrer stellt wegweisende Fragen.

---

[44] Eine solche Untersuchung müßte freilich auch auf andere Epochen ausgedehnt werden und z.B. die dogmatischen Formulierungen über „anima forma corporis", „Transsubstantiation" usw. einbeziehen.

[45] Vgl. zu dieser Frage im Blick auf Athanasios *F. Ricken*, a.a.O., 97–99; generell *J. Ratzinger*, Die Christologie im Spannungsfeld von altchristlicher Exegese und moderner Bibelauslegung, in: *J. Tenzler* (Hrsg.), Urbild und Abglanz. Beiträge zu einer Synopse von Weltgestalt und Glaubenswirklichkeit. Festgabe f. H. Doms z. 80. Geburtstag (Regensburg 1972) 359–367; *R. Cantalamessa*, Dal Cristo del Nuovo Testamento al Cristo della Chiesa. Tentativo di interpretazione della cristologia patristica, in: Il problema cristologico oggi = Atti del V congresso nazionale dell'A.T.I. (Assisi 1973) 143–197 (Lit.); *M.-J. Rondeau*, Et le Verbe s'est fait chair. La christologie à l'époque patristique: logique de son développement, in: Les quatre fleuves, H. 4: Le Christ, visage de Dieu (Paris 1975) 39–47.

VIII
Gottes Sohn in der Zeit
Entwurf eines Begriffs

Peter Hünermann, Münster

I. ANLASS, FRAGESTELLUNG UND METHODE

In diesem Jahr – 1976 – vollendet Bernhard Welte sein 70. Lebensjahr. Ihn zu ehren sind die folgenden Überlegungen konzipiert worden. Sie schließen an jenen unvergessenen Artikel an, den Bernhard Welte vor rund 20 Jahren veröffentlicht hat: „Homoousios hemin. Gedanken zum Verständnis und zur theologischen Problematik der Kategorien von Chalkedon"[1]. Angesichts der sich damals schon deutlich abzeichnenden Spannungen zwischen den Ergebnissen einer kritisch fragenden Exegese und der dogmatischen Theologie wurde in diesem Aufsatz der Versuch unternommen, menschliches Wesen im Hinblick auf das Christusmysterium neu zu bedenken. Welte charakterisiert die dabei angewandte Methode so: „Wir suchen diesen einen Begriff zu verstehen, und zwar wie man jeden Begriff verstehen muß, von dem in ihm zu Begreifenden her."[2] Er fragt nicht unmittelbar zurück auf die „geschichtlichen Wurzeln des Begreifens der Menschennatur, die in Chalkedon wirksam waren"[3]. Er sucht den Weg zu dieser Natur selbst, „so wie sie uns heute sichtbar werden kann und um die es dort ging, wie es noch heute um sie geht"[4].

Die Art, wie Bernhard Welte diese Methode handhabt, zeigt, daß hier geschichtliche Tradition nicht von einem absolut gesetzten Standpunkt der Gegenwart aus übersprungen, sondern gerade vermittelt durch das Geleit der Tradition die Sache neu und ursprünglich für heutiges Denken erschlossen wird. Dieser Methode folgend soll bei jenem Problem angeknüpft werden, mit dessen Skizzierung Weltes Artikel

[1] Das Konzil von Chalkedon, hrsg. v. *A. Grillmeier* und *H. Bacht* (Würzburg 1954) Bd. 3, 51–80.
[2] A.a.O. 53. [3] Ebd. [4] Ebd.

ausklingt. Dieser letzte Abschnitt trägt die Überschrift: „Das geschichtliche Wesen der hypostatischen Einigung als theologische Aufgabe“[5]. Zeigt sich im Nachdenken von Hypostasis und Physis als konstitutiven Momenten menschlichen Daseins, daß letztes Glücken, endgültige Vollendung von Menschsein in die Unverfügbarkeit des göttlichen Geheimnisses weist, Göttlichkeit vollendete Menschlichkeit nicht aufhebt, sondern hervorbringt, dann stellt sich im Blick auf die Evangelien die Frage nach dem geschichtlichen Werden dieser Vollendung. Jesu Verhältnis zum Vater ist gekennzeichnet durch sein Gegenüberstehen – seine Hingabe, seinen Gehorsam, seine Liebe – zum Vater. Die Gestalt seines Verhältnisses zum Vater erbildet sich in den Ereignissen seines Lebens, endgültig in seinem Tod und der Auferstehung. Beide miteinander verknüpften Momente, das Verhältnis zum Vater und die Ereignisse des Lebens Jesu, müssen ihren Raum finden im Begriff der hypostatischen Union. Nicht darüber, in der göttlichen Natur, nicht darunter, in der menschlichen Natur, sondern gerade *in* der Person Jesu müssen sie ihren Platz haben. Es geht ja um Selbstvollzüge Jesu. So skizziert Welte die Aufgabe, über die zeitlosen Kategorien Chalkedons hinaus zu schreiten und eine Differenzierung zu gewinnen, die doch das in den Begriffen von Chalkedon angesagte Geheimnis nicht verläßt, vielmehr den damals geprägten Begriffen eine neue innere Spannweite vermittelt. Es geht um einen denkerischen Prozeß, der gekennzeichnet ist durch die ausgreifende Zirkelstruktur jedes geistigen Neuansatzes. Aristoteles hat diese Struktur gekennzeichnet durch die Worte: „ἐπίδοσις εἰς αὐτό“ – Zuwachs bzw. freie Zugabe ins Selbe[6].

Der Weg, der im folgenden beschritten wird, soll gleichfalls im Geleit der Tradition erfolgen: Vorausgesetzt wird die Formel von Chalkedon und die Auslegung, welche Bernhard Welte ihr gegeben hat. Als weitere Elemente werden hinzugenommen die christologische Perichoresenlehre des Johannes von Damaskus und eine dem neuzeitlichen Denken verpflichtete Reflexion auf Zeit und Geschichte.

Die sachliche Begründung des zuletzt angeführten Punktes bedarf im Rahmen der angegebenen Problematik keiner weiteren Erläuterung. Anders steht es mit der Perichoresenlehre des Johannes von

---

[5] A. a. O. 74.

[6] *Aristoteles,* De Anima, hrsg. v. *W. D. Ross* (Oxford 1956) II, 5, 417b.

Damaskus. Als letzter großer Zeuge orientalischer Vätertheologie und als deren sachkundiger Erbe wird Johannes von Damaskus durch sein Werk zu einem der klassischen Dogmatiker der griechischen Kirche[7] und Vermittler der griechischen Tradition an das lateinische Mittelalter[8]. Mit Recht wird die vornehmste Leistung des Johannes in der Systematisierung der überlieferten theologischen Momente gesehen. Und doch führt dieser große Kirchenlehrer die klassische Christologie mit seiner Perichoresenlehre an eine Schwelle, von der her im Rückblick sich eine bereits in der Formel von Chalkedon implizit angelegte Sachlogik zeigt, die ihrerseits über diese von Johannes erreichte Schwelle hinausdrängt. Es wird unter Sachlogik hier der einem komplexen Sachverhalt innewohnende Logos verstanden, der als Einsicht vermittelndes Prinzip das nachfragende Denken in seine eigene Bewegung einbezieht, eine Bewegung, die die vielfältigen bislang unverbundenen Momente des in Frage stehenden Sachverhaltes in ein Zusammenspiel bringt. In diesem Sinne hat unseres Erachtens Johannes von Damaskus durch seine Fragestellung die Sachlogik der chalkedonischen Christologie in einer neuen Weise freigesetzt. Berücksichtigt man die neuzeitliche Zeit- und Geschichtserfahrung, so führt diese Sachlogik zur theologischen Vermittlung der chalkedonischen Christologie mit der skizzierten heutigen christologischen Problematik.

Daß sich diese Sachlogik im Werk des Johannes von Damaskus Bahn bricht, ist ein denkwürdiges Geschehen. Es manifestiert sich darin, wie die chalkedonische Christologie gerade in dem Moment, wo sie zum vollen Austrag in allen Dimensionen gekommen ist, zuletzt im Monotheletenstreit, über sich hinausdrängt. Es bezeugt sich darin, daß Chalkedon Anfang, nicht Ende ist, erste begriffliche Gestalt einer Erfassung des Mysteriums Jesu Christi. Weil aber jeder Begriff der Erfassung einer Sache dient und die hier zu erfassende Sache größer ist als jeder Begriff, so zeigt sich gerade nach der geschichtlich vollendeten Ausgestaltung dieses Begriffes, daß eine neue Bewegung, im Begriff ernötigt, von der Sache her einsetzt. Es ist eine Bewegung, die ihrer Dynamik nach mitten in die heutige Problematik hineinweist.

Die Intention der folgenden Erörterungen richtet sich darauf, jenen neuen theologischen, näherhin christologischen Begriff mensch-

[7] Vgl. *M. Jugie*, Jean Damascène (Saint) DThC (Paris 1924) Bd. 8, 748–751.

[8] Vgl. *B. Studer*, Die theologische Arbeitsweise des Johannes von Damaskus (Studia Patristica et Byzantina, H. 2) (Ettal 1956) 132f.

lichen Daseins herauszuheben, der sich in der Perichoresenlehre des Johannes von Damaskus erstmalig, wenngleich noch unentfaltet, abzeichnet. Er soll dann mit Hilfe der modernen Zeit- und Geschichtsreflexion näherhin geklärt werden.

Damit sind Anlaß, Fragestellung, einzuschlagende Methode und Lösungselemente genannt. Die Gliederung ergibt sich in logischer Sequenz. In einem ersten Gang sollen die drei genannten Lösungselemente skizziert werden: II. Eines Wesens mit uns in der Zeit – Lösungselemente der Zeit- und Geschichtsproblematik in der Christologie. 1. Der Mensch als partizipative Einheit mit Gott und die hypostatische Union. (Hier wird knapp die Deutung, die Bernhard Welte den Begriffen Physis und Hypostasis im Hinblik auf die chalkedonische Christologie gegeben hat, zusammengefaßt.) 2. Perichoresis: Göttliches und Menschliches im Prozeß. (Dieser Abschnitt dient der Exposition der Perichoresenlehre des Johannes von Damaskus.) 3. Zeit und Geschichte – Wesensverfassung menschlichen Selbstseins. (Hier erfolgt eine Reflexion auf menschliches Dasein unter dem leitenden Gesichtspunkt von Zeit und Geschichte.)

Diesem dreigliedrigen Abschnitt, der die Lösungselemente entfaltet, schließt sich ein weiterer Teil an mit dem Titel: III. Unio Hypostatica in Zeit und Geschichte. Dieser Abschnitt soll den Begriff zeitlichen menschlichen Daseins entwickeln, das mit Gott in einer Wesenseinheit verbunden ist. Diese Aufgabe erfolgt in zwei methodisch aufeinanderfolgenden Schritten. Unter der Überschrift: „1. Der vollendet menschliche Mensch in der Zeit“ wird ein negativer Grenzbegriff des völlig mit Gott geeinten Menschen in der Zeit entwickelt. Der darauf folgende Abschnitt mit dem Titel: „2. Die Geschichte Jesu als Geschehen hypostatischer Union“ versucht im Ausgang von der Perichoresenlehre und unter ihrer Zuhilfenahme den entworfenen negativen Grenzbegriff zur theologischen Fassung des Lebens Jesu Christi, seines Todes und seiner Auferstehung heranzuziehen. Es geht darum, die Geschichte Jesu Christi, seinen Tod und seine Auferstehung als Geschick und Selbstvollzug zu verstehen, durch welche Unio hypostatica geschieht.

In einer abschließenden Rückbesinnung soll dann Eigenart und Stellenwert des theologischen Begriffs im Ensemble dogmatischer Theologie erörtert werden, um so den „Sitz im Leben“ dieser Untersuchung zu verdeutlichen.

II. EINES WESENS MIT UNS IN DER ZEIT – LÖSUNGSELEMENTE DER ZEIT- UND GESCHICHTSPROBLEMATIK IN DER CHRISTOLOGIE

1. Der Mensch als partizipative Einheit mit Gott und die hypostatische Union[9]

Die Natur des Menschen erweist sich bei näherem Zusehen nicht als abgezirkelter Wasgehalt oder bestimmte und begrenzte Mächtigkeit. Der Mensch ist nicht einfach ein Seiendes neben anderen, versenkt in sich, er selbst in platter Identität. Der Mensch ist jeweils über sich hinaus beim anderen seiner, er ist in der Welt. Diese Offenheit ist sein eigentliches Charakteristikum. Thomas von Aquin grenzt die menschliche Seele – das Formprinzip menschlichen Daseins – durch Ungegrenztheit aus: die menschliche Seele ist quodammodo omnia[10]. Dieser universale Bezug macht den Menschen zum Menschen. Er ermöglicht jeden konkreten Umgang mit diesem und jenem und verweist auf Absolutes, Göttliches. Denn es ist wirkende und damit wirkliche Unendlichkeit, die den Menschen bei keiner Grenze Halt machen läßt, sondern Grenzen als Grenzen erfahrbar macht. Es ist verborgen ihn anrührendes absolutes, göttliches Geheimnis, das ihn beunruhigt und ihn über alle Partikularitäten hinaus fragen und suchen heißt. Nur weil der Mensch von diesem entzogenen Grunde berührt ist, vermag er Welt als Welt zu erfahren, sie zu bejahen oder an ihr zu verzweifeln. Der Mensch ist seiner Natur nach Sein-beim-anderen, weil er vom entlegensten, äußersten Anderen, von Gott, angerührt ist und an ihm Teil hat.

Der Mensch ist Sein-beim-anderen im Selbststand. Als er selbst steht er allem gegenüber. So findet er sich vor. Darin erweist sich dieses Selbstsein als gesetztes. Allein, obwohl gesetzt und damit endlich, ist dieses Selbstsein nochmals Reflex von Absolutheit. Denn menschliches Selbst kann nie gänzlich und in jeder Hinsicht anderen Zwecken oder anderem Seienden untergeordnet werden, noch sich selbst auf diese

[9] Da es sich in diesem Teil um eine Zusammenfassung der Ausführungen von Bernhard Welte handelt, werden lediglich die Grundlinien wiedergegeben.
[10] *Thomas von Aquin,* De veritate q.1, a.1, c., Ed. *R. Spiazzi,* O. P. (Taurini 1949).

Weise unterordnen. Immer steht der Mensch noch einmal als er selbst neben und damit über menschlichen Zwecken, neben und damit über dem Seienden. Ja selbst durch die drückendste und entwürdigendste Unterjochung kann ihm die Würde seines Selbstandes nicht schlechthin geraubt werden. Auch der Unterdrückte bleibt noch Gegenüber aus eigener Ursprünglichkeit. Noch in seiner Ohnmacht klagt er die Anerkennung der anderen ein. So spiegelt der Mensch in seinem Selbstsein Würde und Freiheit des absoluten, göttlichen Wesens auf bestimmte Weise wider. Auch in dieser Hinsicht ist der Mensch partizipative Einheit mit Gott.

Aus dieser nur allzu knapp skizzierten Überlegung ergibt sich: Der Mensch ist um so vollendeter Mensch, je stärker die partizipative Einheit mit Gott entfaltet ist. Die Erfahrung lehrt allerdings, daß der Mensch sich selbst, sein eigenes Wesen immer wieder schuldhaft negiert. Hier handelt es sich nicht nur um rein faktisches Geschehen. Es manifestiert sich vielmehr eine wesentliche Möglichkeit. Wer diese Möglichkeit für sich selbst nicht in Demut anerkennt, der überschreitet damit eine Grenze, die der Mensch heilig zu halten hat: Er verabsolutiert sich selbst. Der Mensch ist gehalten, die Distanz zu jenem heiligen Ursprung, an dem er von ferne Anteil hat, anzuerkennen.

Trotz dieser Ferne aber bleibt der Mensch unlöslich an diesen teilgebenden Ursprung gebunden, selbst in seiner Schuld, wenngleich auf negative Weise.

Aus dieser doppelten Einsicht, daß der Mensch zwar einerseits partizipative Einheit mit Gott ist, und zwar hinsichtlich seiner Natur wie seines Selbstseins, und auf der anderen Seite in einer nicht zu überschreitenden Distanz zu seinem Ursprung steht, resultiert als kühnster und zugleich paradoxer Gedanke: menschliche Natur, Sein beim anderen – so wie sie aus sich selbst heraus nie vollendet sein kann –, geeint der göttlichen Natur und gerade so als menschliche vollendet; menschlicher Selbstand – so wie er aus sich selbst heraus nie vollendet sein kann – im göttlichen Selbst Stand gewinnend und gerade so menschlich vollendet in sich selber stehend.

Dieser Gedanke umreißt von sich her nur eine negative Möglichkeit, und zwar, geschichtlich gesehen, eine wohl erst post Christum natum denkbare negative Möglichkeit: Es besteht vom Wesen des Menschen her kein Widerspruch zu solch einer, die Schwelle des göttlichen Geheimnisses überschreitenden Einigung mit Gott selbst.

Wenn Chalkedon die Einheit göttlicher und menschlicher Natur in dem einen Jesus Christus definiert, dann verkündet es ihn als jenen vollendeten Menschen, der, gerade indem und weil er Gott ist, Aufgipfelung wahren Menschentums ist.

Hat die voraufgehende Skizze den Weg zum Begriff des vollendeten Menschen geführt, welcher die chalkedonische Christologie verständlich macht, so bereitet die Perichoresenlehre den Boden vor, das unvermischte und ungetrennte Zueinander und Ineinander göttlichen und menschlichen Daseins in den *Selbstvollzügen* Jesu Christi zu denken.

2. *Perichoresis – Göttliches und Menschliches im Prozeß*[11]

Der Begriff der Perichoresis ist stoischen und neuplatonischen Ursprungs. Gebraucht wird dieser Begriff im stoischen und neuplatonischen Denken, um die Einigung von Leib und Seele näher zu bestimmen. Dabei ergeben sich zwei für die Christologie wichtige Aspekte: In der Stoa wird betont, daß die Seele den Leib ganz durchdringe – wie das Feuer, das glühende Metall –, ohne der eigenen Wesenheit verlustig zu gehen. Diese Wahrung der Eigentümlichkeiten von Körper und Seele bei gleichzeitiger völliger Durchdringung macht diesen Begriff für die Christologie interessant. Die Neuplatoniker betonen darüber hinaus ein Fundierungsverhältnis: die den Leib unvermischt durchwaltende Seele ist jenes Prinzip, von dem die wechselseitige Durchdringung ausgeht. Zu beachten ist, daß sowohl in stoischen wie neuplatonischen Texten nicht das Substantiv Perichoresis auftaucht, sondern lediglich das entsprechende Verb[12].

Es scheint, daß Gregor von Nazianz das Verb als erster in christologischen Diskussionen verwendet, und zwar bezeichnenderweise im Hinblick auf die beiden Naturen Jesu und zugleich im Hinblick auf die Benennungen[13]. Maximus Confessor scheint das Substantiv Perichoresis gebildet zu haben und zieht Verb und Substantiv heran, um im

[11] Vgl. zum folgenden *L. Prestige*, Perichoreo and Perichoresis in the Fathers: JTS 29 (1928) 242–252; *A. Deneffe*, Perichoresis, Circumincessio, Circuminsessio: ZKTh 47 (1923), 497–532; *B. Studer*, a.a.O. 112–113; *C. Rozemond*, La Christologie de Saint Jean Damascène (Studia Patristica et Byzantina H. 8) (Ettal 1959) 29–33.

[12] Zum stoischen und neuplatonischen Gebrauch vgl. die bei *Studer*, a.a.O., angegebenen Hinweise.

[13] Vgl. *Prestige*, a.a.O. 242f; *Deneffe*, a.a.O. 500f.

Monotheletenstreit die Unvermischtheit und Ungetrenntheit menschlicher und göttlicher Vollzüge Jesu Christi theologisch zu fassen. Gegenüber Behauptungen wie denen von Pyrrhos, die Annahme zweier Tätigkeiten in Christus führe notwendigerweise zur Annahme zweier Personen in Christus, stellt Maximos fest: „Nicht Gott entsprechend hat er das Göttliche vollzogen, er war nämlich Mensch; und nicht dem Menschen entsprechend hat er das Menschliche vollbracht, er war nämlich Gott."[14] Die Vollzüge Jesu Christi, in denen Menschliches menschlich bleibend über sich erhoben, Göttliches göttlich bleibend menschlich erscheint, erläutert Maximos durch die Perichoresenlehre. „Über den Menschen hinaus wirkt er das Menschliche... erweisend, daß die menschliche Energeia mit der göttlichen Dynamis zusammengewachsen ist. Denn die Physis, unvermischt der Physis, hat diese völlig durchwaltet."[15]

Damit ist in Fortführung der chalkedonischen Christologie das konkrete Wirken Jesu als Ort der Offenbarung, ja des Selbstvollzuges Gottes charakterisiert, und umgekehrt erweist sich göttliches Wirken als Ort der Offenbarung von Menschlichkeit, ja menschlichen Selbstseins. Göttliches Wirken tritt gerade im Menschen in seiner ganzen Göttlichkeit, seiner überbordenden Liebe und Macht zutage – menschliches Wirken entfaltet sich gerade im Logos zu seiner vollen unaufhebbaren Eigenständigkeit und Würde.

Das zuletzt angeführte Zitat erweist, daß Maximos den Begriff der Perichoresis lediglich mit der von den Stoikern her gegebenen Charakteristik für die Christologie verwendet: Ausgehend von der hypostatischen Union, hilft ihm dieser Begriff das wechselseitige Ineinander göttlicher und menschlicher Vollzüge in ihrer Unvermischtheit und Ungetrenntheit zu begreifen[16].

Johannes von Damaskus übernimmt von Maximos diese Grundbestimmung der Perichoresenlehre. In prägnanter Kürze formuliert er: „Geeint nach der Hypostasis und die gegenseitige Perichoresis besitzend, werden sie unvermischt vereint."[17] Zugleich aber vertieft er die-

---

[14] *Maximus Conf.*, Schol. in (Dion. Ar.) Ep. 4.8 (Cord. 2.77 D).

[15] *Maximus Conf.*, Ambig. 112 Bd (PG, 91,1053 B).

[16] Vgl. *H. Straubinger*, Die Christologie des Heiligen Maximus Confessor (Bonn 1906) 52f.

[17] Expositio fidei, 52 (Die Schriften des Johannes von Damaskos, hrsg. vom Byzantinischen Institut der Abtei Scheyern, *P. Bonifatius Kotter* OSB) (Berlin–New York 1973) 127.

sen Gedanken, indem er aus der neuplatonischen Tradition das Moment des Fundierungszusammenhanges aufgreift. Damit gewinnt er die Möglichkeit, Perichorese nicht nur als Ergebnis und Auswirkung der hypostatischen Union zu bedenken. Der Begriff der Perichorese bietet ihm vielmehr die Möglichkeit, die hypostatische Union im Prozeß, das hypostatische Einswerden selbst theologisch zu fassen.

Dieser Schritt drückt sich zunächst darin aus, daß Perichoresis und Henosis kath hypostasin parallel gebraucht werden [18]. Darüber hinaus beschreibt Johannes von Damaskus die Perichorese als einen wechselseitigen, aber ungleichgewichtigen Fundierungsprozeß. „Die Perichorese wurde nicht aus dem Fleisch, sondern aus der Gottheit. Unmöglich ist es ja, daß das Fleisch die Gottheit durchwaltet. Aber nachdem die göttliche Physis einmal das Fleisch durchwaltet, gewährt sie auch dem Fleisch die sie selbst betreffende unsagbare Durchwaltung, welche wir Einigung nennen." [19]

Damit wird die hypostatische Einigung als eine doppelte Bewegung charakterisiert: als herabsteigende Offenbarungsbewegung des Göttlichen und als Aufstiegsbewegung des Menschlichen. Dabei ist die Offenbarungsbewegung das primäre, fundierende Moment, die Aufstiegsbewegung das sekundäre, responsorische Moment. Beide Bewegungen haben jeweils ihren Zielpunkt im anderen. So geht die erste Bewegung der Perichorese zwar von der Gottheit aus, wird aber am Menschen geschaut und deswegen Theosis und Logosis, Gottwerdung oder Wortwerdung genannt [20]. Menschliche Existenz wird in diesem Geschehen in den Selbstand Gottes hineingerissen. Und umgekehrt geht die andere Bewegung der Perichorese vom Menschen aus, hat aber ihren Zielpunkt in Gott und wird infolgedessen Kenosis und Sarkosis, Entäußerung und Fleischwerdung genannt. In der Ohnmacht des Fleisches ist nichts anderes als Gottes Wort selbst gegenwärtig. „Durch die Vereinigung wird nämlich offenbar, was ein jedes von beiden aus der Verbindung und der Perichorese mit dem zugleich mit ihm Bestehenden erhalten hat. Denn wegen der hypostatischen Einigung wird vom Fleisch gesagt, es sei vergöttlicht und Gott geworden und dem Logos gleich göttlich, und von Gott dem Wort wird gesagt, es sei

[18] Vgl. a.a.O. 61 (*Kotter*, 155); a.a.O. 91 (*Kotter*, 214).
[19] A.a.O. 91 (*Kotter* 214).
[20] Vgl. ebd.

Fleisch und ein Mensch geworden und Geschöpf, und er wird Letzter genannt, nicht als hätten sich die zwei Naturen in eine zusammengesetzte Natur verwandelt – unmöglich ist es ja, daß die natürlichen Gegensätze in einer Natur zugleich existieren –, sondern weil die beiden Naturen nach der Hypostasis geeint und die wechselseitige Perichoresis ohne Vermischung und Verwandlung besitzen."[21]

Im Hinblick auf beide Bewegungen, in welchen die eine hypostatische Union konstituiert wird, spricht Johannes von Damaskus von Henosis, Koinonia, Chrisis, Einigung, Gemeinschaft, Salbung. Das Selbstsein Jesu Christi ist, gerade weil es durch die Offenbarungs- und Aufstiegsbewegung konstituiert ist, in sich selbst Einigung, Gemeinschaft, Salbung. Der Inhalt seines Selbstseins, das Auszeichnende und Charakteristische ist die Einigung, die Gemeinschaft, die Salbung[22].

Indem Johannes so die Einigung selbst als ein Perichorein, ein wechselseitig sich teilgebendes Durchwalten göttlichen Selbstandes und menschlicher Natur, menschlichen Selbstandes und göttlicher Natur denkt, hat er, ohne die Tragweite dessen zu ermessen, einen enormen Schritt in der Christologie getan. Die Konsequenzen, die sich aus diesem Schritt ergeben könnten, werden aber in eigentümlicher Weise abgefangen durch das Zeitverständnis des Damaszeners. Dieses Zeitverständnis ist zwar geprägt von dem Gedanken des Nacheinander, dieses Nacheinander aber wird als Abfolge von Zustandsformen verstanden. Es gibt im eigentlichen Sinn kein zeitlich gedehntes Werden, es sei denn in der Sphäre des Akzidentellen. So bedenkt Johannes zwar den Prozeß der hypostatischen Einswerdung, dieser Vorgang aber geschieht für ihn im Augenblick. Die Möglichkeit, die Ereignisse des Lebens Jesu in diesen Konstitutionsprozeß einzubeziehen, entfällt. Allerdings sieht Johannes die Notwendigkeit, die Lehre von der Idiomenkommunikation im Hinblick auf die Zustandsformen zeitlich zu dimensionieren. Ausgehend von seiner Perichoresenlehre, vertieft er dabei Ansätze, die er von Gregor von Nazianz übernimmt, und unterscheidet vier, durch einen je unterschiedlichen Zeitindex charakterisierte Aussagemöglichkeiten: Aussagemöglichkeiten über Jesus Christus vor der Einigung, in der Einigung, nach der Einigung und nach der Auferstehung[23]. Die

---

21 Ebd.
22 Vgl. ebd.
23 Vgl. a.a.O. 91 (*Kotter* 212–218).

Perichorese nach der Einigung und die Perichorese nach der Auferstehung werden in ihrer qualitativen Verschiedenheit nicht vom unterschiedenen Charakter des Selbstvollzuges, von Theosis und Sarkosis her differenziert, ihre Unterschiedenheit liegt nicht in einer durch den Gang der Ereignisse sich differenzierenden Henosis, einer qualitativ unterschiedlich zu charakterisierenden Einigung Jesu mit dem Vater. Johannes von Damaskus führt vielmehr die verschiedenen Aussagen der Schrift über den irdischen bzw. erhöhten Herrn entweder auf die menschliche oder die göttliche Natur oder auf die eine Hypostase zurück. Hier sinkt der Gedanke unter die ursprünglich in ihm angelegte Dynamik hinab. Das Prinzip der Perichoresenlehre, welches Maximos formuliert hatte: „Nicht Gott entsprechend hat er das Göttliche vollbracht, er war ja Mensch, nicht dem Menschen entsprechend hat er das Menschliche vollbracht, er war ja Gott", wird mit diesem aufteilenden Sprechen verraten! Fehlt der Perichoresenlehre des Johannes von Damaskus so die Konsistenz und innere Bündigkeit, so bleibt ihm doch das Verdienst, mit Hilfe der Perichoresenlehre den hypostatischen Einigungsprozeß selbst, wenngleich in unzeitlicher Form, bedacht zu haben. Hier ergibt sich am Ende der orientalischen Patristik ein Ansatz für eine Begriffsbildung, welche aus der chalkedonischen Christologie erwachsend zugleich über diese hinausdrängt und auf die heutige Problematik vorweist. Im Aufriß der Problemstellung wurde gefragt: Wie läßt sich ein Begriff der Homousie gewinnen, der Gleichwesentlichkeit Jesu mit dem Vater und mit uns, der es ermöglicht, Jesu Verhältnis zum Vater, seine Hingabe, seinen Gehorsam an ihn, die Ereignisse seines Lebens, seinen Tod und seine Auferstehung als jene geschichtlichen Selbstvollzüge und Ereignisse zu denken, durch welche das Verhältnis Jesu zum Vater sich erbildet? Wie können diese für das Verhältnis Jesu zum Vater konstitutiven Ereignisse und Vollzüge ihren Raum finden gerade im Begriff der hypostatischen Union? Auf diese neuzeitlichen, wesentlich vom biblischen Befund her ausgehenden Fragen an die chalkedonensische Christologie bieten die Ausführungen des Johannes von Damaskus über die Perichorese im Prozeß der Einigung eine erste, wenngleich noch sehr implizite und damit ungenügende Antwort. Dieser Ansatz wird sich erst dort als leistungsfähig erweisen, wo er angereichert ist durch eine Besinnung auf Zeit und Geschichte als den Raum, in dem sich diese Einigung vollzieht. Um diese Anreicherung des Begriffes zu erlangen, bedarf es einer

Besinnung auf Zeit und Geschichte als Wesensverfassung menschlichen Selbstseins.

3. Zeit und Geschichte – Wesensverfassung menschlichen Selbstseins

Zeit ist mehr, als die Definition des Aristoteles denken läßt: „Dies aber ist die Zeit: die Zahl der Bewegung nach dem Früher und Später."[24] Auch der zählende und das Gezählte werden umfangen vom Vergehen und Kommen. So ist Zeit weder ein Gedankending (ens rationis) noch lediglich ein Äußerliches der an sich unveränderlichen zeitlosen Substanzen. Zeit bezeichnet vielmehr die Weise, wie es Sein überhaupt gibt: Sein der Berge und Flüsse, Sein der Pflanzen und Tiere, Sein des Menschen, der der Zeit inne ist. Zeit charakterisiert die Verfaßtheit alles Seienden.

Zeit ihrerseits ist gekennzeichnet durch einen Vorbehalt bzw. Entzug und ein Zureichen. Zukunft ist das „noch-nicht" von Dingen, Ereignissen, kommenden Geschlechtern, von uns selbst. Zukunft bezeichnet so einen Vorbehalt, denn Zukunft ist ja Zukunft dieser Dinge, dieser Ereignisse usw. Und analog ist Vergangenheit auf ihre Weise Entzug. Was früher war, ist vergangen, abgesunken ins Gewesensein. So ist der Vorbehalt von Zukunft und der Entzug von Vergangenheit ein radikales Vorenthaltensein: beide Male geht es um spezifische Weisen des Nichtseins. Und weil Zukunft und Vergangenheit dem Menschen so entzogen sind, ist ihm auch die Gegenwart kein festzuhaltender Besitz.

Zugleich aber ist Zeit bestimmt durch ein Zureichen: Vergangenheit ist zwar gewesen, geht uns aber immer noch an. Sie bestimmt unsere Geschichte mit, Zukunft kann der Mensch zwar nicht bewirken, aber sie fordert ihn heraus. Er kann gar nicht anders, als auf Zukunft hin leben. Nur so, im Betroffensein durch Vergangenheit, im Angang von Zukunft wird dem Menschen Gegenwart zuteil. In jeder der drei Dimensionen der Zeit waltet so ein Zureichen.

Was trägt diese Überlegung aus für das Verständnis menschlichen Daseins? Die Natur des Menschen war oben charakterisiert worden

---

[24] *Aristoteles,* Physica, Δ 219b (hrsg. von *W. D. Ross*) (Oxford 1952).

als Sein-beim-anderen. Diese Natur besitzt der Mensch, gerade insofern er Selbstsein ist. Bezeichnet nun Zeit die Weise, wie es Sein gibt, so sind Sein-beim-anderen und Selbstsein zeitlich zu denken. Ein Beispiel mag diesen Sachverhalt erschließen helfen: Rückblickend auf die eigene Vergangenheit, kann es den Menschen befremdlich anfallen: Mein Gott, das warst du einmal? Wer bist du jetzt! Wie hast *du dich geändert!* Was soll aus dir einmal werden!

Ein merkwürdiges Phänomen diese Fragen. Das Selbstsein ist nicht starr identisch. Es *ändert sich*. Das *Andere* taucht im *Selbstsein* selbst auf. In einer Reihe von Ereignissen, im darauf antwortenden Selbstvollzug hat dieser Mensch sich verändert. Und gerade in der Veränderung war es ihm möglich, sich treu zu bleiben, vielleicht sogar allererst sich zu finden oder aber sich zu verlieren. Wie sind diese Phänomene zu verstehen? Von der Vorenthaltenheit der Zeit und ihrem Zureichen her. Der Mensch ist in seinem Selbstsein nicht fertig. Er ist sich selbst vorbehalten durch die Zukunft. Er weiß noch nicht, was aus ihm wird. Es ist über ihn noch nicht entschieden. Wie wächst ihm diese Entscheidung zu? Im Einlassen auf die begegnenden Menschen, im Gebrauch der Dinge, im Erleiden der Hindernisse, im Nutzen von Möglichkeiten läßt er die anderen in ihrer Andersheit und das Andere in seiner Andersheit an sich heran. Er vollzieht sein Selbstsein in eine vom anderen her mitgeprägte unverfügliche und unabsehbare Künftigkeit hinein. In solchem Einlaß auf die anderen und das viele andere aber gewinnt er sich wie seine eigene Vergangenheit auf neue Weise wieder.

Die Verweigerung solcher Freigabe in die Zeit führt unausweichlich zur Selbstverfehlung. Selbstverfehlung deswegen, weil der Mensch hier einfach an sich, den einmal erworbenen Ideen, festhält und damit das, was Durchgang ist, festschreibt. Er negiert sich selbst in seiner zeitlichen Verfassung. So gewinnt der Mensch sich immer nur in der zeitlichen Veränderung, im sachgerechten Sich-Einlassen auf die neuen Situationen, im ernsthaften Sich-in-Anspruch-nehmen-Lassen von Menschen. Dieses Sich-selbst-finden ist Wachstum seiner selbst und zugleich unableitbare Gabe vom anderen her: „ἐπίδοσις εἰς αὐτό".

Ist der Mensch in seinem Sein-beim-anderen wie in seinem Selbstsein grundsätzlich, wie oben aufgewiesen wurde, partizipative Einheit mit Gott, dann geschieht Vertiefung dieser Teilhabe an Gott auf dem Weg des Menschen in der Zeit. Nur in der Treue zur Zeit, im zeitlich geforderten Sich-Verlassen und Empfangen, ist der Mensch zugleich auch wahrhaft bei Gott. Denn überall dort, wo der Mensch sich nicht als zeitlich verfaßtes Dasein übernimmt, da rebelliert er gegen jenen, der ihm Leben und Zeit gewährt: Gott.

Zur zeitlichen Verfaßtheit menschlichen Daseins gehört, daß Menschen in der Zeit das Ende der Zeit erfahren. Die endlos sich dehnende Zeit ist eine Projektion. Reale Zeit ist jeweils begrenzte Zeit. Jedem Seienden eignet eine besondere Weise der Vergänglichkeit und der Künftigkeit. Jedem Seienden eignet ein inneres zeitliches Maß, das bestimmt ist durch seine Veränderungsmöglichkeiten. So besitzt auch der Mensch sein Zeitmaß. Der Tod bezeichnet seine zeitliche Grenze. Weil der Mensch aber Mensch ist, in der Zeit der Zeit inne ist, kann er gar nicht anders, als sich in seiner Zeit zu seiner Zeit und ihrem Ende zu verhalten. Gerade so aber nimmt er Stellung zu den vielen Zeiten, den künftigen, vergangenen, gleichzeitigen, die in seine Lebenszeit hineinreichen. Und ebenso ist es ihm gar nicht anders möglich, als im Verhalten zu seinem Tode sich zugleich zu den Grenzen der Zeiten, zur Endlichkeit der Geschichte zu verhalten.

Der Mensch kann diese Wahrheit zwar niederhalten, aber auch so kommt er nicht einfach los von ihr. Übernimmt er sie hellen Auges, dann sieht sich der Mensch – wenn anders menschliche Existenz partizipative Einheit mit Gott ist – noch einmal auf entscheidende Weise auf jenen zurückgeworfen, von dem her ihm Zeit und Zeiten zukommen. Im Vorrücken der Lebenszeit, im Entschwinden von Zukunft wird schonungslos aufgedeckt, daß der Mensch den Grund seines Selbstseins und seines Seins-beim-anderen weder im anderen noch in sich selbst hat. Vielmehr ist er restlos verwiesen auf den entzogenen Grund aller Zeit. Daraus aber resultiert gerade im Anblick des Todes und im Rückblick auf die Geschichte des Lebens eine unaufhebbare Ambivalenz: Welchen Sinn hat menschliches Leben, wenn es für den Menschen im Tode endet? Eine eindeutige Antwort ist weder aus dem verflossenen Leben noch aus der Geschichte möglich. Sie wäre nur von jenem entzogenen Grund her möglich, der die verrinnende Zeit gewährt. So bricht im Tod nochmals höchste Anfechtung, Möglichkeit der Anheimgabe an den entzogenen Gott und Möglichkeit der Verzweiflung auf.

Läßt sich, ausgehend vom zeitlich verfaßten menschlichen Dasein, nun gleichfalls ein negativer Begriff vollendeten Menschseins entwikkeln? Ergeben sich auch von diesem Ansatz aus Konvergenzlinien, die vom Menschen, verstanden als partizipative Einheit mit Gott, auf das Mysterium Christi zulaufen? Die Antwort soll im folgenden Abschnitt versucht werden.

Der Gedanke wird in zwei Schritten vollzogen. Erstens wird ein negativer Grenzbegriff des vollendeten, das heißt des wahrhaft menschlichen Menschen in der Zeit entwickelt. Zweitens soll im Ausgang von der Perichoresenlehre und mit Hilfe ihrer Kategorien dieser negative Grenzbegriff zur theologischen Fassung des Lebens Jesu Christi, seines Todes und seiner Auferstehung herangezogen werden. Es geht darum, die Geschichte Jesu Christi, seinen Tod und seine Auferstehung als Geschick und Selbstvollzug zu verstehen, durch welche Unio hypostatica geschieht.

III. UNIO HYPOSTATICA IN ZEIT UND GESCHICHTE

1. Der vollendete menschliche Mensch in der Zeit

Was bedeutet Vollendung partizipativer Einheit mit Gott, wenn der Mensch eine zeitliche Verfassung hat? Wie läßt sich geschichtliches Menschsein denken, das ganz mit Gott vereinigt ist, in seiner Existenz das Wesen Gottes mit vollbringt (Homousie)?

Eine erste, formale Antwort ist schnell gegeben: vollendet menschliches Menschsein in der Zeit kann nur jeweiliger Art sein. Was aber bedeutet für den Menschen, in einer jeweiligen Situation gänzlich durch Gott bestimmt zu sein? Der Weg eines solchen Menschen, sein zeitlicher Selbstvollzug muß jeweils herkommen von seinlassender Gewähr Gottes, er muß herkommen von den anderen Menschen, den Dingen, der Welt, so wie sie aus der schöpferischen Hand Gottes hervorgehen. Diese Herkunft, sein völliges Bestimmt-sein durch Gott, offenbart sich darin, daß er die anderen Menschen ebenso wie sich selbst, die Dinge wie die Welt als Gabe Gottes in Danksagung empfängt. Und dies, so wie es die jeweilige Situation unabsehbar und unverfügbar mit sich bringt. In solchem Eucharistein wird offenbar, wie das Wesen Gottes und die von ihm her stammende zeitliche Schöpfung Substanz und Inhalt seines Lebensweges sind. Gerade weil dieser Weg in der

Zeit aber Weg zum Selbstsein ist, liegt die Substanz seines Wesens außer ihm. Dieser Mensch gewinnt sich, indem er von diesem ihm schlechthin gegenüberstehenden, ihn bestimmenden Äußeren herkommt. Insofern ist hier vom Erscheinen Gottes in der Geschichte dieses Menschen zu reden.

Ist diese Epiphanie Selbstoffenbarung Gottes? Ja, allerdings in der Form der Zeit, in der Weise der Andersheit. Es handelt sich um Selbstoffenbarung, weil dieser Mensch nicht einfach in die geschöpfliche Distanz entlassen ist, wie es der condition humaine entspricht, welche durch Ursprungsferne und -vergessenheit, Abwendung von Gott und Versuche der Selbstbegründung geprägt ist. Ursprünglichkeit im hier gemeinten Sinn liegt jenseits des Menschenmöglichen und ist zugleich das ganz Menschliche. Weil diese Selbstoffenbarung Gottes aber in der Zeit geschieht, deswegen vollzieht der vollendet menschliche Mensch das Wesen Gottes nicht im Selbstbesitz, sondern in der Entäußerung an ihn. Wesenseinheit mit Gott in der Form der Zeit bedeutet so Fundierung des Selbstseins im Glauben und restlosen Vertrauen auf Gott. Empfang der Freiheit aus dem Gehorsam ihm gegenüber, Gründung der Autonomie in die Danksagung.

Solcher Glaube, solcher Gehorsam, solche Danksagung aber machen die zeitlichen Situationen, in denen dies jeweils geschieht, transparent auf ihren göttlichen Ursprung hin.

Ist dies die Bewegung vom Sein-beim-anderen zum Selbstsein in der Zeit, so ist nun die gegenläufige Bewegung, vom Selbstsein zum Sein-beim-anderen in der Zeit zu bedenken. Ist der vollendet menschliche Mensch jener, der in jeder Situation von Gott, von den anderen Menschen, von den Dingen, von der Welt herkommt, so kann die Weise, wie er sein Selbstsein vollbringt, nur als eine Hingabebewegung charakterisiert werden. In der das eigene Selbst überschreitenden und somit selbstlosen Förderung der anderen Menschen auf Gott hin, in einem Gebrauch der Dinge, einem Umgang mit der Welt, der die Dinge und die Welt eindeutig auf ihren Grund, auf Gott hin orientiert, erweist sein Freiheitsvollzug sich als ganz von Gott bestimmt. In der demütigen, das Selbstsein überschreitenden Hingabebewegung aber leuchtet göttliche Dynamik auf, insofern nur von ihr her dieser reine, lautere Dienst am anderen überhaupt realisierbar wird. So erscheint hier göttliche Kraft und Mächtigkeit gerade in der endlichen Hingabebewegung, in der Form geschichtlicher Andersheit. Im Selbstvollzug der

Hingabe werden so die anderen Menschen von der ganzen Wucht, Kraft und Unbedingtheit göttlichen Wesens getroffen.

Ein drittes ergibt sich schließlich aus diesen beiden Bewegungen, und zwar je unterschiedlich im Hinblick auf den vollendet menschlichen Menschen, im Hinblick auf die anderen Menschen, im Hinblick auf Zeit und Geschichte.

Im Hinblick auf den ganz menschlichen Menschen:

Beide Bewegungen, „Danksagung" und „Hingabe", laufen jeweils durch die verschiedenen Situationen seines Lebens. Jede Situation fordert ihn ganz und gar heraus, ist für ihn Versuchung und Anfechtung. In jeder Situation steht er, stehen Herkunft und Zukunft auf dem Spiel. Nur in der Bewährung der Treue zu seinem Ursprung und im freien Sich-Loslassen ins Kommende ereignet sich jeweilige unbedingte Begabung mit sich selbst.

Im Hinblick auf die ihm begegnenden Menschen ergibt sich: Da das Verhältnis des ganz menschlichen Menschen zu den anderen Menschen jeweilig durch seine und durch deren Gottesbeziehung bestimmt ist und nicht vom unmittelbaren Verhalten des konkreten Partners bzw. den geschichtlich gegebenen Realitäten her, so wandelt er jede Situation für die anderen Menschen zum Raum unbedingter Freiheit und Versöhnung miteinander, insofern er die Menschen nicht bei ihrer Schuld und Geschichte behaftet, sondern in einen unbedingten Neuansatz verwickelt. Die Begegnung mit ihm wird zur Befreiungs- und Erlösungsgeschichte.

Im Hinblick auf die Zeit ergibt sich: Im jeweiligen Bestehen der gegebenen Situation durch den vollendet menschlichen Menschen und in der Verwandlung der Begegnung in den Beginn einer Befreiungs- und Erlösungsgeschichte leuchtet unbedingter Sinn von Zeit in Jeweiligkeit auf. Da jede Situation, wie die Lebenszeit des Menschen offen ist für die in sie hineinstehenden Zeiten überhaupt, taucht in der jeweiligen Vollendung dieser unbedingte Sinn der Zeiten als Einzelgeschehen auf. Unbedingter Sinn, der darin besteht, daß die hier sich ereignende und zeigende vollendete Bestimmtheit dieses Menschen und der Situation durch Gott allen Zeiten eine neue Tiefe, eine neue Hoffnung mitteilt.

Es muß nun abschließend noch in kurzen Zügen der Tod, das Wegesende des ganz menschlichen Menschen bedacht werden. Wir haben seinen Lebensweg einerseits charakterisiert als eucharistische Bewegung, als Herkunft von Gott, vom anderen Menschen, von den Dingen, von der Welt und der Bezeugung dieser Herkunft in der Danksagung. Im herannahenden Ende schwindet die zunächst vorbehaltene Zukunft. Und so vermag der wahrhaft menschliche Mensch im Tod restlos von Gott her zu sein. Die Erscheinung dessen: Die göttliche Gabe der anderen Menschen, der Dinge, der Welt, seines eigenen Lebens vermag er jetzt mit nicht nur jeweiliger, sondern alles zusammenfassender Danksagung Gott anheim zu geben. Der Weg wurde weiter charakterisiert als Hingabebewegung, als Förderung der anderen auf sie selbst, auf ihre Einheit, letztlich auf Gott hin. Im Tod erwächst die vorbehaltlose Möglichkeit alles umgreifenden Sich-verschenkens an die anderen, an die Welt. Hier ergibt sich die abgründigste Erscheinung der Dynamik Gottes in ihm. Beides aber, Danksagung und Hingabe sind unlösbar verknüpft mit der radikalsten Herausforderung, mit der nichts aussparenden Versuchung und Anfechtung. Ist es nicht dort zu Ende mit der partizipativen Einheit, wo der in seinem Lebensweg ganz von Gott bestimmte Mensch die Möglichkeit hat, sich Gott und den anderen Menschen völlig zu übereignen? Diese Frage ist eine auch vom vollendeten Menschen her nicht entscheidbare Sache, die er nur mit dem äußersten Mut der Hoffnung antizipierend bejahen kann. Er kann dieser Antwort nicht vorweg sicher sein. Er verfügt nicht über sie. Er vermag nur auf Grund der Schwungkraft seines Lebens auf sie zu setzen.

Trägt die genannte äußerste Hoffnung, dann geschieht im Tod dieses Menschen die definitive, nicht mehr auf Jeweiligkeit beschränkte Konstitution eines Raumes unbedingter Freiheit zur Umkehr und Versöhnung der Menschen miteinander. Definitiv und universal ist dieser Raum, weil er jetzt nicht mehr vom Vorbehalt der Zukunft beschattet ist. Und die andere Seite dieser Realität: Ist der Tod endgültiges Geschehen in der Geschichte, in dem Endlichkeit und Einmaligkeit aller Geschichte mit aufgeht, so bedeutet der Tod des vollendet menschlichen Menschen, daß in diesem endgültigen Geschehen der definitive Sinn der Geschichte zugleich mit aufgeht und von jetzt an in alle Zeiten der Geschichte hineinleuchtet. Dieser Sinn hat sich bereits in den Ereignissen und Begegnungen dieses Menschen gezeigt. Erschien er dort in Einzelgeschehnissen und damit in der Form geschichtlicher Vorläufigkeit, noch nicht bewährt durch die Zukunft dieses Menschen selbst, so ergibt sich hier eine andere Konstellation: Dieser Sinn erweist sich hier als tragend bis ins Ende dieses Menschen.

Er reicht ins Ende jeder Lebenszeit, ins Ende und in die Endlichkeit aller Zeiten hinein. So ist diese universale Beziehung im Tode des wahrhaft menschlichen Menschen mit höchster Intensität vollzogen: Sein Tod ist ja nichts anderes als endgültige Hingabe an alle Sterblichen und alles Endliche. So ereignet sich in seinem Tod, von der göttlichen Antwort auf seine Hingabe her, der in jedes Ende von Zeit hineinreichende definitive Sinn seines Lebens und seiner Geschichte. Anders ausgedrückt: Sein Ende in Gott ist endgültige Antizipation des Endes von Zeit und Geschichte im Ganzen.

2. Die Geschichte Jesu Christi als Geschehen hypostatischer Union

Der hier skizzierte negative Grenzbegriff des vollendet menschlichen Menschen in der Zeit konvergiert mit den Grundzügen der Perichoresenlehre, wie Johannes von Damaskus sie entwickelt. Die Differenz liegt darin, daß die Henosis hier in zeitlicher Zerdehnung gedacht wird. So entspricht die Theosis oder Logosis, die erste Bewegung der Perichorese, die von Gott her ausgeht und nach Johannes am Menschen geschaut wird, jener Bewegung, die wir durch das völlige Bestimmtsein von Gott in der jeweiligen Situation als den Grund dieses Selbstseins gekennzeichnet haben. Solche Herkunft, so sagten wir, erweist sich gerade in der Danksagung, im Gegründetsein dieses Menschen im Glauben und im Gehorsam. In diesen Vollzügen manifestiert sich geschehende Theosis und Logosis. Füllt man diese zunächst abstrakt wirkenden Termini mit geschichtlicher Konkretion, so bedeutet dies: Jesus erweist sich in seinem Lebensweg gerade darin als Gottessohn, daß er der vollendet an Jahwe Glaubende ist, daß der Wille Gottes seine Speise ist. In diesen Vollzügen offenbart sich, daß er in den jeweiligen Situationen von Gott her zu sich selbst kommt, sich selbst versteht und nur so auch für die anderen verständlich wird.

Theosis und Logosis bedeuten dann weiter, daß er herkommend von Gott in den jeweiligen Situationen auch und zugleich herkommt von den anderen Menschen, von den Dingen, von der Welt. Vom anderen Menschen her auf sich selbst zukommen bezeichnet die Bewegung der Liebe, die den anderen nicht eigenen Interessen unterordnet, ihn auch nicht einfach als zu respektierendes Gegenüber sieht, sondern, bei ihm Stand nehmend, ihn aus seiner Ursprünglichkeit heraus mitvollzieht und darauf dann selbst antwortet. Wiederum geschichtlich konkret gesprochen: In Jesu vorbehaltlosem Ausgehen von den Menschen, ihren Nöten und ihrem Elend geschieht und manifestiert sich Theosis bzw. Logosis. Ähnlich, wenngleich verborgener geschehen Theosis und Logosis in der „Weltlichkeit“ Jesu, seinem unbefangenen Herkommen von der Welt, von den Dingen. Die Gleichnisse Jesu etwa sind voll solcher spontaner, unbekümmerter Anerkennung der Welt und ihrer Dinge. Diese Anerkennung weiß freilich ebenso genau um deren Relativität und Endlichkeit.

Die zweite Bewegung der Perichorese, welche Johannes von Damaskus durch die Stichworte Kenosis und Sarkosis, Entäußerung und Fleischwerdung beschreibt, entspricht der zeitlich gedehnten Bewegung des vollendet menschlichen Menschen, welche wir durch die Hingabe des Selbstseins an die anderen und an die Welt charakterisiert haben. In solcher Hingabe, die ihre Vorbedinungen und ihr konkretes Maß durch die jeweilige Situation vorgegeben bekommt, leuchtet, so sagten wir, nichts anderes als die Dynamik Gottes selbst auf. Nur von ihr her wird selbstloser Selbstvollzug im nichts für sich behaltenden Überstieg zum anderen, in der reinen Förderung der anderen verständlich und realisierbar. Konkret: In der Lauterkeit des Zuspruches Jesu, in der sich aufopfernden Hinwendung zu Kindern, Sündern, Kranken, aber auch in der Härte der Gerichtsrede, welche Menschen zur Umkehr, zur Besinnung ruft, weil sie sie nicht aufgibt, erweist sich die beflügelnde Kraft göttlicher Energie. In diesem Geschehen ereignet sich und wird von Jesus vollbracht Kenosis des Wortes. Das Wort selbst erscheint, aber eben in der Zeit, im anderen seiner, im Menschen Jesus. Kenosis ist hier kein Ereignis, das voraufliegt, sondern das in diesem Geschehen, in der Selbsthingabe sich begibt.

Beide Bewegungen aber, Theosis und Kenosis, geschehen immer nur in den jeweiligen Situationen, die als solche den Charakter des Peirasmos, der Versuchung und der Gefährdung haben. Wiederum geschichtlich konkret gesprochen: Jesus erfährt seine Lebenssituationen, die Widerfahrnisse jeweils als versucherische Anfechtung. Die Synoptiker thematisieren mit der Versuchungsgeschichte zu Beginn des öffentlichen Lebens eine geschichtliche Grunderfahrung Jesu. In seinen Abschiedsreden spielt er selbst darauf an: „Ihr habt bei mir ausgehalten in meinen Versuchungen“ (Lk 22,28).

Hier mag die Frage auftauchen, ob damit nicht eine Christologie entworfen wird, die gerade nicht die Unio hypostatica bedenkt, sondern eine Henosis schetike. Die Antwort lautet: Nein, und zwar deswegen, weil hier gerade nicht ausgegangen wird von einem in sich stehenden fertigen Selbst-sein, welches akzidentaliter an diesem oder jenem Teilhabe gewinnt, sondern vom Konstituierungsprozeß des Selbstseins. Dieser Konstituierungsprozeß läuft zwar durch die Veränderung, aber gerade in der Veränderung gewinnt und erringt das Selbstsein in gesteigerter Weise die Ursprünglichkeit seiner selbst. Darin wäre dann zugleich auch der Unterschied zu uns, den Glaubenden, gegeben, welche zu dieser Ursprünglichkeit nur durch die geschichtlich vermittelte Teilgabe finden: eben als Miterben und Brüder dessen, der im ausgezeichneten Sinne Sohn des Vaters ist.

Ergibt sich so für die einzelnen Situationen und Ereignisse im Leben Jesu die Möglichkeit, gerade darin die Erbildung des Verhältnisses zum Vater zu sehen, so sind nun noch Tod und Auferstehung in ihrer Bedeutung für die Konstitution der hypostatischen Union zu charakterisieren. Der Tod des vollendet menschlichen Menschen eröffnet, so sagten wir, diesem Menschen die vorbehaltlose Möglichkeit, in der letzten Anfechtung Gott als den unbedingten, ganz und gar bestimmenden Ursprung seines Lebens zu bezeugen: in alles umfassender Danksagung und in alles intendierender Hingabe. Wie geschieht hier Theosis? Und in welcher Form ereignet sich hier Sarkosis? Der Tod des wahrhaft menschlichen Menschen wird da zur vollendeten Selbstoffenbarung Gottes – nun nicht mehr zur Selbstoffenbarung in der Gestalt des anderen, in der Form der Zeit –, wo Gott die radikalste Entäußerung an ihn zur definitiven Zugabe ins Selbstsein dieses Menschen macht. Diese Zugabe ins Selbstsein ist als vollendete, teilgebende Einheit Gottes mit diesem Menschen zu qualifizieren. In der vom Ende seiner Zeit her möglichen Hingabe an Gott ist Gott als das restlos alles bestimmende, keinen Vorbehalt von Zeit und Geschichte mehr kennende Wesen dieses Menschen bezeugt. Die Zugabe ins Selbe ist diesem Menschen nichts anderes als die Zuwendung Gottes selbst, sein menschliches Dasein ist in vollendeter Weise als göttliches Selbstsein aufgegangen. Es ist der Aufgang des Logos, der Zuwendung Gottes in seinem Selbstsein. Selbstsein Jesu Christi als des erhöhten Herrn ist jetzt mit Johannes von Damaskus als reine Henosis, Koinonia, Chrisis zu bezeichnen. In diesem Geschehen aber vollzieht sich zugleich jene andere Bewegung, welche Johannes von Damaskus Sarkosis nennt und die nun eine neue Qualität gewinnt: In seinem göttlichen Sohnsein ist die Hingabebewegung des Lebensweges, die vollendete Hingabe im Tod zur Vollendung gelangt. Das heißt, sie ist dankende Wahrung und Weiterschenken des empfangenen göttlichen Wesens, der vollendeten Liebe: Vom Verherrlichten geht das Pneuma aus. Und zwar wird es von ihm gehaucht und zugleich in die Geschichte gesandt, da diese Hingabe ja in eins dem Vater und all jenem, das von ihm her kommt, gilt, seiner gesamten Schöpfung.

So gehört die Hingabe des Erhöhten an seine Kirche als dem Erstling der Schöpfung, ihre Sammlung und ihre Geistbegabung, konstitutiv mit zur Erbildung der hypostatischen Union, und erst in der endgültigen Durchsetzung seines Reiches, wenn der Erhöhte alle an sich gezogen haben wird, ist seine Hingabe als wahrhafter Sohn Gottes, der den Geist sendet, vollendet und vollends bewährt.

IV. REFLEXION AUF DEN THEOLOGISCHEN BEGRIFF „SOHN GOTTES IN DER ZEIT – WAHRHAFT MENSCHLICHER MENSCH“

Die vorliegenden Erörterungen verlangen nach einer Ergänzung. Der zeitgenössische, kritische Leser, der mit der gängigen theologischen Literatur vertraut ist, wird sich fragen: Was hat es mit diesen Erörterungen eigentlich auf sich? Hier wurde weder von der Schrift noch unmittelbar von einem Konzilstext ausgegangen, beides sind aber maßgebliche Quellen der dogmatischen Reflexion. Wären nicht andere Zeugen der theologischen Tradition heranzuziehen gewesen? Moderne Christologien und Jesusbücher?

Ein weiterer Komplex von Fragen wird sich auf die Differenz des chalkedonischen Begriffes von menschlicher Natur in Jesus Christus zu dem Begriff des Sohnes Gottes in der Zeit, wie er hier entwickelt wurde, beziehen. Welches sind präzise die Unterschiede? Gibt es hinter den vielleicht vordergründig zu nennenden Unterschieden tiefere implizite Differenzen, die möglicherweise weitreichende, Philosophie und Theologie betreffende Konsequenzen haben? Manifestiert sich hier möglicherweise ein Wandel in den Fundamenten, der bedacht werden müßte?

Schließlich wird der hier vorgelegte Begriff des Sohnes Gottes in der Zeit eine Reihe von Folgeproblemen und Fragen aufreißen, die im Verlauf der Darlegung nicht angesprochen werden konnten. Möglicherweise handelt es sich um Fragen, an deren Beantwortbarkeit die Tragfähigkeit dieses Begriffes erprobt werden kann.

Der Verfasser kann im Rahmen der hier vorgelegten Publikation diesen berechtigten Sachfragen nicht voll Genüge tun. Er hofft, in einer bald folgenden Veröffentlichung diesen Problemen nachzugehen.

So beschränken sich die abschließenden Reflexionen darauf, Eigenart und Stellenwert einer Begriffsbildung, wie sie hier erarbeitet wurde, darzulegen.

1. Eigenart und Stellenwert des theologischen Begriffs im Ensemble dogmatischer Theologie

Am Anfang seines Artikels ‚Homoousios hemin' stellt Bernhard Welte die Frage nach dem Begriff der Menschennatur, die nach dem Konzil von Chalkedon von Jesus ausgesagt wird, von jenem Jesus, von dem zuvor das Konzil von Nikaia gesagt hat, daß ihm Gottesnatur eigne. Diese Frage mag die unterschiedlichsten Anlässe gehabt haben und immer noch haben: die Meinung etwa, daß man auf Grund heutiger Erfahrung, im Kontext heutigen Denkens gar nicht mehr von einer Menschennatur sprechen könne. Ausgangspunkt dieser Frage könnte aber ebenso die zur Zeit der Väter wie heute wenigstens unterschwellig vorhandene Vermutung sein, der wahrhaft göttliche Gott, könne nicht zugleich Mensch sein. Besteht nicht eine Inkonsistenz, ein logischer Widerspruch in den Aussagen von Chalkekon? Die Frage könnte aber ebenso aufbrechen von heutiger exegetischer Forschung her: Ist nicht die Rede von Jesus Christus, der eines Wesens mit dem Vater und eines Wesens mit uns ist, vom Neuen Testament her als törichte, weil völlig unangemessene Rede zu charakterisieren? Solche und andere höchst triftige Fragen lassen sich im Ernst und wahrhaft angemessen nicht lediglich durch historische Forschung und Argumentation beantworten. Als *eines* wesentlichen Momentes der Antwort bedarf es des Begriffs der Menschennatur. Warum? Woher resultiert diese Notwendigkeit des Begriffs? Was ist und leistet ein Begriff? Der Begriff erhebt und faßt die Sachlogik, die in einer komplexen Realität waltet, er läßt so die Sache in ihrer Einheit, in ihren wesentlichen Merkmalen, in ihrer Stellung zu anderen Sachverhalten einsichtig werden. Wer eine Sache begriffen hat, der versteht sich so auf diese Sache, daß er sich gleichsam frei und schwerelos in dieser Sache bewegen kann: Er versteht das Zueinander der verschiedenen Momente in diesem Sachverhalt, er versteht die verschiedenen Sachbezüge, die sich von ihr her ergeben. Dabei unterscheidet sich der Begriff vom Sachverstand dadurch, daß derjenige, welcher eine Sache begriffen hat, sich nicht nur faktisch, im praktischen Umgang auf eine Sache versteht, sondern über diese Sache auch anderen Rechenschaft zu geben weiß. Der Begriff bleibt so der Sache nachgeordnet. Er dient der Erfassung der Sache, und die Sache kommt durch ihn zum Vorschein. Kriterium des Begriffs ist also seine Sachangemessenheit. Dabei ergibt sich eine grundlegende Unabgeschlossenheit des Begriffs, weil grundsätzlich die Möglichkeit nicht ausgeschlossen werden kann, daß sich neue Aspekte der Sache selbst zeigen, die zu einer Umgestaltung des Begriffs nötigen. Der Begriff behält so ständig einen Entwurfs- und Projektcharakter, er unterliegt einer geschichtlichen Möglichkeit und Notwendigkeit des Umgestaltetwerdens.

Indem der Begriff aber den Begreifenden und die Sache vermittelt, und zwar so, daß die Sache in sich einsichtig wird, ihr Logos sagbar wird, ermöglicht die Begriffsbildung zugleich die Kommunikation, ist Begriffsbildung zugleich Vermittlung mit der allgemeinen öffentlichen Vernunft einer Zeit und Kultur.

Weil der Begriff so wesentlich operationaler Art ist, wird er blind und unbrauchbar, wo er als in sich ständiges Eigenwesen betrachtet wird, in dem man gleichsam die Wirklichkeit hat. Der Begriff entfaltet sein eigenes Wesen und seinen Sinn immer nur in der Dienlichkeit zur Erfassung von etwas, losgelöst aus dieser funktionalen Beziehung ist er leere logische Figur.

Zwar ist es möglich, in der Arbeit der Begriffsbildung, in der Ausgestaltung der inneren Architektonik eines Begriffes sich von der Binnenlogik des Begriffes selbst leiten zu lassen, aber die Bewährung bzw. Falsifizierung der so gewonnenen inneren Begriffsstruktur erfolgt dann wiederum und exklusiv im Blick auf und im Umgang mit der Sache, im Gebrauch. Auf Grund dieser vermittelnden Position des Begriffs trägt der Begriff nicht in der gleichen Weise wie die Sache die Stigmata von Zeit und Geschichte. Es eignet dem Begriff eine ihm eigene Zeitlichkeit und Geschichtlichkeit, die nicht deckungsgleich ist mit der Zeit und der Geschichte der Sache. Insofern der Begriff die Logik der Sache bzw. den Logos erhebt, der sich in und durch die Zeit austrägt, ist der Begriff Ereignissen, Geschehnissen der Geschichte nicht mehr unmittelbar unterworfen, sondern nur noch in distanzierter Weise. Und da erweist er sich als um so angemessener, als er Herkunft und unvermutet eintretende Veränderung der Sache, unabsehbar Künftiges, das sich zuträgt, mit erschließen und verstehen hilft.

Diese allgemeine Charakteristik des Verhältnisses von Begriff, Sache und begreifendem Menschen gilt auch von theologischen Begriffen. Wenn Bernhard Welte sich in der Entfaltung des theologischen Begriffes vollendeter Menschlichkeit von Thomas von Aquin, aber auch – mit gewissen Korrekturen – von Hegel und anderen modernen Denkern inspirieren läßt, dann waltet in diesem Orientierungsprozeß nicht einfach Beliebigkeit. Vielmehr spielen hier drei Gesichtspunkte eine entscheidende Rolle:

1. daß diese Denker selbst, verborgen oder offen im Zuge jener Sachproblematik stehen, die im Dogma von Chalkedon angesprochen ist;

2. daß sie auf Grund der Schärfe ihres Denkens, der Qualität ihrer Begriffsarbeit zur Lösung der hier und jetzt anstehenden Begriffsbildung Entscheidendes sagen können; und

3. daß die Aufnahme ihrer Anregungen in den hier und jetzt zu bildenden Begriff zur inneren Konsistenz des Begriffes führt. Diese Konsistenz muß sich in doppelter Hinsicht bewähren: im Hinblick auf die zu verstehende und zu begreifende Sache und im Hinblick auf die allgemeine zeitgenössische Vernunft, die sich im Laufe der Geschichte und durch sie herausgebildet hat.

Wie legitimiert sich gegenüber dem früheren theologischen Begriff die Bildung eines neuen Begriffes, wie er im Ausgang von Weltes Überlegungen hier vorgenommen worden ist? Die Notwendigkeit einer solchen neuen Begriffsbildung ergibt sich in doppelter Hinsicht aus dem Begriff des chalkedonischen Dogmas selbst: insofern der Begriff des Dogmas von Chalkedon bezogen ist auf das Zeugnis von Jesus Christus, wie es in den neutestamentlichen Schriften vorliegt, verbleibt hier eine Differenz der Unangemessenheit. Jesu volle Menschlichkeit ist zwar in diesem Dogma festgestellt, aber im Ausgang von den Kategorien Chalkedons lassen sich die im Kerygma berichteten Ereignisse des Lebens Jesu theologisch nicht zureichend erfassen. Wie oft nehmen die Väter in der Auslegung biblischer Stellen nicht ihre Zuflucht zu Auskünften wie: dies hat er lediglich um unseretwillen getan; hier hat er sich nur so gestellt, als ob; dieses Verhalten ist lediglich pädagogischer Art[25].

Zugleich aber drängt der Begriff des chalkedonischen Dogmas von sich selbst her über sich hinaus, denn menschliche Natur ist nicht denkbar ohne ihre Vollzüge, Gott und göttliche Natur sind nicht denkbar ohne ihr Wirken. Auch in dieser Hinsicht erweist sich der Begriff als noch unartikuliert, als erweiterungs-, ergänzungs- und transformationsbedürftig.

Geschichtlich wird die hier skizzierte Problematik akut im Monotheletenstreit. Sie erfährt eine erste begriffliche Aufarbeitung durch die Einführung der Perichoresenlehre. Wenn deswegen in der voraufgehenden Erörterung auf die Perichoresenlehre zurückgegriffen wird, dann nicht als auf einen beliebigen Punkt im Verlauf der christologischen Lehrentwicklung, sondern weil hier ein erster begrifflicher

---

[25] Vgl. Johannes von Damaskus, Genaue Darlegung des orthodoxen Glaubens IV, 18 (hrsg. v. *D. Stiefenhofer* [München 1923] BKV, 238f): „Von dem, was auf menschliche Art von Christus, dem Heiland, ausgesagt wird und geschrieben steht, seien es Worte oder Taten, gibt es sechs Weisen. Einiges davon ist gemäß der Heilsordnung auf natürliche Weise erfolgt und gesagt, wie die Geburt aus der Jungfrau, das Wachstum und die Zunahme an Alter ...
Einiges (ist) verstellungsweise (geschehen und gesagt), wie die Frage: ‚Wo habt ihr den Lazarus hingelegt?‘ ‚sein Hingehen zum Feigenbaum, sein Sichverbergen oder Sichzurückziehen, sein Gebet, das: ‚Er stellte sich, als wollte er weitergehen.‘ Denn dieses und ähnliches hatte er weder als Gott noch als Mensch nötig, sondern er nahm nach menschlicher Art eine Haltung an, wie sie das Bedürfnis und der Nutzen erheischte. So betete er, um zu zeigen, daß er kein Gottesfeind sei, da er ja den Vater als sein Prinzip ehrte. Er fragte nicht aus Unwissenheit, sondern um neben dem Gottsein das wirkliche Menschsein zu zeigen. Er zog sich zurück, um zu lehren, nicht vorschnell zu handeln und sich nicht selbst preiszugeben.
Einiges (ist) aneignungs- und übernahmsweise (gesagt), wie: ‚Mein Gott, mein Gott, warum hast Du mich verlassen?‘, und: ‚Den, der keine Sünde kannte, hat er für uns zur Sünde gemacht‘, und: ‚Der für uns zum Fluche geworden‘, und: ‚Der Sohn selbst wird dem unterworfen werden, der ihm alles unterworfen hat.‘ Denn weder als Gott noch als Mensch ward er je vom Vater verlassen, er ist weder Sünde noch Fluch geworden, noch brauchte er sich dem Vater zu unterwerfen. Sofern er Gott ist, ist er dem Vater gleich und weder entgegengesetzt noch unterworfen. Sofern er aber Mensch ist, war er dem Erzeuger nie ungehorsam, um eine Unterwerfung zu brauchen. Sofern er sich unsere Person aneignete und sich mit uns zusammenstellte, sagte er dieses. Denn wir waren die der Sünde und dem Fluche Verfallenen, wir waren ja widerspenstig und ungehorsam und darum verlassen."

Fortschritt gemacht wird, der vom Begriff des Dogmas von Chalkedon her selbst ausgelöst wird auf Grund der Spannung, die zwischen diesem Begriff und seiner Sache besteht.

Diese Notwendigkeit aber ist zugleich auch Maßstab für die Verbindlichkeit des hier eingeschlagenen Weges. Diese Verbindlichkeit ist nicht jene Verbindlichkeit, die dem Kerygma als Kerygma, dem Dogma als Dogma zukommt. Es handelt sich hier ja um den Begriff, der dem Kerygma bzw. dem Dogma zugrunde liegt. Der Begriff hat nur in einer vermittelten Weise an dieser unmittelbaren Verbindlichkeit des Kerygmas bzw. Dogmas teil. Die Verbindlichkeit des Begriffs und des Weges seiner Bildung ergibt sich vielmehr aus der Sachlogik, welcher der Begriff auf der Spur ist.

Obwohl die Perichoresenlehre eine so herausragende Bedeutung einnimmt, ist es doch unmöglich, in der Begriffsbildung bei ihr stehen zu bleiben. Warum? Weil ihre Leistungsfähigkeit in der genannten doppelten Weise, nämlich im Hinblick auf das Kerygma und im Hinblick auf die begriffliche Problematik selbst zu gering ist. Sie mußte durch eine Besinnung auf die zeitliche Struktur menschlichen Selbstseins und Seins-beim-anderen ergänzt werden.

Wenn Dogmatik über das verbindliche Glaubensgut, das in Schrift und Tradition bezeugt wird, nicht nur berichten, sondern einen intellectus fidei erarbeiten will, kann sie auf solche theologische Begriffsarbeit nicht verzichten. Und ebenso können wesentliche Züge der Glaubwürdigkeit christlichen Glaubens nur durch theologische Begriffsarbeit zutage gefördert werden.

IX
Vom Weg des Glaubens zum Herrn der Zukunft

Helmut Riedlinger, Freiburg i. Br.

Wir Christen glauben an Jesus. Wir glauben, daß er gekommen ist, daß er kommt und daß er kommen wird.

Offenbar gibt es Wege, an Jesus den Vergangenen und den Gegenwärtigen zu glauben. Gibt es auch einen Weg des Glaubens zum Herrn der Zukunft? Das ist die Frage, die einzige, um die es hier geht.

Wir können das Neue Testament lesen. In großen Bildern verheißt es das Kommen Jesu am Ende der Zeit. Wir können bei diesen Zukunftsbildern verweilen, ihre Herkunft feststellen, die Bezüge zu ähnlichen Vorstellungen ausforschen. Aber mit alldem bleiben wir im Raum der Zeichen. Was sie bezeichnen, ergreifen wir nicht.

Der Glaube geht über die Zeichen hinaus. Wir glauben ja nicht an die Zeichen des Glaubens. Wir glauben an den zukünftigen Herrn. Aber wie können wir ihn erreichen? Alle Zeichen im Rücken, nur die Leere vor Augen, beginnen wir schnell zu zweifeln und irre zu werden. Ruft uns die Vernunft nicht aus der Wüste zurück? Gebietet sie nicht, im Klangraum der Verheißung, im Spielfeld der Vorbilder zu bleiben, nichts zu versuchen, was über menschliche Kräfte hinausgeht?

Aber der Glaube zielt nicht auf die Klänge und Bilder, in denen er ausgedrückt wird. Er endet nicht in sich selbst. Er wird erst frei, wenn er weggeht, weg von den Fleischtöpfen Ägyptens, über die Grenzen des naturhaft-geschichtlichen Daseins, hinaus in die Stille. Im Glaubenden lebt dieser Drang. Er drängt zu seinem Herrn. Die Sehnsucht ist groß: Der Stille möge Wort werden, Sonne der Gerechtigkeit, Sohn Gottes in Macht!

Die Wissenschaften, die die Geschichte des Lebens und der Wirkung Jesu erhellen, erfüllen das Sehnen des Glaubens nicht. Die künftige Herrlichkeit Jesu ist kein Phänomen unserer Welt. Sie läßt sich durch keine Wesensschau fassen, durch keine Logik erschließen. Die Futurologie, wissenschaftliche Zusammenschau unserer Zukunftsvermutungen, weiß nicht, daß der Sohn Gottes aus dem Himmel hervorgeht.

Unsere begrenzte Vernunft ergreift das, was ihr vorliegt. Sie mag über Jesus den Vergangenen und Gegenwärtigen urteilen. Ein Urteil über den Zukünftigen ist ihr nicht möglich. Der zukünftige Herr ist für sie noch nicht da. Deshalb weiß sie auch keinen Weg, der auf ihn zugeht.

Und doch: Wer glaubt, begnügt sich nicht mit der Vergangenheit und der Gegenwart. Ein Glaube ohne Zukunft, im Vorwärtsgehen ständig nach rückwärts gewandt, wäre das Gegenteil seiner selbst. Der Weg des Glaubens geht zum Ziel: zu Jesus, dem Befreier, dem Richter, dem Vollender der Zukunft.

Aber können wir uns über alle Warnungen der Vernunft hinwegsetzen? Sollen wir, närrischen Geistes, ins Unendliche taumeln? Uns Zukunftsherrlichkeit vorstellen, von der es nichts zu wissen, nichts zu sagen gibt?

Unsere Vernunft hat völlig recht, wenn sie uns warnt. Die Zukunft kann zum Irrsinn verführen. Abhängig von Raum und Zeit, verfällt der Geist seinen eigenen Spiegel- und Trugbildern, wenn er allein in die Leere der Zukunft hinausläuft. Auch die Glaubenden müssen erkennen: Aus eigener Kraft gelangen wir niemals zur Zukunft Jesu. Wir erreichen von ihr nur – stammelnd sei das Neue mit den alten, kostbaren Worten gesagt –, was uns der *ewige Gott* offenbart.

Der Glaube geht keiner Fata Morgana entgegen. Er hat die Zukunft Jesu im Sinn, die wirklich ist. Sie ist wirklich. Sie ist Leben in der ewigen Wahrheit Gottes. Der Weg des Glaubens ist nicht der Weg der Utopiker. Es geht nicht darum, ein Ziel zu entwerfen, das noch nirgendwo war, noch nirgendwo ist.

Was schwebt dem Glaubenden vor? Nicht ein Erzeugnis seiner begrenzten Vernunft. Nicht eine absolute, allen Inhalts ledige Zukunft, die wir, unsere Gedanken ins Unendliche fortspinnend, vielleicht am Horizont aller Horizonte erahnen. Nicht ein glücklicher Zufall, der schließlich alles zum Guten wendet. Nein! Dem Glaubenden geht es um die ewige Wahrheit Gottes, die sich ihm auftut. Sein Geist zielt auf die Wahrheit der Zukunft Jesu in der Ewigkeit Gottes.

Dieses Ziel erreichen wir nicht mit der natürlichen Kraft unserer Vernunft. Unsere Vernunft muß widersprechen, wenn man ihr

Unmögliches zumutet. Wo aber die ewige Wahrheit Gottes sich mitteilt, wandelt sich alles. Es zeigt sich, daß der Glaubende sein Ziel, den Herrn der Zukunft, wirklich erreicht. Der Mut zum Aufbruch wird angefacht. Der Weg des Glaubens wird sichtbar.

Zum Weg

Jeder Weg hat sein Ende, seinen Anfang, seine Mitte. Auch wer der Zukunft des Herrn glaubend entgegengeht, muß dies bedenken. Das Ende ist die Wahrheit der Zukunft Jesu in der Ewigkeit Gottes. Den Anfang bilden die Vorzeichen, die Gott gesetzt hat. Die Mitte, der Weg selbst, ist das Zusammenspiel der zeitlichen Vorzeichen mit der ewigen Wahrheit.

Zu jedem Gehen gehört, daß auf ein Ende zugegangen, von einem Anfang weggegangen und durch eine Mitte hindurchgegangen wird. Bei jedem Schritt geht der Vorstoß zum neuen mit dem Abstoß vom alten Standort zusammen. Dies spielt sich ab, solange wir gehen, in den kleinsten Abschnitten und im Ganzen des Wegs. Gehen geschieht, indem das Vorgehen zum Ende und das Ausgehen vom Anfang in der Mitte zusammenspielen. Ähnlich geht es auf dem Weg des Glaubens zur Zukunft Jesu.

Darin gibt es ein fortwährendes Vorgehen über alles Vorliegende hinweg. Ein Überschreiten, das mit keiner raum-zeitlich umgrenzten Einsicht zufrieden ist. Ein Vorgehen zum Freisein, zum vollkommen Guten, zum unendlich Endgültigen, über alle Horizonte Erhabenen und alles Durchdringenden. Zum Ewigen, das die Fülle aller Zeit in sich trägt. Der Glaubende geht über alles hinweg, was ihm begegnet. So schön es sein mag: darin ruht er nicht aus. Er muß hinüber zum ewigen Gott, der die Wahrheit alles Wirklichen ist. In jedem Schritt, jeder Regung des Glaubens geht es um die ewige Wahrheit, in der Gott auch alles erkennt, was Jesus sein wird, alles unverhüllt, frei von Schatten und Zeichen, strahlende Herrlichkeit. Die ewige Wahrheit Gottes – das ist der Himmel, aus dem der Herr der Zukunft hervorgehen wird.

Der Glaubende kann nicht aufhören, zur ewigen Wahrheit zu streben. Aber er muß auch erfahren, daß er, raum-zeitlich begrenzter Mensch, in das Meer des ewigen Lichts noch nicht eintauchen kann. Er steht immer wieder geblendet, nimmt nichts mehr wahr, kommt nicht mehr weiter, taumelt, dem Ziel ganz nah und doch noch unendlich von ihm entfernt.

In solchen Augenblicken wird klar: Das bloße Vorgehen reicht zum Gehen des Glaubens nicht aus. Denn Glaube ist noch nicht Schau. Er braucht die Zeichen, in denen sich die Wahrheit Gottes mitgeteilt hat. Er braucht Farben und Töne, braucht Aromatisches, Kostbares, Greifbares, nicht um darin zu schwelgen, sondern um bewegt, geleitet, ermutigt zu werden. Die Sinnbilder der Offenbarung geben ihm Mut, wenn er vor dem Flammen-Übermaß der ewigen Wahrheit zurückschreckt. Er entdeckt eine Überfülle von Zeichen: das Harren vieler Religionen auf ihren Retter, die Hoffnung Israels auf den Vollzug des Königseins Gottes, auf die Erscheinung seines Gesalbten, auf die Ausgießung seines Geistes am Ende der Zeit. Wie einmalig erhöht Jesus selbst die Hoffnung auf das Königtum seines Vaters! Wie tritt er auf als der Kommende! Wie glühend wird er erwartet, der Gekreuzigte, vom Vater von den Toten erweckt, der Sohn Gottes in Macht! Die Kirche, getrieben vom Heiligen Geist, geht ihm dauernd entgegen, ersehnt seine herrliche Zukunft. Da blinken Zukunftszeichen für alle Sinne: das Licht, die Herrlichkeit, der Thron, das Antlitz des Höchsten, der Klang seiner Posaune, die Wolken, der Menschensohn, der König, der Hirt, der Richter, das Lamm, die Stimme des Erzengels, die Scharen der Engel, die Sammlung der Erwählten, der neue Himmel, die neue Erde, ohne Tod, ohne Tränen, ohne Elend, die heilige Stadt, die Braut, das Gold, die zwölf Edelsteine, die Herrlichkeit der Völker, das Wasser des Lebens, der Baum des Lebens, der zwölfmal im Jahr seine Frucht bringt[1].

Der Glaubende braucht diese Bewegung der Sinne. Er erhält die entscheidenden Anstöße von den Zeichen, die Gott, die ewige Wahrheit, ihm gibt. Es sind vielfältige Zeichen von außen und innen. Zeichen des Vaters, Zeichen des Sohnes, Zeichen des Heiligen Geistes. Ermutigt durch diese Zeichen, begibt sich der Glaubende immer neu auf den Weg. Er hofft gegen alle Hoffnung, in der Begegnung mit der ewigen Wahrheit und in der Erkenntnis des Herrn der Zukunft vorankommen zu können.

Zum Vorankommen ist aber ein Drittes notwendig: Das Vorgehen zum Ende und das Ausgehen vom Anfang müssen zusammenspielen.

---

[1] Vgl. 1 Thess 4,15–17; Mk 13,26–27 par; Offb 21,1 – 22,5.

Ohne Zusammenspiel kommt es zum Stillstand. Der Glaubende tritt auf der Stelle, meint, nichts Neues erfahren zu können. Dem Licht der Ewigkeit wagt er nicht näherzutreten. Die Zeichen der Zukunft des Herrn meint er genügend zu kennen. Er bildet sich ein: Es hat keinen Sinn mehr weiterzugehen. Was ich erfahren habe, reicht aus. Mehr wird niemand erfahren.

Solcher Stillstand läßt die Hoffnung des Glaubens erstarren. Der Glaube lebt nur, indem er der Erfüllung entgegengeht. Das vermag er, wenn er sich von den Zeichen der Verheißung bewegen läßt. Alles kommt dabei auf das Zusammenspiel von Verheißung und Erfüllung im Geist des Glaubenden an. Er kann dieses Zusammenspiel nicht selbst in Gang bringen. Der Geist der Wahrheit ergreift ihn, läßt ihn immer neu auf die Erfüllung zugehen und von der Verheißung ausgehen. Der Glaubende tritt nicht mehr auf der Stelle. Er geht seinen Weg. Das Zusammenspiel zwischen Verheißung und Erfüllung nimmt ihn mit. Getrieben vom Geist nähert er sich der ewigen Wahrheit, ohne Angst, von ihr geblendet zu werden. Die Zeichen der Verheißung geben ihm die Gewißheit, daß Gott ihn in die Wahrheit einführen will. So kommt er über den Stillstand hinweg. Die Erfahrung nimmt zu. Der kommende Herr tritt aus dem Dunkel hervor. Das Geheimnis seiner Zukunft wird heller und heller.

Der Glaubende darf den Weg des Herrn wirkend mitgehen. Er sieht dem Herrn nicht tatenlos zu, nimmt teil an seinem Vorgang und Ausgang. Der Geist der ewigen Liebe beschwingt ihn, hebt ihn über Zeitgrenzen hinweg, läßt ihn am Werden des Künftigen mitwirken.

Auf dem Standpunkt der natürlichen Vernunft wird man meinen: Dies ist der Traum eines Geistersehers. Der Glaubende wird es gelassen ertragen. Aber er wird sich nicht aufhalten lassen. Das Ewige, die Zukunft, zieht ihn voran.

Zur Zukunft

Wir Sterblichen wissen nicht, wie, wir wissen nicht, was die Zukunft sein wird. Nur weniges können wir beim Gang durch die Zeit ahnen: Wir gehen, und die Zeit geht. Die Zeit geht voran, wenn wir vorgehen zum Ende; geht voraus, wenn wir ausgehen vom Anfang; geht mit, wenn wir die Mitte durchschreiten. Wir ergehen uns fortwährend in den drei Bereichen der Zeit. Aber wir erfahren auch: Der Gang der Zeit ist unumkehrbar. Die Zukunft gehört zum Ende, die Vergangenheit zum Anfang, die Gegenwart zur Mitte der Zeit. Dennoch: Die Zukunft wird nicht nur sein, sie ist auch Zukunft gewesen, ist immer neu Zukunft im Werden.

Sie überschreitet die Grenzen des Vergehens und Anwesens. Die Freiheit der Überschreitung verbleibt ihr. Sie läßt sich nicht einzäunen, nicht zwingen, nicht feststellen. Aber sie ist nicht ausschließlich der Bereich dessen, was sein wird. Denn sie ist gewesen, solange es Zeit gab. Sie hat auf alles Zukunftsbedürftige eingewirkt. Kein Mensch war je ohne Zukunft. Alle brauchten sie. Alle versuchten, ihre Zukunft zu formen, warteten gespannt auf das, was auf sie zukommen würde.

Wer von aller Vergangenheit absehen will, kann keine Zukunft erfahren. Zukunft ist immer vom Atem einer Herkunft durchweht. Sie kommt nur zu uns, soweit sie uns trifft. Ohne Bezug zu dem, was wir waren und sind, wäre sie ein ferner Stern, erreichte uns nie. Daher muß jeder, der irgendwie Zukunft erfahren will, vom Vergangenen ausgehen. Das Werden der Zukunft steht nicht, ist ein Vorgang, enthält einen Ausgang und Durchgang: Werden als Gewesen – Sein – Werden. Wo nichts gewesen ist, kann nichts hinzukommen. Zukunft ist nur möglich, wo die Freiheit dessen, was sein wird, mit dem Herauskommen eines Gewesenen zusammengeht.

Nur dort erkennen wir wirklich Zukunft, wo etwas gut ausgeht, einen Sinn erfüllt, eine Vollendung erreicht. Siegt am Ende das Böse, wird aller Sinn zerstört, alle Hoffnung vereitelt, muß die Rede von der Zukunft verstummen. Gewiß, alle Welt spricht von unguter Zukunft, fürchtet, daß Schlimmes bevorsteht. Oft nimmt man die Zukunft als Schicksal, das die guten und bösen Lose gleichgültig vermengt. Aber das böse Ende ist keine Zukunft. Das Wort „Zukunft“ sagt an, daß wir mit der Zeit zum Ziel kommen, zum Ziel, das uns zukommt. Der Klang des Wortes ist gut. Wer im Ernst „Zukunft“ sagt, hofft auf das gute Ende der Zeit.

Die Vernunft des Menschen spielt beim Hervorgang der Zukunft aus der Vergangenheit vielfältig mit. Seit Jahrtausenden geht das Denken von Vorzeichen zu Folgen, von Ursachen zu Wirkungen, von Vorsätzen zu Taten. Es gibt Zukunftsdeutung, Zukunftsforschung, Zukunftserzeugung. Aber der sterbliche Mensch gelangt nicht zum Ende der Zeit. Er kann die Zeit nicht beenden, die Zukunft nicht einholen. Ohne Anteil an der Ewigkeit Gottes, bleibt er unendlich hinter der Zukunft zurück. Ihr Vorgang ist frei. Vielleicht verändert sie alles. Vielleicht läßt sie sein, was niemals war. Vielleicht versammelt sie, was für immer zerstreut schien.

Auch dem Glaubenden bleibt die Zukunft Geheimnis. Aber er nimmt neu und wunderbar an ihr teil. Er geht auf sie vor, geht von sich weg, wächst, im Einklang mit ihr. Die Zeichen der ewigen Wahrheit machen ihm klar: Gott gewährt den Menschen, die auf ihn zugehen, Zukunft, vollendet die Zeit in seiner Ewigkeit. Er geht frei vor, an keine Erwartung, Berechnung, Leistung der Menschen gebunden. Aber er geht aus von dem, was wir in der Zeit gewesen sind. Je mehr wir mitgehen, desto mehr ist für uns Gottes Zukunft im Werden.

Gott läßt seine Welt an seinem freien Vorgehen teilnehmen. Er entläßt sie auf den Weg der Freiheit. Er kann es: der Ewige, Anfang, Mitte, Ende in einem. Von seinem Anfang gibt es keinen zeitlichen Weg über die Mitte zum Ende. Er schreitet nicht vom Plan über die Ausführung zur Vollendung. Nicht Gott, eine Fehlgeburt unserer Phantasie erstellt zuvor einen Weltplan, läßt ihn von Marionetten ausführen, belohnt zuletzt die Scheinguten und bestraft die Scheinbösen. Welch ein Wahnbild! Ein Götze, unfähig, seine Welt freizugeben, sich selbst unterhaltend mit sinnlosem Puppenspiel.

Nein, der Gott des Glaubens, die ewige Freiheit, öffnet der zeitlichen Freiheit den Weg. Der geschaffene Geist ist frei, in seinem Vorgehen zum Ziel, seinem Ausgehen vom Ursprung, seinem Durchgehen der Zeit. Freilich: Wie die ewige Freiheit mit der zeitlichen Freiheit zusammengeht, ist für uns rätselvoll. Wie geht Gott frei vor, ohne die Freiheit der Welt zu verdrängen? Wie erkennt er das zukünftige Verhalten der freien Geister, ohne es festzulegen? Wie hält er alles zusammen und läßt einiges frei? Welche Paradoxien! Kein Geist, der den Weg der Zeit geht, durchschaut das Geheimnis der Freiheit. Aber geführt vom Geist Gottes, können wir in der Zeit seiner Ewigkeit nahen. Mit jedem Schritt wird es klarer: Ewige Freiheit lebt nicht auf Kosten zeitlicher Freiheit. Ewige Freiheit kann zeitlicher Freiheit allen Spielraum gewähren; kann alle Zeiten der Freiheit, die sie erschafft, in einem erkennen; kann alles in Liebe versammeln, ohne es in der Zeit einzuengen.

Auf dem Weg zum Ewigen können wir uns einschwingen in das Vorgehen Gottes, über alle Höhen empor, weiter als alle Gärten,

Gefilde, Inseln, Paradiese der Seligen, alle Freudenklänge, Gastmähler, Feste der Liebe, höher als alle Berge, Lüfte, Gestirne: zu Gott, dem Guten, der die Neuheit der Zukunft erschafft.

Diese Neuheit ist Neuheit des Alten. Auch das kühnste Vorgehen ist daher Ausgehen vom Anfang: Ausgehen vom guten Erschaffen der Welt, Ausgehen vom Bösen, das den Anfang verdarb, Ausgehen von den Vorzeichen der kommenden Rettung. Diese Vorzeichen zeigen: Gott gewährt das gute Ende, aber zwingt es nicht auf. Er läßt es aus der zeitlichen Freiheit herauswachsen, achtet die Freiheit, verlangt Rechenschaft, richtet die Welt. Sein Spiel geht um alles. Die Zukunft Gottes folgt nicht zwangsläufig am Ende der Zeit. Gott geht frei vor, liebt überschwenglich, vermag alle Menschen zum guten Ende zu führen. Aber Menschen, die aus ihrer Gefangenschaft nicht ausbrechen wollen, in ihrer Bosheit bis zum letzten verharren, müssen endlos verkommen.

Der Geist der Zukunft, der Geist des „vorweg" und „heraus" ist in der Zeit immer notwendig: der Geist Gottes, der den Glaubenden treibt. Er wirkt Wunder: Wir laufen über alles Zeitliche zum Ewigen vor, beginnen den Auszug aus der Vergänglichkeit, und so wird im Vorgehen und Ausgehen – unsere Zukunft. Sie endet nicht in der Zeit, wie sie nicht in ihr begonnen hat. Sie wird unsere Vollendung in der Ewigkeit sein. Aber sie wurde und wird auch in der Zeit. Mut zum Ewigen tut not, aber auch Mut, mitzutun beim Hervorbringen und Herausarbeiten der Zukunft, in jedem Augenblick, in dem der Heilige Geist zu uns kommt und die Kraft des Höchsten uns überschattet.

Zum Herrn

Die Zukunft, der wir glaubend entgegengehen, gehört Jesus. Er ist ihr Herr. Wir hoffen: Seine Herrlichkeit wird unsere Zukunft sein, wird alles befreien, alles erfüllen, alles zusammenfassen.

Haben wir Einfluß auf seine künftige Herrlichkeit, wenn wir, vom Geist Gottes bewegt, zur Zukunft vorgehen, von der Vergangenheit ausgehen, in der Gegenwart ernst handelnd mitgehen? Es scheint verwegen, so etwas anzunehmen. Ist unser Weg nicht unsere Sache, die künftige Herrlichkeit Sache des Herrn? Ist er nicht unendlich erhaben über unseren Weg, mehr als der Blick auf dem Gipfel über den Mühen des Aufstiegs?

Doch gehen wir den Weg zur Zukunft lange genug, können wir Spuren eines merkwürdigen Zusammenhangs finden: wir gehen nicht allein. Die Zeichen der Glaubensüberlieferung deuten auf ein unendlich erhabenes Gehen in Gott selbst. Der ewige Gott geht: der Vater geht zeugend vor, der Sohn geht vom Vater aus, im Heiligen Geist geht der Vater zum Sohn, geht der Sohn zum Vater.

Wer sich glaubend auf die Dreieinigung des ewigen Vorgehens, Ausgehens und Zusammengehens Gottes einläßt, entdeckt mehr und mehr: Gott er-geht in Ewigkeit, was wir, in der Zeit glaubend, unvollkommen er-gehen. Er ist ewig dreieiniger Gang. Unser Gang ist zeitlicher Nachvollzug seiner Dreieinigung. Wir gehen nicht zu einem stehenden Gott, der kein Vorgehen zum Sohn, kein Ausgehen vom Vater, kein Zusammengehen des Vaters und des Sohnes kennt. Wir gehen den Gang des dreieinigen Gottes. Wir gehen ihn vorläufig, kommen aus uns nicht heraus, werden mit Gott nicht ganz eins. Aber je näher wir zur Ewigkeit Gottes gelangen, desto mehr ergreift uns seine Dreieinigung: die Bewegung des Vaters zum Sohn, die Bewegung des Sohns aus dem Vater, die Bewegung des Geistes, in dem der Vater und der Sohn zusammenkommen. Ohne den Geist der Dreieinigung wäre der Gang zum Herrn der Zukunft – Nachtwandelei. Aber in diesem Geist gelangen wir wirklich ins Werden des Herrn der Zukunft. Wir nehmen auf zeitliche Weise teil an der ewigen Zeugung des Sohnes Gottes, der als der Herr der Zukunft erscheinen und sich am Ende dem Vater unterstellen wird, „damit Gott alles in allem sei"[2].

In den Zeugnissen des Glaubens zeigt sich: Der Hervorgang des Sohnes und der Hervorgang der Welt schwingen zusammen. Geht der Sohn nicht, geht nichts in der Welt. Alles ist durch ihn geworden[3]. Vergangenheit, Gegenwart und Zukunft werden von seinem Gehen durchstimmt.

Der Beginn seines irdischen Weges macht offenbar, daß die Welt ihn mithervorgehen läßt. Denn Jesus wird geboren aus der Jungfrau Maria, Sohn Gottes durch die Kraft des Höchsten, im Heiligen Geist[4].

---

[2] 1 Kor 15,28.
[3] Joh 1,3.
[4] Vgl. Lk 1,35.

Die Taufe durch Johannes, Beginn des öffentlichen Lebens, läßt den Sohn Gottes neu hervorgehen. Der Heilige Geist kommt über ihn. Der Vater sagt: „Du bist mein Sohn."[5]

Die Kirche deutet auch die Auferweckung Jesu von den Toten als Zeugung. Sie läßt den Auferstandenen die Worte des Vaters vernehmen: „Mein Sohn bist du, heute habe ich dich gezeugt." Er wird besungen als „Erstgezeugter der Toten", „Sohn Gottes in Macht, dem Geist der Heiligkeit nach, aus der Auferstehung der Toten"[6]. Es gehört zur geistlichen Erfahrung der Kirche, daß die Geburt des Sohnes Gottes in den Glaubenden im Heiligen Geist weitergeht. Denn wo wirklich an den Sohn Gottes geglaubt wird, geht er hervor, geht er mächtig auf, wird er Sohn Gottes in uns, werden wir Kinder Gottes in ihm.

Lassen wir diesen Gedanken der Gottesgeburt in der Kirche vorlaufen bis zum Ende der Zeit! Dann ist die zukünftige Herrlichkeit Jesu die Vollendung seiner Geburt. Mehr noch: Wir können den Gang dieser Vollendung mitgehen. Wir stehen nicht wie müßige Zuschauer dabei. Wenn wir mit dem Vater vorgehen zum Sohn, mit dem Sohn ausgehen vom Vater, mit dem Geist wirkend einiggehen, dann geschieht Geburt Gottes auch auf unserem Weg. Der Sohn Gottes wird in gewisser Weise auch unser Sohn. Liebend dürfen wir an seiner Zukunft mitgestalten. Die Todesleiden der Kirche werden, mit seinen Leiden zusammen, Geburtswehen der letzten Zeit. Die Kirche wird Mutter des Herrn der Zukunft, ihre Geschichte Geburtsgeschichte des Sohnes Gottes. Wie sein irdischer Leib aus Maria hervorging, so wird sein himmlischer Leib aus der Kirche hervorgehen.

Ist es nicht vermessen, solches zu denken? Wird der Menschensohn nicht in seiner eigenen Herrlichkeit kommen? Wird er uns nicht richten? Wird er uns, so wir bestehen, nicht in das Reich führen, das uns bereitet ist seit der Grundlegung der Welt?[7]

In der Tat, es wäre schlimmste Anmaßung, mit natürlichen Kräften den Herrn der Zukunft hervorbringen zu wollen. Sein Gericht ist nicht das Gericht der Geschichte, sein Reich nicht das Reich der Natur, seine zukünftige Herrschaft nicht vergängliche Herrschaft. Nüchternheit tut not, Bescheidenheit, Achtung der Grenzen. Der Mensch übersteigt sich nicht, versteigt sich höchstens mit natürlichen Kräften.

---

[5] Mk 1,11 par. [6] Apg 13,33; Kol 1,18; Röm 1,4.
[7] Vgl. Mt 25,31–46.

Aber der Glaubende überwindet die Grenzen. Er geht vor, über alles Vorgestellte hinweg. Er kann im Vorgehen nichts endgültig vorstellen. Der Herr der Zukunft wird für ihn der sein, der er sein wird. Kein irdischer Leib, keine vergrößerte, verfeinerte Gestalt gleicher Art. Der Sohn Gottes, zu dem der Vater vorgeht, dem er alles übergibt; der Sohn Gottes, der alles durchherrschen, alles erfüllen, alles zusammenfassen wird, um es einzubringen in die Ewigkeit Gottes[8].

Ohne den Willen zur Freiheit, ohne Überschwang und Vorwärtsdrang öffnet sich kein Weg zum Herrn der Zukunft. Aber wir gehen nie zu ihm vor, ohne neu von ihm auszugehen. In allem, was uns von ihm überliefert wird, in jedem Schritt, jedem Wort, jeder Gebärde, können wir den Herrn der Zukunft erahnen. Wie immer sich sein Aussehen verändern wird, Jesus wird selbst der Herr sein. Er wird den zeitlichen Weg seiner Sohnschaft nicht von sich abtun. Sein Weg geht im Ziel nicht verloren, gehört mit zum Ziel, zur Gestalt seiner Herrlichkeit. Das Ziel wird ganz anders sein, und doch wird jeder Schritt des Wegs darin vorkommen.

Je mehr der Weg Jesu unser Weg wird, desto mehr werden wir am Ziel in ihm sein. Er wird nicht als Fremder über uns richten. Der Hirt wird die Seinen erkennen. Seine Herrschaft wird die herrliche Freiheit der Kinder Gottes sein, wird die Züge jedes Menschen tragen, der mit ihm den Weg der Sohnschaft gegangen ist[9]. Wie sollten wir also nicht hoffen, zur Vollendung seiner Herrlichkeit mitwirken zu können?

Der Geist der Dreieinigung Gottes ermutigt die Glaubenden. In ihm gehen wir vor zum Ziel, gehen wir aus vom Ursprung, gehen wir durch die jeweilige Mitte. Unser Weg geht ein in den Weg des Sohnes Gottes. Er wird auf demselben Weg der Herr unserer Zukunft, auf dem er der Herr unserer Herkunft und unserer Gegenwart wird.

---

[8] Vgl. Mt 11,27; 28,18; 1 Kor 15,24–28; Eph 1,10.23.
[9] Vgl. Joh 10,14; 15,5–9; Röm 8,18–23.29.